Spécial Bac

1re-Tle

Nouveau BAC

Compil de fiches Maths

Spé 1re Spé Tle

Vito Punta
Professeur agrégé

MAGNARD

L'enseignement de spécialité

I Les différents parcours

• Cas 1 : j'ai fait des Mathématiques en spécialité en première et en terminale, et j'ai choisi l'option Maths expertes en terminale. Je passe donc l'épreuve finale de spécialité à la rentrée des vacances de printemps, de coefficient 16 (sur 100). Mon option maths expertes est prise en compte, comme toute option.
En terminale, comme en première, toutes les notes portées sur mes bulletins scolaires sont prises en compte, y compris celles obtenues dans les options. On en fait une moyenne pour chaque année qui a un coefficient 5 (sur 100) en terminale, comme en première.

• Cas 2 : j'ai fait des Mathématiques en spécialité en première et en terminale mais je n'ai pas choisi l'option Maths expertes en terminale. Je passe donc l'épreuve finale de spécialité à la rentrée des vacances de printemps, de coefficient 16 (sur 100).

II L'épreuve finale de spécialité

• L'épreuve dure 4 heures, se déroule à la rentrée des vacances de printemps, et comporte de trois à cinq exercices indépendants portant sur le programme de spécialité, avec les restrictions énoncées ci-dessous. Chaque exercice est noté entre 4 et 8 points. Les en-têtes des sujets indiqueront si les calculatrices en mode examen sont autorisées.

• L'épreuve de spécialité ne pourra pas porter sur les thèmes suivants : fonctions sinus et cosinus, calcul intégral, concentration, loi des grands nombres. La combinatoire et le dénombrement ne peuvent constituer le ressort essentiel d'un exercice mais peuvent être sollicités pour la résolution de questions.

III L'oral de rattrapage

• **Principe**
Si, après toutes les épreuves écrites, vous avez obtenu une moyenne au moins égale à 8/20 et strictement inférieure à 10/20, vous pouvez demander à passer un oral de rattrapage.

- **Choix de la discipline**

Vous choisissez alors deux disciplines parmi celles que vous avez passées à l'écrit, y compris les épreuves anticipées. Pour chacune des deux disciplines choisies, seule la meilleure des deux notes obtenues à l'écrit et à l'oral de rattrapage est prise en compte.

- **Calcul de la note**

À l'issue de ces oraux, on effectue donc un nouveau calcul de votre moyenne. Si celle-ci est strictement inférieure à 10/20, vous êtes refusé et recevez un certificat de fin d'études secondaires (C.F.E.S.). Si votre nouvelle moyenne est supérieure ou égale à 10/20, vous obtenez votre bac ! Toutefois vous ne pouvez pas obtenir de mention, car celle-ci ne peut être attribuée qu'aux candidats reçus au terme des épreuves écrites.

- **Pour la spécialité Mathématiques**

Si vous avez choisi la spécialité Mathématiques à l'oral, l'examinateur vous propose au moins **deux questions** portant sur des parties différentes du programme de spécialité de **terminale**.

- **Déroulé de l'épreuve**

Vous avez droit à un temps de **préparation** de 20 minutes, au cours duquel vous pourrez vous servir de votre calculatrice dans les conditions habituelles de son utilisation. Durant l'**entretien** (qui dure 20 minutes également), vous pouvez consulter les notes que vous aurez prises pendant la préparation.
Les conditions matérielles (en particulier la présence d'un tableau) et les énoncés des questions posées doivent être adaptés aux modalités orales de cette épreuve.

Maths

Spé 1re

Sommaire

** Fiches dans lesquelles figurent des algorithmes, du langage Python et des tableurs*

Variation des fonctions

Fonctions exponentielles

Trigonométrie

Calcul vectoriel et produit scalaire

Géométrie repérée

Statistiques et probabilités

Définir une suite

FICHE 1

I Introduction

1. Exemple

• 1, 4, 1, 5, 9, 2… Comment continuer cette suite de nombres ? Peut-on y trouver une logique ? Quel est le millième terme ?
En l'absence d'indication sur les éléments suivants (aussi appelés **termes**), il est impossible de répondre à ces questions, et même si on trouve la clé pour décoder cette suite de nombres, on ne saura jamais la valeur d'un terme quelconque.

• En effet, on a défini la suite des décimales du nombre π. Les prochains termes sont donc 6, 5, 3, 5, 8, etc.

• Si on note d_1 le premier terme, d_2 le deuxième, etc. on a :

$d_1 = 1$, $d_2 = 4$, $d_3 = 1$, $d_4 = 5$…

Il est impossible, à l'heure actuelle, de donner la valeur de d_n (c'est-à-dire la énième décimale de π) pour tout $n \in \mathbb{N}$.

2. Vocabulaire

• **Définition :** une suite numérique est une fonction qui, à tout entier naturel n, associe un nombre réel.

• Au lieu de définir une suite par la notation usuelle des fonctions $f(x) = \ldots$, on emploie habituellement les lettres u, v, w à la place de f, g, h… et n à la place de x. Au lieu d'écrire $u(n) = \ldots$ on écrit $u_n = \ldots$

• **Remarques**

1. L'ensemble de définition d'une suite est $\mathbb{N}$. Dans l'exemple d'introduction, on aurait donc $u_0 = 1$, $u_1 = 4$, $u_2 = 1$, etc. Ainsi u_0 est la première décimale de π, u_1 est la deuxième, u_2 la troisième, etc.

2. u_n est **le terme général** de la suite. Il désigne aussi **le terme de rang n**. Par exemple, u_5 désigne le terme de rang 5 de la suite u.

3. Souvent, au lieu de parler de la suite u (comme on parle de « la fonction f »), on parle de la suite (u_n), qu'on met entre parenthèses, ou la suite de terme général u_n.

4. Si $n \geqslant 1$, u_{n-1} est le terme qui précède u_n et le terme u_{n+1} est le terme qui suit u_n.

5. Ne confondons pas u_{n+1}, qui est le terme de rang $n + 1$, avec le nombre $u_n + 1$ qui est égal à $1 + u_n$.

II Suite définie à l'aide d'une formule

1. Suite définie explicitement

- Soit $f(x) = 2x - 3$ et $u_n = f(n)$ (figure 1).

$$u_0 = 2 \times 0 - 3 = -3,\ u_1 = 2 \times 1 - 3 = -1,\ \ldots$$

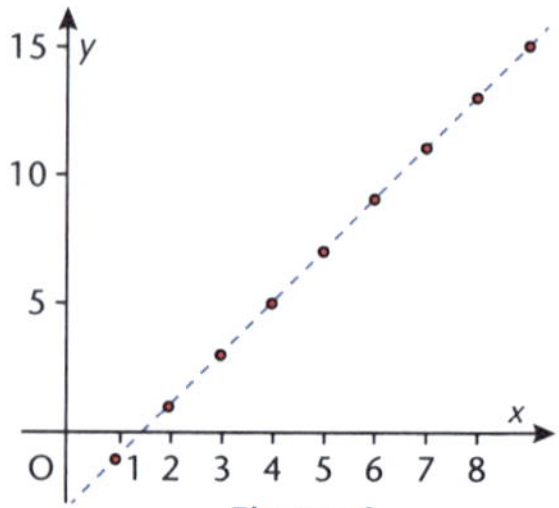

Figure 1

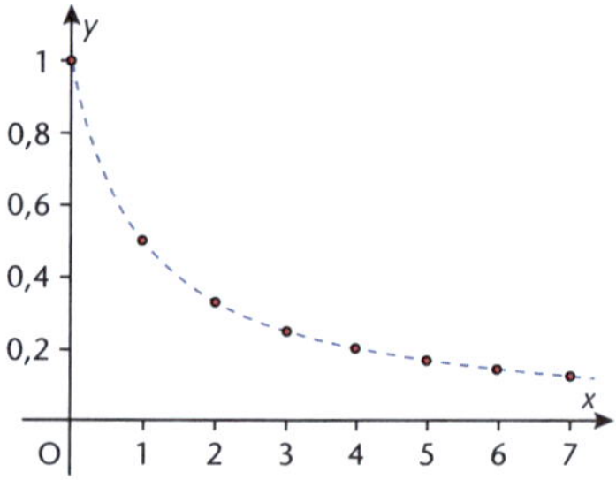

Figure 2

- Soit $f(x) = \dfrac{1}{x+1}$ et $u_n = f(n)$. Alors $u_0 = 1$, $u_1 = \dfrac{1}{2}$, $u_2 = \dfrac{1}{3}$, …

Et pour tout $n \in \mathbb{N}$ (figure 2) :

$$u_{n+1} = \frac{1}{(n+1)+1} = \frac{1}{n+2}$$

$$u_{n-1} = \frac{1}{(n-1)+1} = \frac{1}{n}.$$

2. Suite définie par une relation de récurrence

La suite est définie par la donnée de u_0 et la relation $u_{n+1} = f(u_n)$. Ici $u_0 = 0$ et $f(x) = 0{,}5x - 1$. Les programmes indiqués dans le tableau ci-dessous permettent d'afficher les 50 premiers termes de la suite.

Algorithme	Langage Python

$u \leftarrow 0$
Pour k de 1 à 50 :
    $u \leftarrow 0.5 * u - 1$
    Afficher u
Fin Pour
	u= 0
	for k in range(1,51): #1 inclus et 51 exclu
	    u=0.5*u–1
	    print(u)

$k \leftarrow 1$; $u \leftarrow 0$
Tant Que $k \leqslant 50$:
    $u \leftarrow 0.5 * u - 1$
    $k \leftarrow k + 1$
    Afficher u
Fin Tant Que
	k,u=1,0
	while k<= 50:
	    u=0.5*u–1
	    k=k+1
	    print(u)

Sens de variation des suites

FICHE 2

I De quoi s'agit-il ?

• Dans le tableau suivant, construit à l'aide d'un tableur, on voit les sept premiers termes de trois suites : (u_n), (v_n), (w_n).

n	→	0	1	2	3	4	5	6
u_n	→	−2	1	4	7	10	13	16
v_n	→	1	0,5	0,25	0,125	0,0625	0,031	0,016
w_n	→	1	−0,8	0,64	−0,512	0,410	−0,328	0,262

• Il semble que les termes de la suite (u_n) croissent, que ceux de la suite (v_n) décroissent et que ceux de la suite (w_n) soient « saccadés », passant alternativement du positif au négatif.

• Peut-on pour autant dire que la suite (u_n) est croissante ? Que la suite (v_n) est décroissante ? En général, à quelle condition peut-on dire qu'une suite est croissante ou décroissante ?

II La technique

1. Théorie

• Dire qu'une suite (u_n) est **croissante** signifie que tout terme est inférieur ou égal à son successeur. Autrement dit, pour tout $n \in \mathbb{N}$, $u_n \leqslant u_{n+1}$.

• Dire qu'une suite (u_n) est **décroissante** signifie que tout terme est supérieur ou égal à son successeur. Autrement dit, pour tout $n \in \mathbb{N}$, $u_n \geqslant u_{n+1}$.

• Dire qu'une suite (u_n) est **constante** signifie qu'elle est à la fois croissante et décroissante. Autrement dit, pour tout $n \in \mathbb{N}$, $u_{n+1} = u_n$.

• **Remarques**

1. On définit des suites **strictement** croissantes et **strictement** décroissantes avec des **inégalités strictes**.

2. Une suite **monotone** est une suite qui est soit croissante, soit décroissante. Par exemple, la suite définie par $u_n = an + b$, où a et b sont deux réels, est monotone. Elle est croissante si $a \geqslant 0$ et décroissante si $a \leqslant 0$. En effet, $u_n = f(n)$ où $f(x) = ax + b$, et on sait que cette fonction affine est monotone.

2. Pratique : examiner la monotonie de u_n

• Cas général : on examine le signe de $u_{n+1} - u_n$

1. Une suite (u_n) est croissante si, et seulement si, pour tout $n \in \mathbb{N}$: $u_{n+1} - u_n \geqslant 0$.
2. Une suite (u_n) est décroissante si, et seulement si, pour tout $n \in \mathbb{N}$: $u_{n+1} - u_n \leqslant 0$.
3. Une suite (u_n) est constante si, et seulement si, pour tout $n \in \mathbb{N}$: $u_{n+1} - u_n = 0$.

• Dans le cas d'une suite **à termes strictement positifs**, on peut examiner le quotient $\frac{u_{n+1}}{u_n}$. Si, pour tout $n \in \mathbb{N}$:

1. $\frac{u_{n+1}}{u_n} \geqslant 1$, alors $u_{n+1} \geqslant u_n$ donc la suite est croissante ;
2. $\frac{u_{n+1}}{u_n} \leqslant 1$, alors $u_{n+1} \leqslant u_n$ donc la suite est décroissante ;
3. $\frac{u_{n+1}}{u_n} = 1$, alors $u_{n+1} = u_n$ donc la suite est constante.

• Avec des graphiques

Il est possible d'avoir l'intuition de la monotonie d'une suite (ou de sa non-monotonie) en observant la représentation graphique de ses termes, ou, au besoin, **en utilisant une calculatrice ou un tableur.**
Les points marqués ont pour coordonnées $(n\,;\,u_n)$.
On a l'impression que la suite dessinée sur l'écran de la calculatrice n'est pas monotone ; celle dessinée avec le tableur semble décroissante à partir du rang 8.

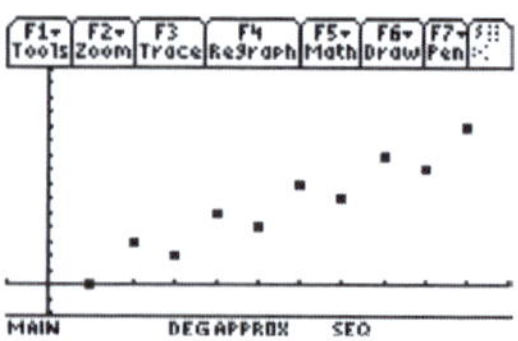

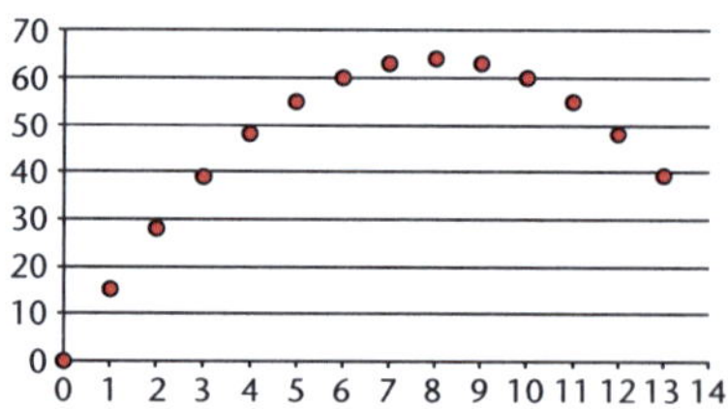

• Avec un contre-exemple

Dans le cas où l'on pressent que la suite n'est pas monotone, un contre-exemple suffit.
Par exemple la suite u_n, définie par $u_n = (-1)^n$, n'est pas monotone.
En effet, $u_2 - u_1 = (-1)^2 - (-1)^1 = 1 + 1 = 2$, donc $u_2 - u_1 > 0$.
Et $u_3 - u_2 = (-1)^3 - (-1)^2 = -1 - 1 = -2$, donc $u_3 - u_2 < 0$.

Comportements des suites à l'infini

FICHE 3

❶ De quoi s'agit-il ?

Considérons une suite (u_n).

1. Vocabulaire

• Lorsque n prend des valeurs de plus en plus grandes, peut-on prédire les valeurs prises par u_n ? Se poser cette question revient à s'interroger sur la limite de u_n, lorsque n tend vers $+\infty$:

• Existe-t-il un nombre ℓ vers lequel se condensent toutes les valeurs de u_n à partir d'un certain rang ?
Si c'est le cas, on dit que ℓ est la limite de u_n, lorsque n tend vers $+\infty$, ou que la suite (u_n) converge vers ℓ.
• Lorsque n tend vers $+\infty$, u_n prend-elle des valeurs aussi grandes que l'on veut ? Si c'est le cas, on dit que la limite de u_n, quand n tend vers $+\infty$, est égale à $+\infty$.
• Lorsque n tend vers $+\infty$, u_n prend-elle des valeurs aussi grandes que l'on veut (en valeur absolue) et négatives ? Si c'est le cas, on dit que la limite de u_n, quand n tend vers $+\infty$, est égale à $-\infty$.

2. Traitement de la question

• En classe de Première, on utilise une approche expérimentale de ces questions. C'est pourquoi on donnera la réponse (ou une conjecture), à l'aide de calculs effectués à la main, avec un tableur ou une calculatrice, ou bien à l'aide d'un graphique.

Exemple :

Lorsque n tend vers $+\infty$:

• si $u_n = 2n + 1$, alors u_n tend vers $+\infty$;

• si $v_n = -n^2$, alors v_n tend vers $-\infty$;

• si $w_n = \dfrac{1}{n+1}$, alors w_n tend vers 0.

• **Remarque :** une suite peut n'entrer dans aucun des cas précédents. Par exemple, la suite $u_n = (-1)^n$ ne converge vers aucun nombre et ne tend ni vers $+\infty$, ni vers $-\infty$.

II Détermination pratique de limites

1. À partir d'un graphique et d'un algorithme

- On dispose du graphique représentant les premiers termes de la suite u_n, définie par $u_{n+1} = -\frac{2}{3}u_n + 1$ et $u_0 = 0$. On peut estimer que la limite de u_n, quand n tend vers $+\infty$, est égale à 0,6 (représentée en pointillés sur le graphique ci-dessous).

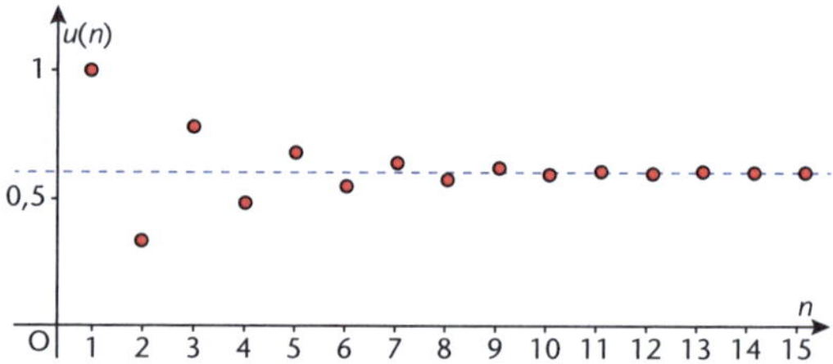

- Après la déclaration des variables et l'initialisation, le programme affecte à la variable u sa valeur précédente multipliée par $-\frac{2}{3}$, le tout augmenté de 1, c'est-à-dire $-\frac{2}{3}u_n + 1$.

Algorithme	Langage Python
$u \leftarrow 1$; $n \leftarrow 0$ Tant que $\lvert u - 0.6\rvert > 10^{-6}$: $u \leftarrow -\frac{2}{3}u + 1$ $n \leftarrow n + 1$ Afficher n Fin Tant Que	u,n=0,0 while abs(u–0.6)>10**–6: u=–2/3*u+1 n=n+1 print(n)

- On obtient $n = 33$. Donc, pour tout $n \geqslant 33$, $\lvert u_n - 0{,}6\rvert \leqslant 10^{-6}$.

2. À partir d'un tableur

Le tableau ci-contre montre les valeurs approchées de u_n pour n allant de 0 à 9, sachant que $u_0 = 2$ et que $u_{n+1} = \frac{3}{u_n + 2}$.

Il semble que u_n tende vers 1 quand n tend vers $+\infty$.

	A	B	C	D
1	n	u_n	n	u_n
2	0	2	5	0,9967
3	1	=3/(B2+2)	6	1,0010
4	2	=3/(B3+2)	7	0,9996
5	3	=3/(B4+2)	8	1,0001
6	4	=3/(B5+2)	9	0,9999

Les cellules B3 à B6 contiennent les formules de calcul de u_1 à u_4 ; les cellules D2 à D6 les valeurs de u_5 à u_9.

Définition et variation des suites

Sujet : calcul des premiers termes d'une suite

Calculer les deux premiers termes des suites (u_n), (v_n) et (w_n).

1. Pour tout $\in \mathbb{N}$, $u_n = \dfrac{1}{(n+1)(n+2)}$.

2. (v_n) est définie par le programme Python suivant :

```
def v(n):
    s=0
    for k in range(0,n+1):
        s=s+1/(k+1)
    return(s)
```

3. $w_0 = 0$ et, pour tout $\in \mathbb{N}$, $w_{n+1} = 2w_n + 1$.

Le calcul des termes s'effectue comme s'il s'agissait d'une fonction usuelle. On peut écrire $u(n) = \dfrac{1}{(n+1)(n+2)}$.

1. $u_0 = \dfrac{1}{(0+1)(0+2)} = \dfrac{1}{2}$ $\qquad u_1 = \dfrac{1}{(1+1)(1+2)} = \dfrac{1}{6}$

La suite (v_n) est une somme de termes. La valeur de cette somme est stockée dans la variable nommée s.

2. $v(0) = 0 + 1/(0 + 1) = 1$
$v(1) = 0 + 1/(0 + 1)+1/(1 + 1) = 1.5$

> Le compteur k prend toutes les valeurs entières entre 0 **inclus** et n + 1 **exclu**.

Pour calculer un terme de la suite (w_n), il faut connaître la valeur du terme précédent. Un terme est égal au double du terme qui le précède, plus 1.

3. $w_1 = 2w_0 + 1 = 2 \times 0 + 1 = 1$. On a pris $n = 0$.
$w_2 = 2w_1 + 1 = 2 \times 1 + 1 = 3$. On a pris $n = 1$.

Sujet : sens de variation d'une suite

Déterminer le sens de variation des suites (u_n), (v_n) et (w_n).

1. Pour tout $\in \mathbb{N}$: $u_n = 1 - 2^n$.

2. Pour tout $\in \mathbb{N}$: $v_n = \dfrac{2^n}{n+1}$.

3. Pour tout $\in \mathbb{N}$: $w_n = -n^2 + 6n$. Calculer au préalable w_0, w_1, w_2, w_3. Tracer ensuite la fonction $-x^2 + 6x$.

Simplifier l'expression $u_{n+1} - u_n$, puis déterminer son signe.

1. Pour tout $n \in \mathbb{N}$: $u_{n+1} - u_n = 1 - 2^{n+1} - (1 - 2^n) = 1 - 2^{n+1} - 1 + 2^n$ $= -2^{n+1} + 2^n = -2 \times 2^n + 2^n = (-2 + 1) \times 2^n = -2^n$.
On conclut que, pour tout $n \in \mathbb{N}$, $u_{n+1} - u_n < 0$, ce qui prouve que la suite (u_n) est décroissante.

Simplifier $\frac{v_{n+1}}{v_n}$ et comparer le résultat à 1.

2. Pour tout $n \in \mathbb{N}$, v_n est positif. De plus :

$$\frac{v_{n+1}}{v_n} = \frac{\frac{2^{n+1}}{n+2}}{\frac{2^n}{n+1}} = \frac{2^{n+1}}{n+2} \times \frac{n+1}{2^n} = \frac{2 \times \cancel{2^n}(n+1)}{(n+2)\cancel{2^n}} = \frac{2(n+1)}{n+2}.$$

D'autre part :

$$\frac{2(n+1)}{n+2} - 1 = \frac{2(n+1) - (n+2)}{n+2} = \frac{2n + 2 - n - 2}{n+2} = \frac{n}{n+2}.$$

Or, pour tout $n \in \mathbb{N}$: $\frac{n}{n+2}$ est positif, donc $\frac{v_{n+1}}{v_n} - 1 > 0$, ce qui prouve que $\frac{v_{n+1}}{v_n} > 1$. La suite (v_n) est donc croissante.

Représenter graphiquement la fonction $x \longmapsto -x^2 + 6x$.

3. On a successivement $w_0 = 0$, $w_1 = 5$, $w_2 = 8$, $w_3 = 9$. Cependant, le graphique montre que la suite est décroissante à partir de $n = 3$.

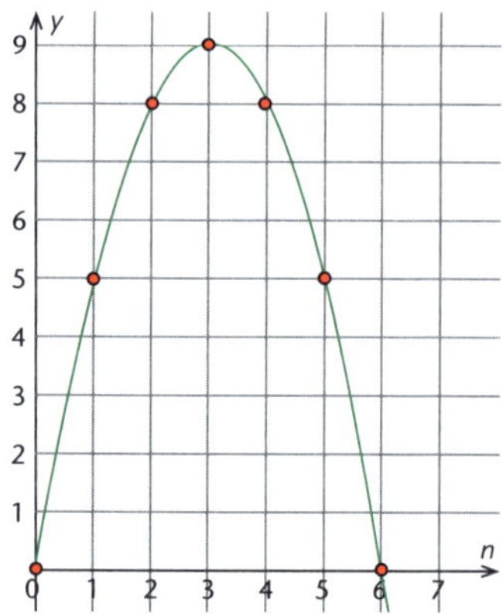

Suites numériques

QUIZ-Mémorisation active

1 Définition d'une suite

Questions	Réponses
Si $u_n = 2n - 3$, que vaut u_{n+1} ? Que vaut $u_n + 1$?	$u_{n+1} = 2(n+1) - 3 = 2n + 2 - 3 = 2n - 1$. Attention, u_{n+1} **n'est pas égal** à $2n - 2$. $u_n + 1 = 1 + u_n = 2n - 2$.

Quelle somme le programme suivant permet-il de calculer ?
`u=0`
`for k in range(1,20):`
`    u=u-1/k**2`
`print(u,k)`
	Il s'agit de la somme $0 - \frac{1}{1^2} - \frac{1}{2^2} - \frac{1}{3^2} - \dots - \frac{1}{19^2}$. k prend toutes les valeurs entières consécutives de 1 **inclus** à 20 **exclu.**

2 Sens de variation des suites

Questions	Réponses
En général, quel test fait-on pour savoir si une suite (u_n) est croissante ou décroissante ?	On calcule $u_{n+1} - u_n$. Si cette différence est positive **pour tout n**, alors la suite est croissante. Sinon, elle est décroissante.
Est-il possible qu'une suite ne soit ni croissante ni décroissante ?	**Oui.** Si $u_n = (-1)^{n+1}$, alors $u_0 = -1$, $u_1 = 1$, $u_2 = -1$, $u_3 = 1$, etc. Donc $u_0 < u_1$ mais $u_1 > u_2$. Cette suite n'est donc ni croissante ni décroissante.

3 Comportement des suites quand n tend vers l'infini

Questions	Réponses
Si une suite est strictement croissante, peut-on affirmer que ses termes deviennent aussi grands que l'on veut lorsque n tend vers $+\infty$?	**Non.** Par exemple, si $u_n = 1 - \frac{1}{n+1}$, alors u_n est la distance qui sépare les nombres 1 et $\frac{1}{n+1}$. Cette distance augmente lorsque n augmente, et se rapproche de 1. Les termes de u_n ne peuvent donc pas devenir aussi grands que l'on veut.
Si une suite est croissante, est-elle forcément positive lorsque n est très grand ?	**Non.** Si $u_n = -\left(\frac{1}{2}\right)^n$, alors (u_n) est croissante et strictement négative.

SCHÉMA-BILAN

Étudier la monotonie d'une suite (u_n)

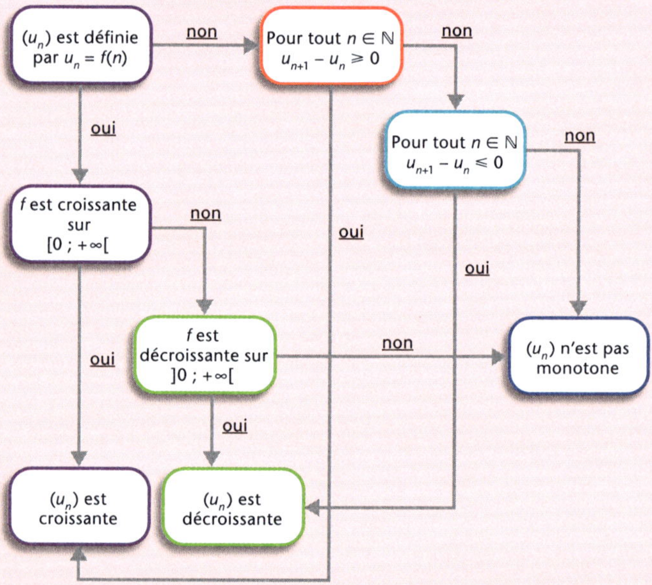

Définition et propriétés des suites arithmétiques

FICHE 6

I Généralités

1. Définition

- Soit r un nombre réel fixé. Une suite arithmétique de raison r est une suite définie par la valeur de son premier terme u_0 et par l'égalité, valable pour tout entier naturel n :

$$u_{n+1} = u_n + r.$$

- **Remarques**

1. À partir du deuxième terme, chaque terme est obtenu en ajoutant la raison r à son prédécesseur. On peut donc aussi écrire : $u_n = u_{n-1} + r$ pour tout $n \in \mathbb{N}^*$.

2. Les deux suites 1, 2, 3, 4… et 2,5 ; 3,5 ; 4,5 ; 5… ont la même raison 1 mais ne sont pas égales. En effet, elles ne commencent pas par le même terme, d'où l'importance de bien définir celui-ci.

3. Si la raison d'une suite arithmétique est positive, la suite est croissante. Si la raison est négative, la suite est décroissante. Une suite arithmétique de raison 0 est constante.

2. Propriétés

- D'après la définition donnée ci-dessus, il serait nécessaire de connaître la valeur de u_{99}, si on devait calculer u_{100}. On devrait donc aussi connaître la valeur de u_{98}, puis de u_{97}, etc. Il existe toutefois une formule qui permet de calculer directement la valeur de u_{100} ! Il suffit pour cela de connaître u_0 et r :

$$u_n = u_0 + nr.$$

En effet, $u_1 = u_0 + r$, $u_2 = u_1 + r \Rightarrow u_2 = u_0 + 2r$, $u_3 = u_2 + r \Rightarrow u_3 = u_0 + 3r$, et ainsi de suite.

- On peut généraliser cette formule. Pour tous n et k dans $\mathbb{N}$:

$$u_n = u_k + (n - k)r.$$

En effet, d'après la formule précédente : $u_n = u_0 + nr$ et $u_k = u_0 + kr$. Donc $u_n - u_k = nr - nk = (n - k)r$. On en déduit $u_n = u_k + (n - k)r$, ce qu'il fallait démontrer.

- **Remarques**

1. La formule ci-dessus est valable si $n \geqslant k$ et si $n < k$.

2. Si $k = 0$, on retrouve la formule de base $u_n = u_0 + nr$.

II Applications

1. Prouver qu'une suite est arithmétique

- On peut d'abord utiliser la définition et essayer de voir si on a $u_{n+1} = u_n + r$, où r est une constante, c'est-à-dire un nombre indépendant de n.

- On peut aussi examiner la différence $u_{n+1} - u_n$. Si elle est constante, c'est-à-dire indépendante de n, alors la suite (u_n) est une suite arithmétique.

Exemple : si $2u_{n+1} = 2u_n - 3$, alors $u_{n+1} = u_n - \frac{3}{2}$, donc la suite (u_n) est une suite arithmétique de raison $-\frac{3}{2}$. En revanche, si $u_{n+1} = u_n + \frac{1}{n+1}$, la suite (u_n) n'est pas arithmétique, car $u_1 = u_0 + 1$ et $u_2 = u_1 + \frac{1}{2}$.

- Une suite (u_n) est une suite arithmétique si, et seulement si, il existe une fonction affine f telle que, pour tout entier naturel n, $u_n = f(n)$, c'est-à-dire $u_n = an + b$ où a et b sont deux constantes. En effet, si (u_n) est une suite arithmétique de raison r, alors $u_n = u_0 + nr$, donc $b = u_0$ et $a = r$.

- Réciproquement, si $u_n = an + b$ pour tout entier $n \geqslant 0$, alors $u_{n+1} - u_n = a(n+1) + b - (an + b) = a$, donc (u_n) est une suite arithmétique de premier terme b et de raison a.

Exemple : si $u_n = 5n + 1$, alors (u_n) est une suite arithmétique qui a pour premier terme 1 et pour raison 5.

2. Exprimer u_n en fonction de n

- Énoncé : soit (u_n) une suite arithmétique. On sait que $u_{21} = -9$ et $u_7 = 6$. Exprimer u_n en fonction de n, puis calculer u_{140}.
- Réponse : soit r la raison de la suite :

$$u_{21} = u_7 + (21 - 7)r \Rightarrow -9 = 6 + 14r \Rightarrow r = -\frac{15}{14}.$$

De plus, $u_0 = u_7 + (0 - 7)r \Rightarrow u_0 = 6 - 7 \times \left(-\frac{15}{14}\right) \Rightarrow u_0 = 6 + \frac{15}{2} = 13,5.$

Donc, pour tout $n \in \mathbb{N}$, $u_n = 13,5 - \frac{15}{14}n$, ce qui fournit :

$$u_{140} = 13,5 - \frac{15}{14} \times 140 = 13,5 - 150 = -136,5.$$

Définition et propriétés des suites géométriques

FICHE 7

I Généralités

1. Définition

• Soit q un nombre différent de 0. Une suite géométrique de raison q est une suite définie par la valeur de son premier terme u_0 et par l'égalité, valable pour tout entier naturel n :

$$u_{n+1} = qu_n.$$

• **Remarques**

1. À partir du deuxième terme, chacun d'entre eux est obtenu en multipliant son prédécesseur par la raison. On peut donc aussi écrire : $u_n = qu_{n-1}$ pour tout $n \in \mathbb{N}^*$.

2. Les deux suites 1, 2, 4, 8, 16… et 1,5 ; 3 ; 6 ; 12 ; 24… ont la même raison ($q = 2$) mais ne sont pas égales. En effet, elles ne commencent pas par le même terme, d'où l'importance de bien définir celui-ci.

3. Supposons que le premier terme d'une suite géométrique soit positif. Si $q > 1$, la suite est croissante et si $0 < q < 1$, la suite est décroissante. Une suite géométrique de raison 1 est constante.

2. Propriétés

• D'après la définition, il serait nécessaire de connaître la valeur de u_{54} pour calculer u_{55}. On devrait donc aussi connaître la valeur de u_{53}, puis de u_{52}, etc. Il existe cependant une formule qui permet de calculer directement la valeur de u_{54} ! Il suffit pour cela de connaître u_0 et q :

$$u_n = u_0 q^n.$$

En effet, $u_1 = qu_0$, $u_2 = qu_1 \Rightarrow u_2 = u_0qq = u_0q^2$, $u_3 = qu_2 \Rightarrow u_3 = u_0q^3$, et ainsi de suite.

• On peut généraliser cette formule. Pour tous n et k dans $\mathbb{N}$:

$$u_n = u_k q^{n-k}.$$

En effet, d'après la formule précédente : $u_n = u_0q^n$ et $u_k = u_0q^k$. Donc $\frac{u_n}{u_k} = \frac{u_0q^n}{u_0q^k} = \frac{q^n}{q^k} = q^{n-k}$. On en déduit que $u_n = u_kq^{n-k}$, ce qu'il fallait démontrer.

• **Remarques**

1. La formule ci-dessus est valable si $n \geqslant k$ et si $n < k$.

2. Si $k = 0$, on retrouve la formule de base $u_n = u_0q^n$.

II Applications

1. Prouver qu'une suite est géométrique

• On peut d'abord utiliser la définition et essayer de voir si on a $u_{n+1} = qu_n$, où q est une constante, c'est-à-dire un nombre indépendant de n.

• On peut aussi examiner le quotient $\frac{u_{n+1}}{u_n}$. S'il est constant, c'est-à-dire indépendant de n, alors la suite (u_n) est une suite géométrique.

Exemple : si $2u_{n+1} = 2u_n - u_{n+1}$, alors $3u_{n+1} = 2u_n \Rightarrow u_{n+1} = \frac{2}{3}u_n$.
La suite (u_n) est donc une suite géométrique de raison $\frac{2}{3}$.
En revanche, si $u_{n+1} = (n+1)u_n$, la suite (u_n) n'est pas géométrique car $u_1 = u_0$ et $u_2 = 2u_1$.

• Une suite (u_n) est une suite géométrique si, et seulement si, il existe deux nombres a et b, où $a \neq 0$, tels que pour tout entier naturel n : $u_n = ba^n$. En effet, si (u_n) est une suite géométrique de raison q, alors $u_n = u_0q^n$, donc $b = u_0$ et $a = q$.

• Réciproquement si $u_n = ba^n$ pour tout entier $n \geqslant 0$, alors $\frac{u_{n+1}}{u_n} = \frac{ba^{n+1}}{ba^n} = a$. La suite (u_n) est donc une suite géométrique de premier terme b et de raison a.

Exemple : si $u_n = -2^{n+1}$, alors (u_n) est une suite géométrique qui a pour premier terme -2 et pour raison 2, car $-2^{n+1} = (-2) \times 2^n$.

2. Exprimer u_n en fonction de n

• **Énoncé :** soit (u_n) une suite géométrique. On sait que $u_{16} = 4\,096$ et $u_5 = -2$. Sachant que $2^{11} = 2\,048$, exprimer u_n en fonction de n, puis calculer u_{100}.

• **Réponse :** soit q la raison de la suite.

$u_{16} = u_5q^{16-5} = u_5q^{11} \Rightarrow q^{11} = \frac{4\,096}{-2} = -2\,048 \Rightarrow q = -2$ (utiliser une calculatrice : (–2048)^(1/11)).

De plus, $u_0 = u_5q^{0-5} = u_5q^{-5} \Rightarrow u_0 = (-2)(-2)^{-5} \Rightarrow u_0 = (-2)^{-4} = \frac{1}{16}$.

Donc, pour tout $n \in \mathbb{N}$, $u_n = \frac{1}{16}(-2)^n = 2^{-4}(-1)^n2^n = (-1)^n2^{n-4}$, ce qui fournit :

$$u_{100} = (-1)^{100}2^{96} = 2^{96}.$$

Suites arithmétiques et sommes

FICHE 8

I Théorie

1. Somme des premiers entiers naturels

- On voudrait avoir une formule permettant de calculer la somme des n premiers entiers naturels non nuls, c'est-à-dire :

$$S = 1 + 2\ldots + (n-1) + n.$$

- On peut écrire cette somme de deux façons :

$$\begin{cases} S = 1 + 2 + \ldots + (n-1) + n \\ S = n + (n-1) + \ldots + 2 + 1 \end{cases}.$$

- En additionnant les deux égalités membre à membre, on obtient :

$$2S = (1+n) + [2 + (n-1)] + \ldots + [(n-1) + 2] + (n+1).$$

Donc :

$$2S = (1+n) + (1+n) + \ldots + (n+1) + (n+1).$$

- Par conséquent, $2S$ apparaît comme la **somme de n termes** tous égaux à $(n+1)$. C'est pourquoi $2S = n(n+1)$. Conclusion :

$$1 + 2\ldots + (n-1) + n = \frac{n(n+1)}{2}.$$

Si la somme commence par 0, elle comporte $n + 1$ termes et on a toujours $0 + 1 + 2\ldots + (n-1) + n = 1 + 2\ldots + (n-1) + n = \dfrac{n(n+1)}{2}$

2. Somme de termes consécutifs

- Soit (u_n) une suite arithmétique de raison r. On se propose de calculer la somme $S = u_0 + u_1 + \ldots + u_{n-1} + u_n$. Cette somme contient $(n+1)$ termes. En utilisant les résultats de la *fiche 6*, on effectue le calcul suivant :

$$S = u_0 + (u_0 + r) + \ldots + (u_0 + (n-1)r) + (u_0 + nr)$$

$$S = (n+1)u_0 + (1 + \ldots + (n-1) + n)r \text{ (car } u_0 \text{ apparaît } n+1 \text{ fois)}$$

$$S = (n+1)u_0 + \frac{n(n+1)}{2}r \text{ (on utilise la formule du paragraphe 1)}$$

$$S = \frac{n+1}{2}(2u_0 + nr) \text{ (on factorise } \frac{n+1}{2}\text{)}$$

$$S = \frac{n+1}{2}(u_0 + u_0 + nr) \Rightarrow S = \frac{(n+1)(u_0 + u_n)}{2}.$$

• On peut encore généraliser cette formule. Soit S la somme d'une tranche de termes consécutifs d'une suite arithmétique. Le premier de ces termes est P et le dernier est D. Alors :

$$S = \frac{(P + D) \times \text{nombre de termes de la somme}}{2}.$$

II Pratique

1. Un algorithme

• L'algorithme suivant demande à l'utilisateur une valeur de n. Puis il exécute toujours la même opération : il ajoute le nombre k au nombre contenu dans la variable s et range le résultat dans cette variable. Celle-ci change donc de contenu. Son exécution calcule alors la somme $1 + 2 + \ldots + n$.

Algorithme	Langage Python

$s \leftarrow 0$
Saisir la valeur de n
Pour k allant de 1 à n
    $s \leftarrow s + k$
Fin Pour
Afficher s
	s=0
	n=int(input("valeur de n ?"))
	    for k in range (1,n+1):
	    s=s+k
	
	print(s)

La commande int(input(...)) indique que le nombre saisi est un entier (*int* est l'abréviation de *integer*, c'est-à-dire « nombre entier »).

• Si $n = 100$, on trouve $s = 5\,050$, en conformité avec $\frac{100 \times (100 + 1)}{2}$.

• **Énoncé :** comment modifier l'algorithme ci-dessus pour que son exécution affiche la somme des n premiers entiers pairs non nuls ?

• **Réponse :** il suffit de remplacer la ligne 4 par ; « $\leftarrow s + 2{*}k$. »

2. Un calcul algébrique

• **Énoncé :** on effectue la somme des 50 premiers termes d'une suite arithmétique et on obtient 2 550. Trouver u_{100}, sachant que le premier terme est égal à 2.

• **Réponse :** calculons d'abord la raison. Comme le premier terme est u_0, le deuxième est u_1, le troisième u_2,... le cinquantième est u_{49}. On a donc $u_{49} = u_0 + 49r = 2 + 49r$.

Par conséquent :

$$2\,550 = \frac{(u_0 + u_{49}) \times 50}{2} \Leftrightarrow 2\,550 = (2 + 2 + 49r) \times 25$$

$\Leftrightarrow 102 = 4 + 49r \Leftrightarrow 49r = 98 \Leftrightarrow r = 2$. Alors $u_{100} = u_0 + 100r = 202$.

Suites géométriques et sommes

FICHE 9

I Théorie

1. Somme $1 + q + q^2 + \dots q^n$

- On suppose ici que q est différent de 0 et de 1 et on pose, pour tout entier $n \geqslant 1$:

$$S = 1 + q + q^2 + q^3 + \dots + q^{n-1} + q^n.$$

- Calculons qS :

$$qS = q + q^2 + q^3 + q^4 + \dots + q^n + q^{n+1}.$$

- Soustrayons membre à membre les deux égalités :

$$S - qS = 1 - q^{n+1}, \text{ équivalent à } S(1 - q) = 1 - q^{n+1}.$$

- Deux cas sont possibles :

1. Si $q \neq 1$: $S = \dfrac{1-q^{n+1}}{1-q}$. On observe l'exposant de q (il s'agit de $n + 1$) et on constate qu'il est l'exposant du dernier terme de S (il s'agit de n) augmenté de 1.
2. Si $q = 1$, alors $S = n + 1$.

La somme S contient $n + 1$ termes ; c'est pourquoi l'exposant de q est précisément $n + 1$. C'est aussi la raison pour laquelle $S = n + 1$, si $q = 1$.

2. Somme de termes consécutifs

- Soit (u_n) une suite géométrique de raison q. On se propose de calculer la somme $S = u_0 + u_1 + \dots + u_{n-1} + u_n$. Cette somme contient $(n + 1)$ termes. En utilisant les résultats de la *fiche 7* :

$$S = u_0 + qu_0 + \dots + u_0 q^{n-1} + u_0 q^n.$$
$$S = u_0(1 + q + \dots + q^{n-1} + q^n).$$

- Si $q \neq 1$, on trouve :

$$S = u_0 \frac{1-q^{n+1}}{1-q}.$$

- Si $q = 1$, on trouve $S = (n + 1)\, u_0$.

On peut encore généraliser cette formule : soit S la somme d'une tranche de termes consécutifs d'une suite géométrique. Le premier de ces termes est P. Alors :

- Si $q \neq 1$: $$S = P\frac{1-q^{\text{nombre de termes}}}{1-q}.$$
- Si $q = 1$, $S = (n + 1)P$.

Si $P = u_0$ et si la somme comprend $n + 1$ termes, on retrouve les formules du paragraphe précédent.

II Pratique

1. Un algorithme

• Après la déclaration des variables et l'initialisation, l'algorithme suivant demande à l'utilisateur une valeur de n et de q. Puis il exécute toujours la même opération : il ajoute le nombre q^k au nombre contenu dans la variable s et range le résultat dans cette variable. Celle-ci change donc de contenu. Son exécution calcule la somme $q^0 + q^1 + \ldots + q^n$.

Algorithme	Langage Python

$s \leftarrow 0$
Saisir la valeur de q
Saisir la valeur de n
Pour k allant de 0 à n
    $s \leftarrow s + q^k$
Fin Pour
Afficher s
	s=0
	q=float(input("valeur de q ?"))
	n=int(input("valeur de n ?"))
	    for k in range(0,n+1):
	    s=s+q**k
	
	print(s)

• Si $n = 9$ et $q = 2$, on trouve $s = 1\,023$, en conformité avec $\dfrac{1-2^{10}}{1-2} = 2^{10} - 1 = 1\,024 - 1 = 1\,023$.

• Énoncé : quelles valeurs faut-il fournir à l'algorithme ci-dessus pour qu'il affiche la somme des 100 premières puissances positives de 3 ?

• Réponse : il suffit de fournir la valeur 3 pour q et 99 pour n. En effet, l'exécution de l'algorithme provoque le calcul de $3^0 + 3^1 + \ldots + 3^{99}$.

La commande float (input(...)) indique que le nombre saisi est un réel, un flottant (float) en lan[gage] de programmation.

2. Un calcul algébrique

• Démontrons la formule $\dfrac{P(1-q^{\text{nombre de termes}})}{1-q}$ du paragraphe précédent.

• Posons $u_i = P$ (i pour initial) et supposons que le nombre de termes soit égal à m. Le dernier terme de la somme sera donc u_{i+m-1}, car si le terme n° 1 est u_i, le terme n° 2 est u_{i+1}..., le terme n° m est u_{i+m-1}.

• D'autre part, $u_{i+1} = qu_i$, … $u_{i+m} = qu_{i+m-1}$, donc (→ voir fiche 7) :

$u_i + u_{i+1} + \ldots + \ldots u_{i+m-1} = u_i(1 + q + \ldots + q^{m-1}) = u_i \dfrac{1-q^m}{1-q}$, ce qu'il fallait démontrer.

Exercice commenté pas à pas

Comparer des suites arithmétiques et géométriques

Un agent d'assurance propose deux contrats.
La première année chaque contrat coûte 60 000 € tout compris.
Contrat 1 : chaque année le contrat augmente de 5 %.
Contrat 2 : le contrat augmente de 3 500 € par an.
Quel est le contrat le moins cher pour une souscription de 11 ans ?

1. Soit n un entier naturel au moins égal à 1. On note u_n le montant du contrat 1 au début de l'année n et d_n le montant du contrat 2 au début de l'année n.
Calculer u_1 et d_1.

2. a. Montrer que la suite (u_n) est une suite géométrique de raison 1,05.

b. En déduire l'expression de u_n en fonction de n.

3. a. Montrer que la suite (d_n) est une suite arithmétique dont on précisera la raison.

b. En déduire l'expression de d_n en fonction de n.

4. a. Pour chaque type de contrat, calculer les sommes totales U et D versées en 11 ans.

4. b. Conclure.

5. Dans un tableur, construire une feuille de calcul permettant de calculer u_n et d_n et les sommes U et D.

→ u_1 et d_1 correspondent aux montants de chaque contrat la première année.

1. D'après l'énoncé, $u_1 = d_1 = 60\ 000$. En effet, le premier versement est de 60 000 € pour chacun des contrats.

→ Au début de chaque année, le montant du contrat 1 est égal au montant de l'année précédente, augmenté de 5 %.

2. a. Pour tout entier naturel n : $u_{n+1} = u_n + 0{,}05u_n = 1{,}05u_n$.
La suite (u_n) est donc une suite géométrique de premier terme 60 000 et de raison 1,05.

b. Pour tout entier naturel $n \geq 1$:
$u_n = u_1 \times 1{,}05^{n-1} = 60\ 000 \times 1{,}05^{n-1}$.

➔ Au début de chaque année, le montant du contrat 1 est égal au montant de l'année précédente, augmenté de la somme fixe de 3 500 €.

3. a. Pour tout entier naturel n : $d_{n+1} = d_n + 3\,500$. La suite (d_n) est donc arithmétique de premier terme 60 000 et de raison 3 500.
b. Pour tout entier naturel $n \geq 1$: $d_n = d_1 + 3\,500\,(n-1)$.

➔ Calculer le total des sommes versées chaque année pendant 11 ans.

4. a. On cherche les valeurs de $U = \sum_{k=1}^{11} u_k = u_1 + u_2 + \ldots + u_{11}$

et de $D = \sum_{k=1}^{11} d_k = d_1 + d_2 + \ldots + d_{11}$.

On calcule $d_{11} = 60\,000 + 10 \times 3\,500 = 95\,000$.

On trouve $U = u_1 \dfrac{(1-1{,}05^{11})}{1-1{,}05} \Rightarrow U \approx 852\,407$.

$D = \dfrac{(d_1 + d_{11}) \times 11}{2} = 852\,500$.

➔ Comparer les montants versés.

b. Il faut choisir le contrat 1. On économise ainsi 93 € environ en 11 ans.

➔ On peut nommer *n* les cellules utiles de la colonne A. (Formules > Définir un nom).

	A	B	C	D	E
1	n	u_n	U	d_n	D

5. On écrit les formules de la ligne 3 que l'on copie vers le bas jusqu'à la ligne 12.

	A	B	C	D	E
1	n	u_n	U	d_n	D
2	1	=60000*1,05^(n-1)	60000	=60000+3500*(n-1)	60000
3	2	=60000*1,05^(n-1)	=C2+B3	=60000+3500*(n-1)	=E2+D3
4	3	=60000*1,05^(n-1)	=C3+B4	=60000+3500*(n-1)	=E3+D4
5	4	=60000*1,05^(n-1)	=C4+B5	=60000+3500*(n-1)	=E4+D5
6	5	=60000*1,05^(n-1)	=C5+B6	=60000+3500*(n-1)	=E5+D6
7	6	=60000*1,05^(n-1)	=C6+B7	=60000+3500*(n-1)	=E6+D7
8	7	=60000*1,05^(n-1)	=C7+B8	=60000+3500*(n-1)	=E7+D8
9	8	=60000*1,05^(n-1)	=C8+B9	=60000+3500*(n-1)	=E8+D9
10	9	=60000*1,05^(n-1)	=C9+B10	=60000+3500*(n-1)	=E9+D10
11	10	=60000*1,05^(n-1)	=C10+B11	=60000+3500*(n-1)	=E10+D11
12	11	=60000*1,05^(n-1)	=C11+B12	=60000+3500*(n-1)	=E11+D12

Suites arithmétiques et géométriques

QUIZ-Mémorisation active

1 Suites arithmétiques

Questions	Réponses
Comment peut-on démontrer qu'une suite (u_n) est une suite arithmétique ?	Il suffit de démontrer que, pour tout entier naturel n, la différence $u_{n+1} - u_n$ est constante, c'est-à-dire qu'elle est égale à un nombre **indépendant de n**.
Si, pour tout entier naturel n, on a $u_n = -1 + \frac{1}{2}n$, peut-on dire que la suite (u_n) est arithmétique ?	**Oui.** En effet, on peut écrire $u_n = f(n)$, avec $f(x) = \frac{1}{2}x - 1$. La fonction f étant affine, la suite (u_n) est une suite arithmétique de raison $\frac{1}{2}$ et de premier terme −1. En général, $u_n = u_0 + nr$.
Pour calculer la somme d'une tranche de termes consécutifs d'une suite arithmétique, que doit-on absolument connaître ?	Il faut absolument connaître le premier et le dernier terme de la tranche, ainsi que le nombre de termes qui composent la tranche. Il n'est pas nécessaire de connaître la raison de la suite.

2 Suites géométriques

Questions	Réponses
En général, comment démontrer qu'une suite (u_n) est une suite géométrique ?	Il suffit de démontrer que, pour tout entier naturel n, le quotient $\frac{u_{n+1}}{u_n}$ est constant, c'est-à-dire qu'il est égal à un nombre **indépendant de n**.
Que signifie « exprimer u_n en fonction de n » lorsque u_n est une suite géométrique de raison q et de premier terme u_0 ?	La réponse attendue est $u_n = u_0q^n$. Ainsi, pour calculer un terme, il est inutile de connaître la valeur du terme qui le précède.
Pour calculer la somme d'une tranche de termes **consécutifs** d'une suite géométrique, que doit-on absolument connaître ?	Il faut absolument connaître le premier terme de la tranche, la raison de la suite, ainsi que le nombre de termes qui composent la tranche.

SCHÉMA-BILAN

Somme S d'une tranche de termes consécutifs d'une suite

Suite arithmétique	Suite géométrique $q \neq 1$
$1 + 2 + \ldots + n = \dfrac{n(n+1)}{2}$	$1 + q + \ldots + q^n = \dfrac{1-q^{n+1}}{1-q}$
Premier terme : P Dernier terme : D	Premier terme : P
$S = \dfrac{(P+D) \times \text{nombre de termes}}{2}$	$S = P\dfrac{1-q^{\text{nombre de termes}}}{1-q}$

Calcul, en langage Python, d'une tranche de termes consécutifs (p : premier terme ; n : nombre de termes)

Suite arithmétique

```
def s(p,r,n):
        s=(p+p+(n-1)*r)*n/2
return(s)
```

s(0,1,101) renvoie 5050.0

Suite géométrique

```
def s(p,q,n):
    if q==1:
            s=p*n
    else:
            s=p*(1-q**n)/(1-q)
return(s)
```

s(1,2,9) renvoie 511.0

Forme canonique et discriminant

FICHE 12

I Théorie

1. Forme réduite et ordonnée

• Un polynôme du second degré, réduit et ordonné suivant les puissances décroissantes à l'inconnue x, s'écrit sous la forme $ax^2 + bx + c$ où a, b et c sont trois constantes, avec $a \neq 0$.

• **Remarques**

1. On impose $a \neq 0$, sinon le polynôme serait de degré 1 ou 0.

2. Le polynôme $3x^2 - 5 + 2x$ est réduit, mais non ordonné, et le polynôme $5x^2 - x^2 + 9x - 1$ n'est pas réduit. Les formes réduites et ordonnées de ces deux polynômes sont respectivement $3x^2 + 2x - 5$ et $4x^2 + 9x - 1$.

3. Parce qu'il y a trois termes différents dans l'expression $ax^2 + bx + c$, on l'appelle parfois un trinôme du second degré.

2. Définitions

On pose $P(x) = ax^2 + bx + c$, avec $a \neq 0$.

• Le discriminant de $P(x)$ est le nombre $b^2 - 4ac$. On le nomme Δ (lire « delta »).

• La forme canonique de $P(x)$ est l'écriture $a(x - \alpha)^2 + \beta$ où :

$$\alpha = -\frac{b}{2a} \text{ et } \beta = -\frac{\Delta}{4a}.$$

• **Remarques**

1. On a donc $ax^2 + bx + c = a\left(x + \frac{b}{2a}\right)^2 - \frac{\Delta}{4a}$.

2. N'oubliez pas que le calcul $b^2 - 4ac$ suppose que le polynôme soit écrit sous la forme $ax^2 + bx + c$! Ainsi, si $P(x) = 5x + 4 - x^2$, alors $a = -1$, $b = 5$ et $c = 4$.

3. Un algorithme

L'exécution de l'algorithme suivant affiche la valeur du discriminant de $ax^2 + bx + c$, une fois que l'utilisateur a saisi les valeurs de a, b et c.

Algorithme	Langage Python

Saisir la valeur de a, b, c	`a=float(input("valeur de a ?"))`
	`b=float(input("valeur de b ?"))`
	`c=float(input("valeur de c ?"))`

Delta $\leftarrow b^2 - 4ac$ Afficher delta	`delta = b**2-4*a*c` `print(delta)`

II Pratique

Même si vous retenez par cœur la forme canonique, vous pouvez la retrouver en utilisant les techniques ci-dessous.

1. Cas particuliers

Avec les identités remarquables, on sait que, pour tous réels u et v :

$$(u+v)^2 = u^2 + 2uv + v^2$$
$$(u-v)^2 = u^2 - 2uv + v^2.$$

On trouve ainsi les formes canoniques de certains polynômes particuliers où $\beta = 0$, donc $\Delta = 0$ aussi.

Exemples :

1. $9x^2 + 6x + 1 = (3x+1)^2$, donc $\alpha = -\dfrac{1}{3}$ et $\beta = 0$.
2. $-x^2 + 10x - 25 = -(x-5)^2$, donc $\alpha = 5$ et $\beta = 0$.
3. Dans le cas où $b = 0$, $-6x^2 + 7$ est la forme canonique, avec $\alpha = 0$ et $\beta = 7$.

2. Cas général

Étape 1. Factoriser par a : $ax^2 + bx + c = a\left(x^2 + \dfrac{b}{a}x\right) + c$.

Étape 2. Considérer que $x^2 + \dfrac{b}{a}x$ est une identité remarquable incomplète :

$$a\left(x^2 + \frac{b}{a}x\right) + c = a\left[x^2 + 2\frac{b}{2a}x + \left(\frac{b}{2a}\right)^2 - \left(\frac{b}{2a}\right)^2\right] + c.$$

Étape 3. Utiliser la factorisation de l'identité remarquable :

$$a\left(x^2 + \frac{b}{a}x\right) + c = a\left[\left(x + \frac{b}{2a}\right)^2 - \frac{b^2}{4a^2}\right] + \frac{4ac}{4a} = a\left(x + \frac{b}{2a}\right)^2 + \frac{4ac - b^2}{4a}.$$

Étape 4. Utiliser Δ : $a\left(x^2 + \dfrac{b}{a}x\right) + c = a\left(x + \dfrac{b}{2a}\right)^2 + \dfrac{-\Delta}{4a}$.

Exemple :

$-3x^2 + x + 5 = -3\left(x - \dfrac{1}{6}\right)^2 + \dfrac{61}{12}$.

Racines et factorisation

FICHE 13

I Théorie

Dans toute la suite, on note $P(x) = ax^2 + bx + c$ avec $a \neq 0$.

1. Racines

• **Définition :** on appelle racine de $P(x)$ tout nombre annulant $P(x)$, c'est-à-dire tout nombre x_0 tel que $P(x_0) = 0$.

• **Théorème :** l'existence de racine de $P(x)$ dépend du signe de son discriminant.

• $P(x)$ n'a pas de racines si, et seulement si, $\Delta < 0$.

• $P(x)$ a une racine unique si, et seulement si, $\Delta = 0$. Cette racine est $-\dfrac{b}{2a}$.

• $P(x)$ a deux racines distinctes si, et seulement si, $\Delta > 0$. Ces deux racines sont $\dfrac{-b-\sqrt{\Delta}}{2a}$ et $\dfrac{-b+\sqrt{\Delta}}{2a}$.

• **Remarques**

1. On peut donc dire que l'équation $ax^2 + bx + c = 0$ a des solutions si, et seulement si, $\Delta \geqslant 0$.

2. Dans le cas où le polynôme a des racines (notées x' et x''), c'est-à-dire dans le cas où son discriminant est positif ou nul, alors :

$$x' + x'' = -\frac{b}{a} \text{ et } x'x'' = \frac{c}{a}.$$

3. Si a et c sont de signes contraires, $P(x)$ a nécessairement des racines car $ac \leq 0$. $b^2 - 4ac$ est donc nécessairement positif.

4. On note souvent S l'ensemble des racines de $P(x)$, c'est-à-dire l'ensemble des solutions de l'équation $P(x) = 0$.

2. Factorisation

• **Théorème :** on peut factoriser le polynôme $ax^2 + bx + c$ en un produit de deux facteurs du premier degré si, et seulement si, son discriminant est positif ou nul.

• Si $\Delta = 0$, alors $ax^2 + bx + c = a\left(x + \dfrac{b}{2a}\right)^2$.

• Si $\Delta > 0$, alors $ax^2 + bx + c = a\,(x - x')(x - x'')$ où x' et x'' sont les deux racines de $ax^2 + bx + c$.

• Remarques

1. $a\left(x+\frac{b}{2a}\right)^2 = a\left(x+\frac{b}{2a}\right)\left(x+\frac{b}{2a}\right)$. C'est pourquoi on dit parfois que la racine $-\frac{b}{2a}$ est une racine double.

2. L'identité remarquable $u^2 - v^2 = (u - v)(u + v)$ permet une factorisation immédiate d'un polynôme du second degré.

| Exemple : $25x^2 - 49 = (5x - 7)(5x + 7)$.

II Pratique du second degré

1. Résolutions d'une équation à l'aide de Δ

• Énoncé : résoudre les équations suivantes.

1. $2x^2 - 5x + 3 = 0$. 2. $x^2 - 7x = -10$. 3. $x^2 + x + 1 = 0$.

• Réponses

1. On trouve $a = 2$, $b = -5$, $c = 3$. $\Delta = 25 - 24 = 1$.

L'équation a donc deux solutions, qui sont $\frac{5-1}{4}$ et $\frac{5+1}{4}$, donc 1 et $\frac{3}{2}$.

2. $x^2 - 7x = -10 \Leftrightarrow x^2 - 7x + 10 = 0$.
Donc $\Delta = (-7)^2 - 4 \times 1 \times 10 = 49 - 40 = 9$.
On en déduit que l'équation a deux solutions, qui sont $\frac{7-3}{2}$ et $\frac{7+3}{2}$, c'est-à-dire $S = \{2 ; 5\}$.

3. Dans ce cas, $a = b = c = 1$, donc $\Delta = -3$, ce qui conduit à $S = \varnothing$.

2. Résolutions raisonnées

• Énoncé : résoudre les équations suivantes sans calculer Δ.

1. $16x^2 - 24x + 9 = 0$. 2. $x^2 + 15 = 0$. 3. $9x^2 - 64 = 0$.

• Réponses

1. $16x^2 - 24x + 9 = (4x)^2 - 2 \times 4x \times 3 + 3^2 = (4x - 3)^2$.

Donc $16x^2 - 24x + 9 = 0 \Leftrightarrow 4x - 3 = 0 \Leftrightarrow x = \frac{3}{4}$. D'où $S = \left\{\frac{3}{4}\right\}$.

2. Puisque $x^2 \geqslant 0$, pour tout x, $x^2 + 15 \geqslant 15$. Il n'existe donc aucun nombre x tel que $x^2 + 15 = 0$. C'est pourquoi $S = \varnothing$.

3. $9x^2 - 64 = (3x)^2 - 8^2 = (3x - 8)(3x + 8)$,

d'où $9x^2 - 64 = 0 \Leftrightarrow (3x - 8)(3x + 8) = 0$, donc $S = \left\{-\frac{8}{3} ; \frac{8}{3}\right\}$.

FICHE 14

Paraboles

I Présentation des paraboles

Une parabole est la courbe représentant un polynôme du second degré (donc de la forme $ax^2 + bx + c$ avec $a \neq 0$).

1. Point de vue algébrique

Les variations de $P(x) = ax^2 + bx + c$ dépendent du signe de a :

$a > 0$			
x	$-\infty$	$-\dfrac{b}{2a}$	$+\infty$
$P(x)$	↘	$-\dfrac{\Delta}{4a}$	↗

$a < 0$			
x	$-\infty$	$-\dfrac{b}{2a}$	$+\infty$
$P(x)$	↗	$-\dfrac{\Delta}{4a}$	↘

2. Point de vue graphique

- Il existe deux types de paraboles :
  - la parabole concave (smiley ☹), où $a < 0$.
  - la parabole convexe (smiley ☺), où $a > 0$;
- Dans les deux cas, les paraboles ont un axe de symétrie, qui est la droite d'équation $x = -\dfrac{b}{2a}$.

Les axes ne sont pas représentés, mais ils ont l'allure habituelle dans un repère orthogonal, où ils sont perpendiculaires.

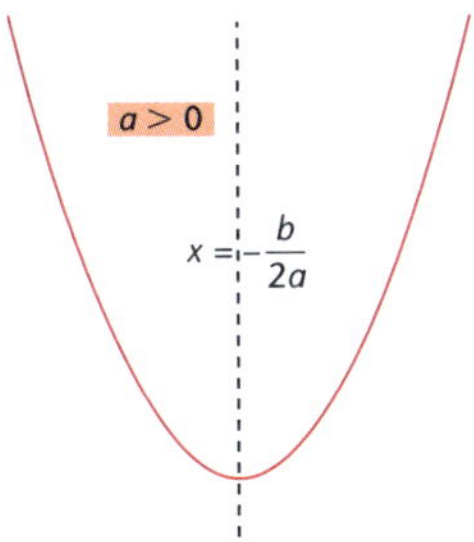

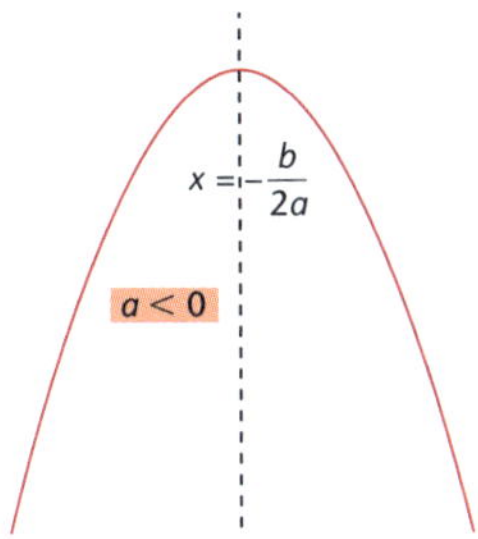

II Utilisation pratique

- L'utilisation des paraboles permet de :
  - savoir si une équation du type $ax^2 + bx + c = 0$ a des solutions ou non ;

• connaître le signe de l'expression $ax^2 + bx + c$ pour toute valeur de x.

• Sur les graphiques ci-dessous, l'axe des ordonnées n'est pas symbolisé, car il ne joue aucun rôle pour la détermination des racines et du signe de $P(x)$.

• Les abscisses des points d'intersection des paraboles avec l'axe horizontal sont les racines de $ax^2 + bx + c$.

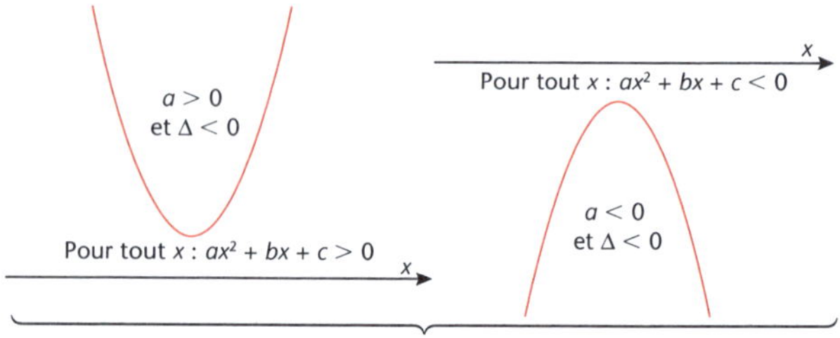

$S = \varnothing$

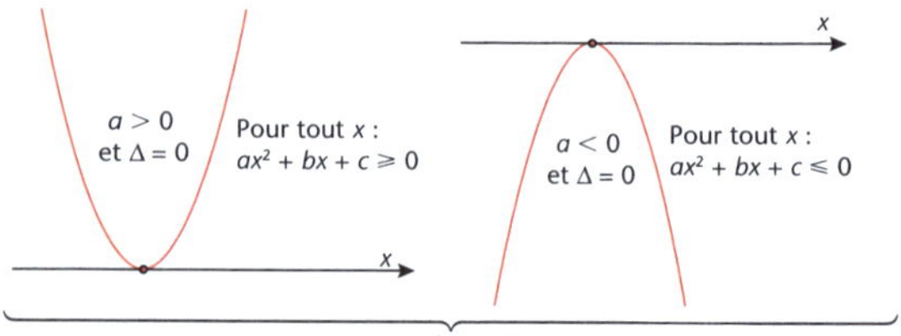

$$S = \left\{-\frac{b}{2a}\right\}$$

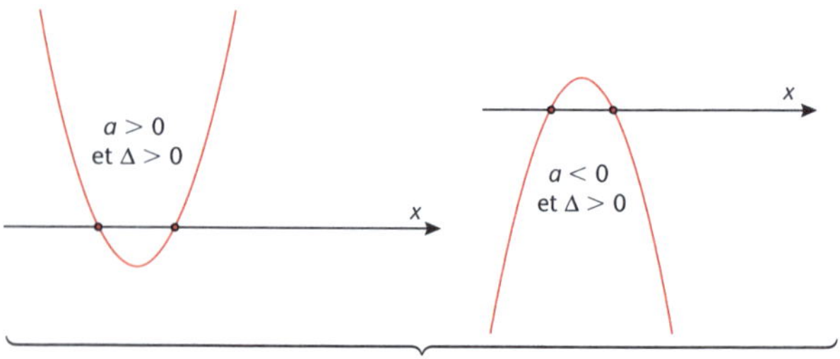

$$S = \left\{\frac{-b-\sqrt{\Delta}}{2a} ; \frac{-b+\sqrt{\Delta}}{2a}\right\}$$

• À l'extérieur des racines : $ax^2 + bx + c$ a le même signe que a.

• À l'intérieur des racines : $ax^2 + bx + c$ a le signe opposé à celui de a.

I Théorie

On pose $P(x) = ax^2 + bx + c$ avec $a \neq 0$; I est un intervalle.

1. Point de vue graphique

• On sait que la courbe représentative d'une fonction f est au-dessus de l'axe des abscisses sur I si, et seulement si, $f(x) \geqslant 0$. Elle est en-dessous de l'axe sur I si, et seulement si, $f(x) \leqslant 0$.

• Dans la fiche 14, on voit que :

- $P(x)$ a un signe constant si, et seulement si, $\Delta \leqslant 0$;
- $P(x)$ n'a pas un signe constant si, et seulement si, $\Delta > 0$.

Cela signifie que, si $\Delta > 0$, il existe des valeurs de x qui font que $P(x) > 0$, et d'autres valeurs de x qui font que $P(x) < 0$.

2. Point de vue algébrique

• Les deux points suivants précisent le signe de $P(x)$:

- si $\Delta \leqslant 0$ alors, pour tout x, $P(x)$ a le même signe que a ;
- si $\Delta > 0$, on a le tableau de signes suivant (x' et x'' sont les racines).

x	$-\infty$		x'		x''		$+\infty$
$ax^2 + bx + c$		signe de a	0	signe de $-a$	0	signe de a	

3. Un algorithme

L'exécution de l'algorithme suivant informe l'utilisateur sur le signe de $P(x)$ en fonction du signe de Δ.

Algorithme	Langage Python

Saisir la valeur de a, b, c
delta ← $b^2 - 4ac$
 	
Si delta <= 0
Alors afficher « le signe du polynôme est constant »
Sinon afficher « le signe du polynôme est variable »
Fin si
	a=float(input("valeur de a ?"))
	b=float(input("valeur de b ?"))
	c=float(input("valeur de ac ?"))
	delta=b**2-4*a*c
	if delta<=0:
	    print("signe constant")
	else:
	    print("signe variable")

II Pratique

1. Point de vue algébrique

• **Énoncé :** résoudre les inéquations suivantes.

1. $3x^2 - 5 \leqslant -2x$.

2. $\dfrac{-x^2 + x + 3}{x^2 + 1} > 0$.

• **Réponse :** la méthode consiste à se ramener à des expressions du type $ax^2 + bx + c$ ou à exploiter des identités remarquables.

1. L'inéquation équivaut à $3x^2 + 2x - 5 \leqslant 0$. On trouve facilement $\Delta = 64$, $x' = 1$ et $x'' = -\dfrac{5}{3}$. Le tableau de signes ci-dessous fournit l'ensemble des solutions de l'inéquation : $S = \left[-\dfrac{5}{3} ; 1\right]$.

x	$-\infty$		$-\frac{5}{3}$		1		$+\infty$
$3x^2 + 2x - 5$		$+$	0	$-$	0	$+$	

2. Au numérateur, on a : $a = -1$, $b = 1$, $c = 3$. On obtient $x' = \dfrac{1 - \sqrt{13}}{2}$ et $x'' = \dfrac{1 + \sqrt{13}}{2}$. D'autre part, pour tout x, $x^2 + 1 > 0$. Le signe du quotient est le même que celui du numérateur.

Donc $S = \left]\dfrac{1 - \sqrt{13}}{2} ; \dfrac{1 + \sqrt{13}}{2}\right[$.

2. Point de vue graphique

Pour résoudre graphiquement l'inéquation $x^2 - 2 \leqslant x$, on trace la parabole d'équation $y = x^2 - 2$, qui est convexe, dont les points d'intersection avec l'axe horizontal ont pour abscisses $-\sqrt{2}$ et $\sqrt{2}$, et dont le minimum est -2. On trace aussi la droite d'équation $y = x$. Il semble que les abscisses des points d'intersection des deux courbes soient -1 et 2. On le vérifie : $(-1)^2 - 2 = -1$ et $2^2 - 2 = 2$.

Ainsi, $S = [-1 ; 2]$, car la courbe est située en-dessous de la droite sur cet intervalle.

Algorithmes et racines

FICHE 16

Les mathématiciens de l'Antiquité avaient développé des techniques très performantes pour calculer des valeurs approchées de racines carrées, qu'on utilise encore aujourd'hui. Elles conduisent à des algorithmes permettant d'obtenir des valeurs approchées des racines de polynômes du second degré.

I L'algorithme de Héron

1. De quoi s'agit-il ?

- Soit $a > 0$ un nombre. On veut trouver une valeur approchée à 10^{-6} près de $\sqrt{a}$.
- Pour cela, on construit d'abord un **rectangle d'aire a** dont on choisit raisonnablement la longueur c d'un de ses côtés. L'autre côté vaut donc $\frac{a}{c}$, car $\frac{a}{c} \times c = a$ (en rouge).
- On construit ensuite un deuxième rectangle (en bleu), **toujours d'aire a**, dont un côté a pour valeur la moyenne des deux précédents, c'est-à-dire $x = \frac{1}{2}\left(c + \frac{a}{c}\right)$.

L'autre côté vaut donc $\frac{a}{x}$.

- Les rectangles successifs se rapprochent de plus en plus d'un carré d'aire a dont un côté, x, est une valeur approchée de $\sqrt{a}$.
On répète le processus jusqu'à ce que le côté x ait la précision requise.

Trois rectangles d'aire a construits selon le processus de Héron pour calculer $\sqrt{a}$

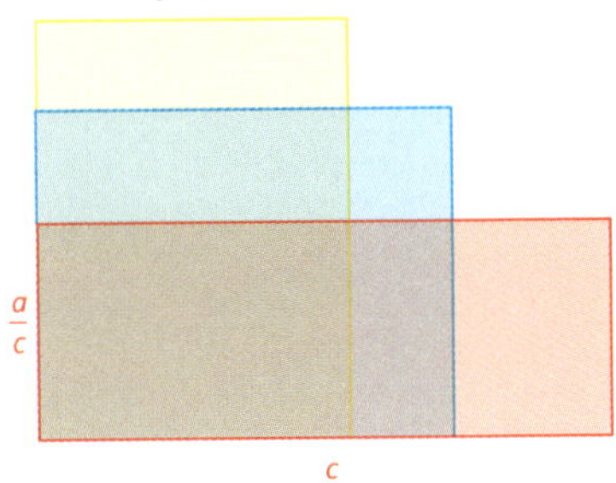

2. Mise en œuvre

- L'exécution de l'algorithme suivant fournit une valeur de $\sqrt{a}$ à 10^{-6}.

Algorithme	Langage Python
Saisir la valeur de a et c. $x \leftarrow 0.5^*(c+a/c)$ Tant que $\lvert x^2 - a\rvert \geq 10^{-6}$ $x \leftarrow 0.5 * \left(x + \dfrac{a}{x}\right)$. Fin Tant que Afficher x	a=float(input("valeur de a ?")) c=float(input("valeur de c ?")) x=0.5*(c+a/c) while abs(x**2-a)>= 10**(–6) : x=0.5*(x+a/x) print(x)

- Après lancement de l'algorithme, on obtient l'affichage ci-dessous :

```
valeur de a ? 13
valeur de c ? 3
3.6055512754639896
```

La calculatrice fournit 3,6055512754639892, valeur approchée de racine de 13.

II Application aux polynômes du second degré sous forme canonique

1. La fonction Héron

- À partir de l'algorithme précédent, on définit une fonction nommée heron qui retourne la racine carrée de a à 10^{-12} près.

Langage Python

```
def heron(a,c):
    x=0.5*(c+a/c)
    while abs(x**2-a)>=10**(-12):
        x=0.5*(x+a/x)
    return(x)
```

Exemples : heron(29,5) affiche 5.3851648071730605, valeur approchée de $\sqrt{29}$ à au moins 10^{-12} près.

2. La résolution avec la forme canonique

- La forme canonique d'un polynôme $P(x)$ du second degré est $a(x - \alpha)^2 + \beta$. Si elles existent, les solutions de l'équation $P(x) = 0$ sont donc :

$$\sqrt{-\frac{\beta}{a}} + \alpha \quad \text{et} \quad -\sqrt{-\frac{\beta}{a}} + \alpha.$$

En effet, $a(x-\alpha)^2 + \beta \Leftrightarrow (x-\alpha)^2 = -\dfrac{\beta}{a}$

$$\Leftrightarrow x - \alpha = \sqrt{-\frac{\beta}{a}} \text{ ou } x - \alpha = -\sqrt{-\frac{\beta}{a}}.$$

- On utilise alors la fonction heron pour calculer les racines.

Exercice commenté pas à pas

Résolution d'équations

On considère un nombre m et l'équation d'inconnue x :
$(m-3)x^2+(2m-1)x+m+2=0$.

1. Écrire l'équation lorsque $m = 4$, puis résolvez-la.
2. Résoudre l'équation lorsque $m = 3$.
3. a. Peut-on trouver une valeur de m pour que 0 soit solution de l'équation ?
b. Peut-on trouver une valeur de m pour que –1 soit solution de l'équation ?
4. On suppose que $m \neq 3$.
a. Écrire l'expression des racines en fonction de m.
b. Utiliser la question **3. b.** pour écrire l'expression des racines.

→ Lorsque $m = 4$, on obtient une équation du second degré à l'inconnue x.

1. Si $m = 4$ alors $m-3=1$, $2m-1=7$, et $m+2=6$. L'équation équivaut à $1x^2+7x+6=0$, c'est-à-dire $x^2+7x+6=0$.
On trouve $\Delta = 7^2 - 4 \times 1 \times 6 = 25$. L'équation a donc deux solutions qui sont $\dfrac{-7-\sqrt{25}}{2}$ et $\dfrac{-7+\sqrt{25}}{2}$, c'est-à-dire –6 et –1.

→ Lorsque $m = 3$, on obtient une équation du premier degré.

2. Si $m = 3$, l'équation équivaut à $0x^2+5x+5=0$ donc $5x+5=0$ $\Leftrightarrow x=-1$. L'équation a pour solution –1.

→ Si 0 est solution, lorsqu'on remplace x par 0 dans le polynôme, on doit obtenir 0 comme résultat.

3. a. Le nombre 0 est solution de l'équation si, et seulement si, $(m-3)\times 0^2+(2m-1)\times 0+m+2=0 \Leftrightarrow m+2=0$. Donc, 0 est solution de l'équation si, et seulement si, $m=-2$.

→ On raisonne comme dans la question a. sachant que –1 (et non plus 0) est une solution.

3. b. De même, le nombre –1 est solution de l'équation si, et seulement si :

$$(m-3)\times(-1)^2+(2m-1)\times(-1)+m+2=0$$
$$\Leftrightarrow m-3-2m+1+m+2=0 \Leftrightarrow 0=0.$$

Cette dernière égalité est vraie pour toute valeur de m. On déduit que –1 est solution de l'équation pour toute valeur de m.

➜ Calculer Δ puis utiliser les formules des racines.

4. a. Dans cette équation, $a = m - 3$, $b = 2m - 1$, $c = m + 2$.
Donc :

$$\Delta = (2m-1)^2 - 4(m-3)(m+2) = 4m^2 - 4m + 1 - 4(m^2 + 2m - 3m - 6)$$
$$= 4m^2 - 4m + 1 - 4m^2 + 4m + 24 \Leftrightarrow \Delta = 25.$$

L'équation a donc deux solutions qui sont :

$$\frac{-2m+1-5}{2(m-3)} = \frac{2(-m-2)}{2(m-3)} = \frac{-m-2}{m-3} = -\frac{m+2}{m-3} \text{ et}$$

$$\frac{-2m+1+5}{2(m-3)} = \frac{-2(m-3)}{2(m-3)} = -1.$$

➜ Sachant que –1 est une racine, utiliser l'expression du produit des racines.

b. Si on nomme x' la racine autre que –1, on a :
$x' \times (-1) = \frac{c}{a} = \frac{m+2}{m-3} \Leftrightarrow x' = -\frac{m+2}{m-3}$. On retrouve bien sûr les expressions précédentes.

• **Remarque** : ci-dessous, on peut observer les représentations graphiques des fonction $x \mapsto (m-3)x^2 + (2m-1)x + m + 2$ pour des valeurs de m. On voit que toutes les courbes passent par le point de coordonnées (–1, 0).

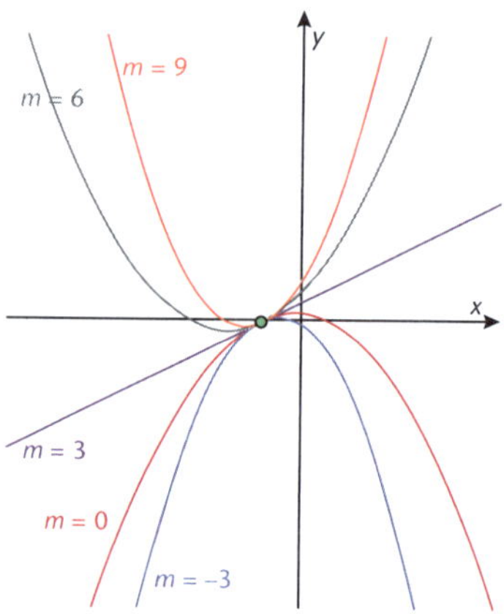

Second degré

QUIZ-Mémorisation active

1 Racines et factorisation

Questions	Réponses
Est-il toujours possible de factoriser un polynôme du second degré sous la forme $a(x - x')(x - x'')$?	**Non.** La factorisation indiquée n'est possible qu'à la condition que le polynôme ait deux racines (éventuellement confondues si $\Delta = 0$). Sinon, il est impossible de le factoriser de cette manière.
Lorsqu'elles existent, quelles sont les expressions des racines de $ax^2 + bx + c$?	Si $\Delta = b^2 - 4ac$ est positif, les expressions des racines sont : $\frac{-b-\sqrt{\Delta}}{2a}$ et $\frac{-b+\sqrt{\Delta}}{2a}$. Lorsque $\Delta = 0$, les deux racines sont confondues et valent $-\frac{b}{2a}$.

2 Paraboles

Questions	Réponses
Comment savoir si une parabole (représentant $ax^2 + bx + c$) est convexe ou concave ?	Si $a > 0$, la parabole est convexe (smiley ☺). Si $a < 0$, la parabole est concave (smiley ☹).
Une parabole a-t-elle toujours un axe de symétrie ?	**Oui.** L'axe de symétrie d'une parabole est la droite d'équation $x = -\frac{b}{2a}$.

3 Inéquations

Questions	Réponses
Est-il possible que, pour tout réel x, $ax^2 + bx + c$ ait le même signe ?	**Oui.** C'est le cas lorsque le polynôme n'a pas de racines (donc lorsque son discriminant est négatif).
Comment trouver une inéquation dont l'ensemble des solutions soit $[-1 ; 2]$?	Il suffit de trouver un polynôme, $P(x)$ dont les racines sont -1 et 2. Par exemple, $P(x) = -(x + 1)(x - 2) = -x^2 + x + 2$. L'inéquation est alors $P(x) \geqslant 0$.

SCHÉMAS-BILANS

Résolution de $ax^2 + bx + c = 0$; $\Delta = b^2 - 4ac$

$\Delta < 0$	$\Delta = 0$	$\Delta > 0$
Pas de solution $S = \varnothing$	Une solution $S = \left\{-\frac{b}{2a}\right\}$	Deux solutions $S = \left\{\frac{-b-\sqrt{\Delta}}{2a} ; \frac{-b+\sqrt{\Delta}}{2a}\right\}$

Penser aussi à raisonner et aux identités remarquables :
$x^2 + 1 = 0$ n'a pas de solution car $x^2 + 1 > 0$ pour tout x.
$9x^2 - 25 = 0 \Leftrightarrow (3x - 5)(3x + 5) = 0$. $S = \left\{-\frac{5}{3} ; \frac{5}{3}\right\}$

Signe de $ax^2 + bx + c$

Calcul de $\Delta = b^2 - 4ac$

$\Delta < 0$	$\Delta = 0$	$\Delta > 0$
Signe de a	Signe de a	Signe de a à l'extérieur des racines Signe de $-a$ à l'intérieur des racines

Penser aussi à raisonner et aux identités remarquables
$x^2 - 8x + 16 \geq 0 \Leftrightarrow (x - 4)^2 \geq 0$ donc $S = \mathbb{R}$
Penser aussi à utiliser les propriétés graphiques des paraboles

Nombre dérivé et tangente

FICHE 19

I Nombre dérivé en *a*

On donne une fonction f définie sur un intervalle I et a un point de cet intervalle.

1. Taux d'accroissement en *a*

• **Définition :** soit h un nombre réel non nul tel que $a + h \in I$. On appelle **taux d'accroissement de f en a** tout quotient de la forme $\dfrac{f(a+h) - f(a)}{h}$.

• **Interprétation graphique**

La figure montre comment interpréter graphiquement un taux d'accroissement en a lorsque h est positif.

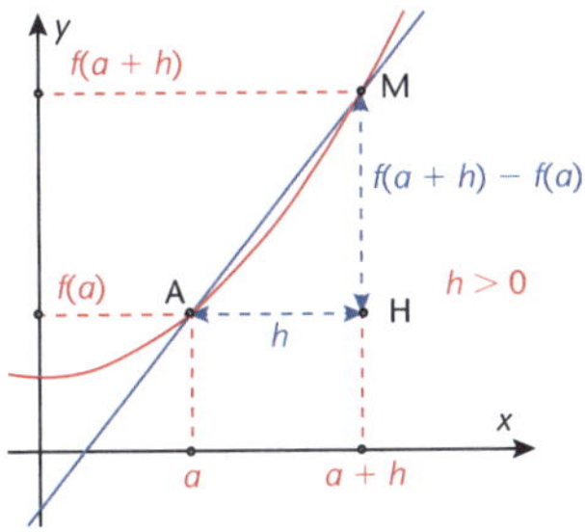

Le taux d'accroissement est ici la pente de la droite (AM), le point M ayant pour coordonnées $(a + h\,;\, f(a + h))$. En effet, cette pente est égale à $\dfrac{y_M - y_A}{x_M - x_A}$.

2. Fonctions dérivables ou non dérivables en *a*

• **Définition :** dire que la fonction f est dérivable en a signifie que la limite, quand h tend vers 0, du taux d'accroissement de f en a, existe et est finie. Cette limite finie s'appelle alors le nombre dérivé de f en a.

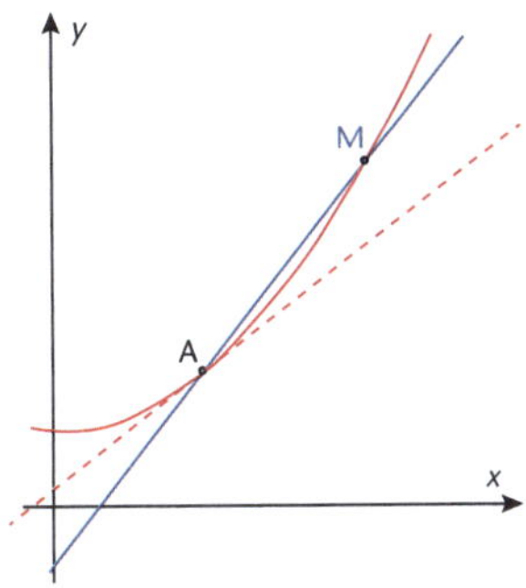

• **Remarques**

1. Si une fonction est dérivable en a, alors la pente de la droite (AM) précédente tend vers une limite finie. Celle-ci est la pente d'une droite appelée tangente à la courbe en A. Cette tangente est représentée en pointillés sur la figure.

2. Une fonction peut ne pas être dérivable en un point a. Soit son taux d'accroissement en a a une limite infinie quand h tend vers 0,

soit le taux d'accroissement n'existe pas. Par exemple, la fonction valeur absolue n'est pas dérivable en 0, car son taux d'accroissement en 0 vaut 1 si $h > 0$ et –1 si $h < 0$.

II Tangente au point d'abscisse *a*

1. Définition algébrique

• Si une fonction f est dérivable en un point a, on appelle tangente à sa courbe la droite passant par le point $A(a\,;\,f(a))$, dont le coefficient directeur est le nombre dérivé en a.

• Si l'on note $f'(a)$ le nombre dérivé en a, alors une équation cartésienne de la tangente en A est $y = f'(a)(x - a) + f(a)$.

• **Remarques**

1. Dans l'équation précédente, on constate que si $x = a$, alors $y = f(a)$. La droite en question passe bien par le point A.

2. On peut aussi écrire l'équation précédente sous la forme $y = f'(a)x - af'(a) + f(a)$. On voit ainsi que sa pente est $f'(a)$ et que son ordonnée à l'origine est $-af'(a) + f(a)$.

2. Interprétation géométrique

• Si une courbe a une tangente en un point A, alors celle-ci touche la courbe en un seul point au voisinage de A (c'est-à-dire près de A). C'est pourquoi on les représente comme indiqué sur la figure 1.

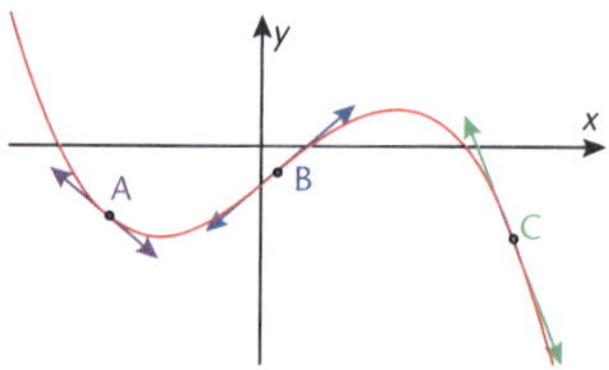

Figure 1

• Sur la figure 1, la tangente en B est à la fois au-dessus et en dessous de la courbe, contrairement aux tangentes en A et C, qui restent soit en dessous (A) soit au-dessus (C) de la courbe. La tangente en B est une tangente d'inflexion.

• Dans le cas où le taux d'accroissement de f en a tend vers l'infini, le nombre dérivé en a n'existe pas. Cependant, on admet que la courbe a une tangente verticale en ce point. C'est le cas de la fonction racine carrée en O, sur la figure 2.

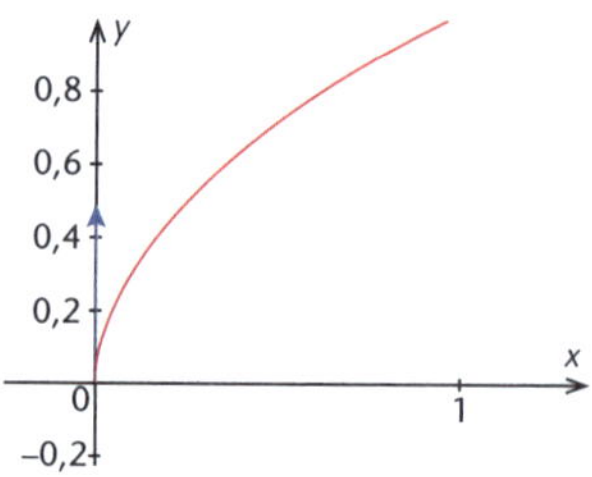

Figure 2

FICHE 20

Fonction dérivée

I Fonctions dérivables

On dispose d'une fonction définie sur un intervalle I et d'un point a de I.

1. Définition

- La fonction f peut avoir deux états : soit elle est dérivable en a, soit elle n'est pas dérivable en a.
- Dire qu'une fonction est dérivable sur l'intervalle I signifie que f est dérivable en tout point de l'intervalle I.

Exemples :

1. Toute fonction affine ($f : x \mapsto mx + p$) est dérivable sur $\mathbb{R}$.
En effet, pout tout $x \in \mathbb{R}$:

$$\frac{f(a+h)-f(a)}{h} = \frac{m(a+h)+p-ma-p}{h} = m.$$

Donc $\lim\limits_{h \to 0} \frac{f(a+h)-f(a)}{h} = m$. Le taux d'accroissement de f en a a donc une limite finie quand h tend vers 0.

2. La fonction racine carrée est définie sur $\mathbb{R}^+$ mais n'est pas dérivable sur $\mathbb{R}^+$. En effet, elle n'est pas dérivable en 0, car h étant un réel strictement positif : $\lim\limits_{h \to 0} \frac{\sqrt{h}-\sqrt{0}}{h} = \lim\limits_{h \to 0} \frac{1}{\sqrt{h}} = +\infty$.
$\sqrt{h}$ se rapprochant de 0, son inverse devient donc infiniment grand.

On peut cependant démontrer que f est dérivable en a si, et seulement si, $a > 0$.

C'est pourquoi f est dérivable sur $]0\,;+\infty[$.

2. Du nombre dérivé à la fonction dérivée

- À tout point de a de I où f est dérivable, associons son nombre dérivé en a. On obtient ainsi une nouvelle fonction. Celle-ci s'appelle la fonction dérivée de f et se note f'.

Exemple : soit f une fonction affine de pente m. Dans le paragraphe précédent on a vu que, pour tout $a \in \mathbb{R}$: $f'(a) = m$.

En utilisant la notation usuelle des fonctions, c'est-à-dire en écrivant $f'(x)$ et non $f'(a)$, on obtient $f(x) = mx + p \Rightarrow f'(x) = m$.

• **Remarques**

1. On a vu, avec la fonction racine carrée, que l'ensemble de définition de f' n'est pas nécessairement le même que celui de f.

2. La courbe d'une fonction dérivable sur I est parfaitement **lisse** (figure 1), **sans pic** (contrairement à la figure 2) et **sans point de « plongée »** en O (la courbe de la figure 3 plongeant vers ce point).

Figure 1

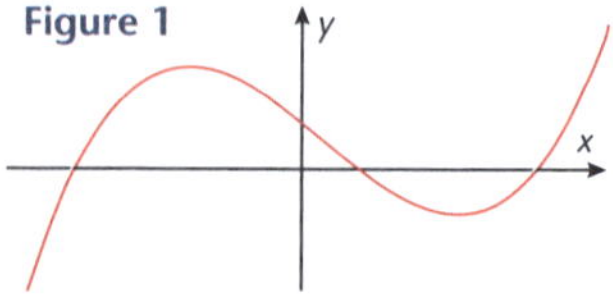

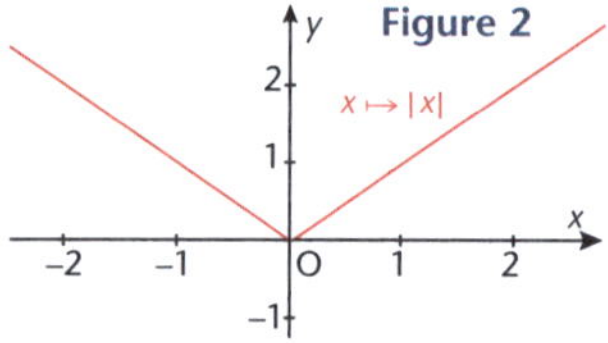

Figure 2

• Par ailleurs, on dit que la courbe de la figure 2 a un **point anguleux**.

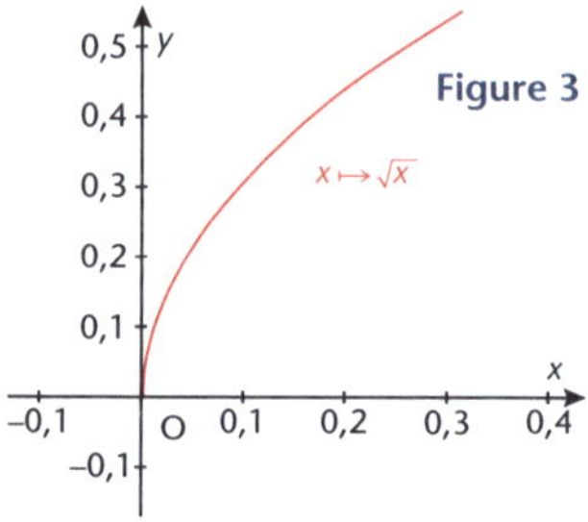

Figure 3

II Opérations sur les fonctions dérivables

• **Théorème :** soit f et g deux fonctions dérivables sur un intervalle I. Alors :

• $f + g$ est dérivable sur I ;

• $f \times g$ est dérivable sur I ;

• $\dfrac{f}{g}$ est dérivable en tout point de I où g ne s'annule pas ;

• $\sqrt{f}$ est dérivable en tout point a de I, tel que $f(a) > 0$.

• On voit en particulier que l'inverse d'une fonction dérivable est dérivable en tout point où elle ne s'annule pas (faire $f = 1$ dans $\dfrac{f}{g}$).

En outre, si f est dérivable, alors αf l'est aussi, pour tout réel α (faire $g = \alpha$ dans $f \times g$).

• Pour connaître les formules donnant les dérivées des fonctions $f + g$, $f \times g$, etc. → *voir fiche 21*.

FICHE 21

Formules de dérivation

Dans la *fiche 20*, nous avons vu que la somme et le produit de fonctions dérivables étaient eux-mêmes des fonctions dérivables. Certes, mais comment faire pour **calculer effectivement ces dérivées** ? Les tableaux suivants répondent à cette question.

I Fonctions de référence

- Soit n un entier relatif, a et b deux nombres réels.

Fonction f	Dérivée f'	Validité	n°
Affine : $x \mapsto ax + b$	a	Tout x	1
Puissance : $x \mapsto x^n$	nx^{n-1}	Tout $x \neq 0$	2
Inverse : $x \mapsto \frac{1}{x}$	$-\frac{1}{x^2}$	Tout $x \neq 0$	3
Racine carrée : $x \mapsto \sqrt{x}$	$\frac{1}{2\sqrt{x}}$	Tout $x > 0$	4

La formule n° 1 a été démontrée dans la *fiche 20*.

Exemples :

Fonction f	Dérivée f'	Formule n°
$f(x) = b$	$f'(x) = 0$	1 : $a = 0$.
$f(x) = x$	$f'(x) = 1$	1 : $a = 1$, $b = 0$
$f(x) = ax$	$f'(x) = a$	1 : $b = 0$
$f(x) = x^2$	$f'(x) = 2x$	2 : $n = 2$
$f(x) = x^3$	$f'(x) = 3x^2$	2 : $n = 3$

- **Remarques**

1. Dans le premier exemple, on voit que la dérivée d'une fonction constante est égale à 0.

2. Puisque $\frac{1}{x} = x^{-1}$, la formule n° 2 reste vraie si $n = -1$ et si $x \neq 0$.

3. Puisque $\sqrt{x} = x^{\frac{1}{2}}$, la formule n° 2 reste vraie si $n = \frac{1}{2}$ et si $x > 0$.

On a vu, dans la *fiche 20*, que la fonction racine carrée n'est pas dérivable en 0. C'est pourquoi la formule n° 4 n'est valable que dans le cas où $x > 0$.

II Opérations sur les dérivées

1. Fonctions dérivés

• Soit g une fonction dérivable sur $\mathbb{R}$, a et b deux réels. Alors la fonction f définie par $f(x) = g(ax + b)$ est dérivable sur $\mathbb{R}$ et $f'(x) = ag'(ax + b)$.

2. Opérations algébriques

• On dispose de fonctions u et v dérivables sur le même intervalle I et d'une constante k.

Fonction	Dérivée	Validité	n°
Produit par k : kv	kv'	Sur I	1
Somme : $u + v$	$u' + v'$	Sur I	2
Produit : uv	$u'v + uv'$	Sur I	3
Inverse : $\frac{1}{v}$	$-\frac{v'}{v^2}$	Sur I et $v(x) \neq 0$	4
Quotient : $\frac{u}{v}$	$\frac{u'v - uv'}{v^2}$	Sur I et $v(x) \neq 0$	5

• Remarques

1. Si la dérivée d'une somme est égale à la somme des dérivées, il n'en est pas de même pour la dérivée d'un produit ou d'un quotient.

2. La formule n° 1 est un cas particulier de la formule n° 3. En se rapportant à cette dernière, supposons que u soit la fonction constante de valeur k. On sait que sa dérivée est nulle. Donc $(uv)' = 0v + kv' = kv'$.

3. La formule n° 4 est un cas particulier de la formule n° 5. En se rapportant à cette dernière, supposons que u soit constante de valeur 1. Alors $\left(\frac{1}{v}\right)' = \frac{0v - 1v'}{v^2} = -\frac{v'}{v^2}$.

4. Si on retient les formules n° 3 et n° 4, on peut retrouver la formule n° 5. En effet :

$$\left(\frac{u}{v}\right)' = \left(u \times \frac{1}{v}\right)' = u'\frac{1}{v} + u\left(\frac{1}{v}\right)' = \frac{u'}{v} + u\left(-\frac{v'}{v^2}\right) = \frac{u'v - uv'}{v^2}.$$

5. On a $\left(\frac{k}{v}\right)' = -k\frac{v'}{v^2}$. En effet :

$$\left(\frac{k}{v}\right)' = \left(k \times \frac{1}{v}\right)' = k\left(\frac{1}{v}\right)' = k\left(-\frac{v'}{v^2}\right).$$

Pour effectuer ce calcul, on a utilisé les formules n° 1 et n° 4.

Courbes et tangentes

Soit f la fonction définie par $f(x) = \frac{1}{3}x^3 - 4x$ et C_f sa courbe représentative.

1. Calculer $f'(x)$.

2. C_f admet-elle des tangentes horizontales ?

3. Soit m un nombre. Comment doit-on choisir m pour que C_f admette une tangente de pente m ?

4. Interpréter les formules de la feuille de calcul ci-dessous (les lignes 4 à 10 sont cachées), sachant que la variable a est définie dans une autre cellule et que f_a est la valeur de $f(a)$, calculée dans une autre cellule.

	A	B	C	D
1	*h*	*f(a+h)*	**tangente**	**Différence**
2	-0,01	=(a+A2)^3/3–4*(a+A2)	=A2*(a^2–4)+f_a	=ABS(B2–C2)
3	-0,008	=(a+A3)^3/3–4*(a+A3)	=A3*(a^2–4)+f_a	=ABS(B3–C3)
11	0,008	=(a+A11)^3/3–4*(a+A11)	=A11*(a^2–4)+f_a	=ABS(B11–C11)
12	0,01	=(a+A12)^3/3–4*(a+A12)	=A12*(a^2–4)+f_a	=ABS(B12–C12)

Il suffit d'utiliser les formules de dérivation.

1. Pour tout x : $f'(x) = \frac{1}{3}3x^2 - 4 = x^2 - 4$.

Une tangente horizontale a pour coefficient directeur 0.

2. La courbe C_f admet des tangentes horizontales en des points dont l'abscisse a vérifie $f'(a) = 0$, c'est-à-dire $a^2 - 4 = 0 \Leftrightarrow a^2 = 4$. Ces abscisses sont donc -2 et 2. Par conséquent, C_f admet une tangente horizontale aux points de coordonnées

$\left(-2\,;\frac{16}{3}\right)$ et $\left(2\,;-\frac{16}{3}\right)$.

$f'(a)$ est la pente de la tangente à C_f au point d'abscisse a.

La question équivaut à discuter, suivant les valeurs de m, le nombre de solutions de l'équation, l'inconnue a, $f'(a) = m$.

3. On cherche les nombres a tels que $f'(a) = m$, c'est-à-dire $a^2 - 4 = m \Leftrightarrow a^2 = m + 4$. Ces nombres a existent si, et seulement si, $m + 4 \geqslant 0$, donc $m \geqslant -4$.

C_f admet donc une tangente de pente m si, et seulement si, $m \geqslant -4$.

→ Pour interpréter les formules de la colonne C, penser à l'équation réduite de la tangente au point d'abscisse a.

La colonne B calcule $f(a + h)$, le nombre h figurant dans la colonne A. Soit T la tangente à C_f au point d'abscisse a. Son équation réduite est $y = f'(a)(x - a) + f(a)$. La colonne C calcule donc l'ordonnée du point de T, qui a pour abscisse $a + h$, car $x = a + h \Rightarrow y = f'(a)h + f(a)$.
On constate que la différence $|f(a + h) - y|$ est proche de 0 lorsque h est proche de 0.

La tangente donne une approximation correcte de la fonction au voisinage du point de contact.

	A	B	C	D
1	***h***	***f(a+h)***	**tangente**	**Différence**
2	–0	3,69657	3,69667	0,00010
3	–0	3,69060	3,69067	0,00006
11	0	3,64260	3,64267	0,00006
12	0	3,63657	3,63667	0,00010

Ci-dessous, on peut voir la représentation graphique de f dans un repère non orthonormé, ainsi que sa tangente au point d'abscisse 0. On constate que la courbe et la tangente sont pratiquement confondues au voisinage de O.

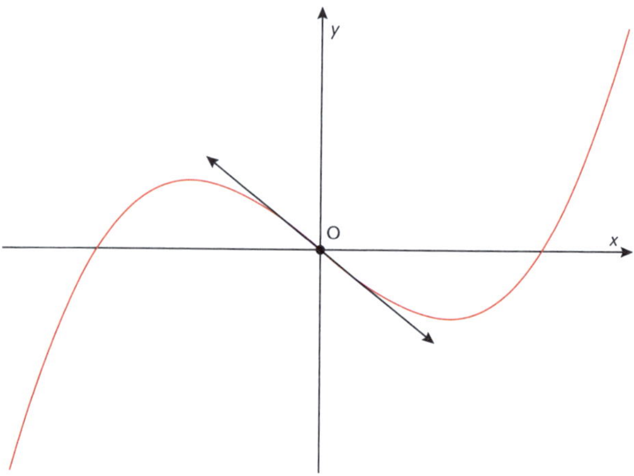

Dérivation

QUIZ-Mémorisation active

1 Nombre dérivé et tangente

Questions	Réponses
Quel lien y a-t-il entre une droite tangente à une courbe et le nombre dérivé en un point ?	Lorsqu'une fonction f est dérivable en un point a, la courbe représentant f a une tangente au point d'abscisse a et la pente de cette tangente est $f'(a)$.
Une courbe peut-elle avoir une tangente verticale en un point ?	**Oui.** C'est le cas lorsque le taux d'accroissement de f en a est infini. La fonction n'est alors pas dérivable en a et la tangente à la courbe au point d'abscisse a est verticale.

2 Fonction dérivée

Questions	Réponses
Quelle formule simple peut-on utiliser pour dériver $\frac{1}{x^n}$?	En écrivant $\frac{1}{x^n} = x^{-n}$, on trouve la dérivée : $-nx^{-n-1} = -\frac{n}{x^{n+1}}$. Ainsi, $f(x) = \frac{1}{x^4} \Rightarrow f'(x) = -\frac{4}{x^5}$.
Quels liens y a -t-il entre nombre dérivé et fonction dérivée ?	Quand il existe, le nombre dérivé est un nombre, qui est la limite d'un taux d'accroissement. La fonction dérivée se note f'. Quand il existe, le nombre dérivé de f en a se note $f'(a)$.

3 Formules de dérivation

Questions	Réponses
Quelles formules faut-il utiliser pour dériver simplement $f(x) = 3(4x - 1)^6$?	$g(x) = x^6 \Leftrightarrow g'(x) = 6x^5$. Donc, par composition, la dérivée de $(4x - 1)^6$ est $4 \times 6(4x - 1)^5 = 24(4x - 1)^5$. D'où : $f'(x) = 72(4x - 1)^5$.
La dérivée d'une somme est-elle égale à la somme des dérivées ? Qu'en est-il pour la dérivée d'un produit, d'un quotient ?	La dérivée de la somme $u + v$ est $u' + v'$. Toutefois, la dérivée du produit uv n'est pas $u'v'$ et la dérivée du quotient $\frac{u}{v}$ n'est pas $\frac{u'}{v'}$.

SCHÉMA-BILAN

Déterminer un nombre dérivé

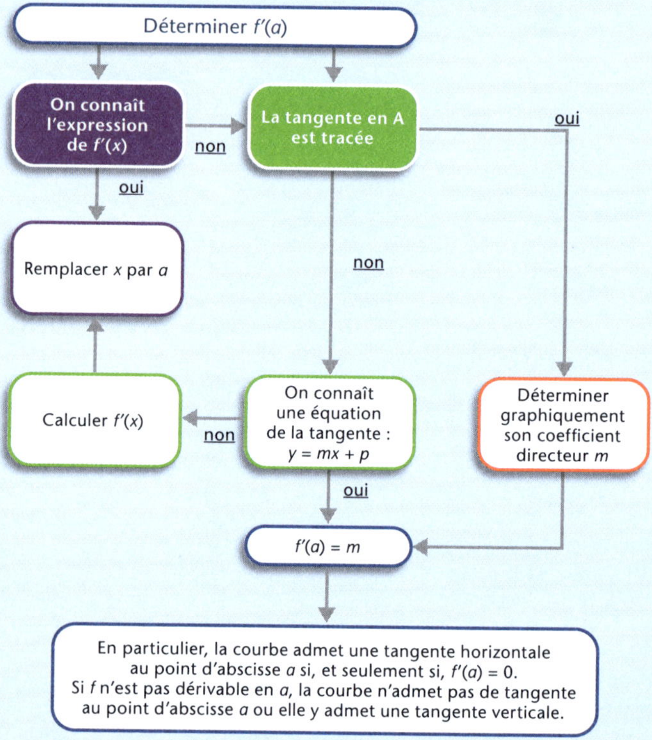

Variations et extremums

I Variations d'une fonction

1. Théorème de variation

• **Théorème :** soit f une fonction dérivable sur un intervalle I.

1. Si, pour tout $x \in I$, $f'(x) \geqslant 0$, alors f est croissante sur I. De plus, si $f'(x) \geqslant 0$ et $f'(x) = 0$ en un nombre fini de points, alors f est **strictement croissante** sur I.

2. Si, pour tout $x \in I$, $f'(x) \leqslant 0$, alors f est décroissante sur I. De plus, si $f'(x) \leqslant 0$ et $f'(x) = 0$ en un nombre fini de points, alors f est **strictement décroissante** sur I.

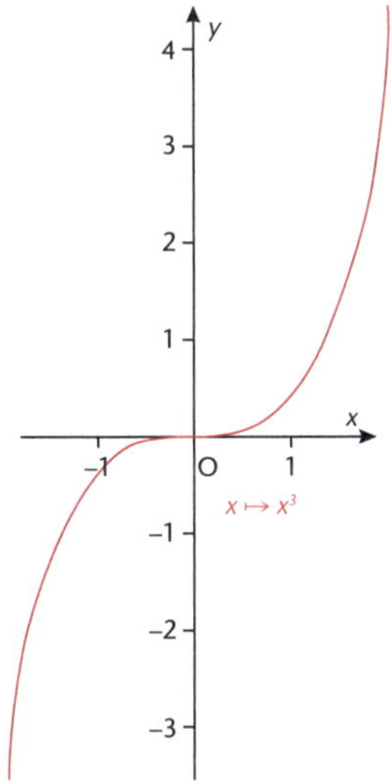

• Si, pour tout $x \in I$, $f'(x) = 0$ alors f est **constante** sur I.

• **Remarques**

1. Si pour tout $x \in I$, $f'(x) > 0$ (respectivement $f'(x) < 0$), alors f est strictement croissante (respectivement strictement décroissante) sur I.

2. Si f est croissante (respectivement décroissante) sur I, alors $f'(x) \geqslant 0$ (respectivement $f'(x) \leqslant 0$) pour tout $x \in I$.

2. Conséquences sur les tangentes

• Si une fonction est croissante (respectivement décroissante) sur un intervalle, alors les pentes de toutes les tangentes à sa courbe sont **positives (respectivement négatives)**. Cela signifie qu'elles sont représentées par des fonctions affines croissantes (respectivement décroissantes).

• Sur les figures 1 et 2, tracées dans un repère usuel, on a effacé les axes et les courbes. On a conservé uniquement les tangentes, ainsi que leur point de contact. Sur la figure 1, f est croissante. Sur la figure 2, elle est décroissante.

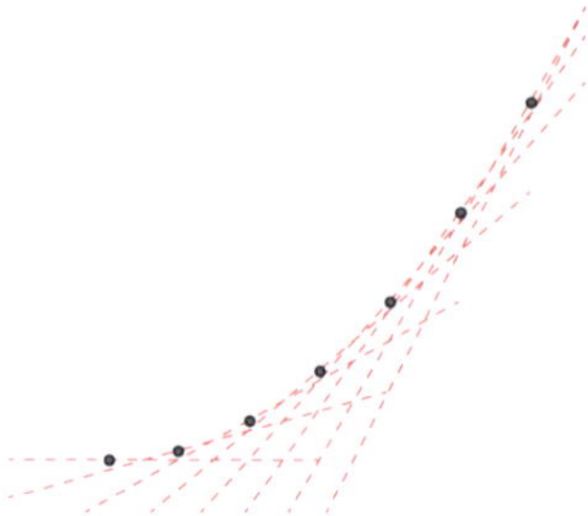

Figure 1

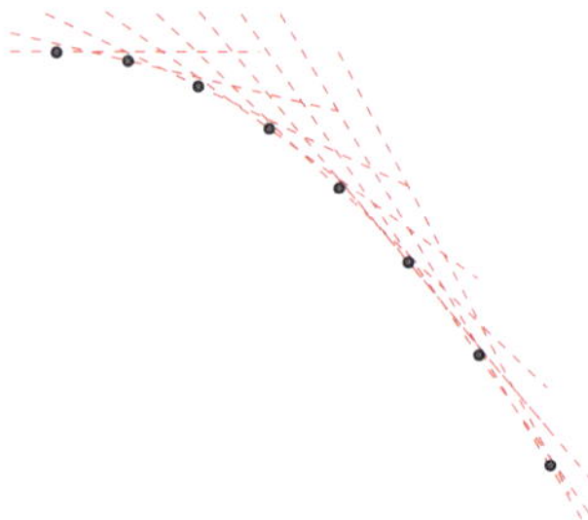

Figure 2

II Extremums d'une fonction

- **Définition :** soit f une fonction définie sur un intervalle I et a un point de l'intervalle.
- f admet un **maximum** en a signifie que pour tout $x \in I$, $f(x) \leqslant f(a)$.
- f admet un **minimum** en a signifie que pour tout $x \in I$, $f(x) \geqslant f(a)$.
- Le mot **extremum** désigne indifféremment **maximum** ou **minimum**. Dans les deux cas de la définition, on dit que f atteint son extremum en a.
- **Remarques**

1. S'il est possible de scinder l'intervalle I en sous-intervalles, f ayant un extremum sur chacun d'entre eux, on parle d'extremums **locaux**.
Sur la figure 1, on voit que f a un maximum local atteint en a_1 et un minimum local atteint en 4.

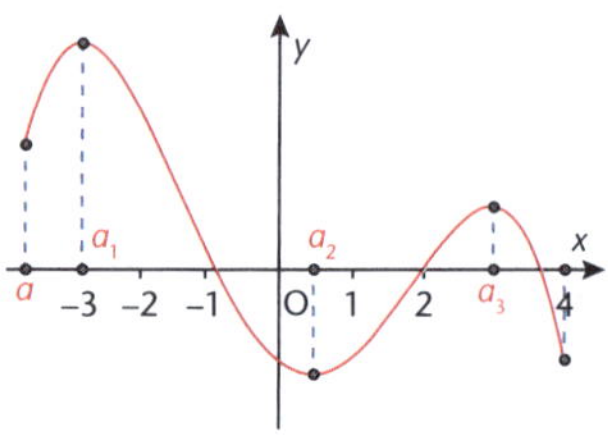

Figure 1

2. Il est indispensable de préciser l'intervalle sur lequel on examine la fonction f.
Ainsi, sur tout intervalle $[a\ ;\ b]$ ne contenant pas zéro, la fonction inverse a un maximum (atteint en a) et un minimum (atteint en b), mais il n'existe aucun point où elle atteint un maximum ou un minimum sur l'intervalle $]0\ ;\ +\infty[$.

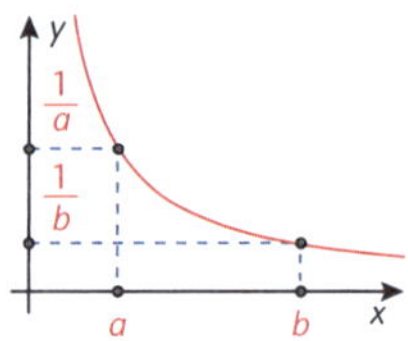

Figure 2

FICHE 25

Le tableau de variations

I La théorie générale

1. Théorèmes

• **Théorème 1 :** soit f une fonction définie et dérivable sur un intervalle I. Soit a un point de I qui ne soit pas une de ses extrémités. Si la fonction f a un extremum en a, alors $f'(a) = 0$.

• **Remarques**

1. Le théorème énonce une condition nécessaire pour qu'une fonction dérivable sur I y ait un extremum. Autrement dit, dans les conditions du théorème, si $f'(a) \neq 0$, alors f n'a pas d'extremum en a.

2. La condition $f'(a) = 0$ n'est pas suffisante pour que f ait un extremum en a. En effet, si $f(x) = x^3$, alors $f'(x) = 3x^2 \Rightarrow f'(0) = 0$. Cependant, f est strictement croissante sur $\mathbb{R}$ et n'a donc d'extremum en aucun point de $\mathbb{R}$ (→ *voir fiche 24*). On dispose toutefois d'un second théorème pour trouver un extremum de f.

• **Théorème 2 :** soit f une fonction définie et dérivable sur un intervalle I. Soit a un point de I qui ne soit pas une de ses extrémités. Si la fonction dérivée f' s'annule en a en changeant de signe, alors f a un extremum en a.

2. Illustration

On voit sur les tableaux ci-dessous que f a un minimum (tableau 1) et un maximum (tableau 2) sur I. Les bornes de I ne sont pas indiquées.

x		a	
$f'(x)$	−	0	+
$f(x)$	↘	$f(a)$	↗

Tableau 1

x		a	
$f'(x)$	+	0	−
$f(x)$	↗	$f(a)$	↘

Tableau 2

Sur les graphiques 1 et 2, on a fait figurer la tangente au point où la courbe a un extremum. Cette tangente est horizontale car son coefficient directeur $f'(a)$ est égal à 0.

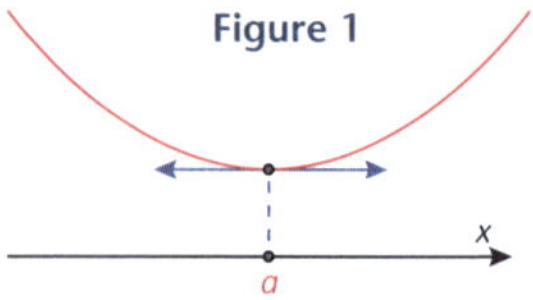

Figure 1

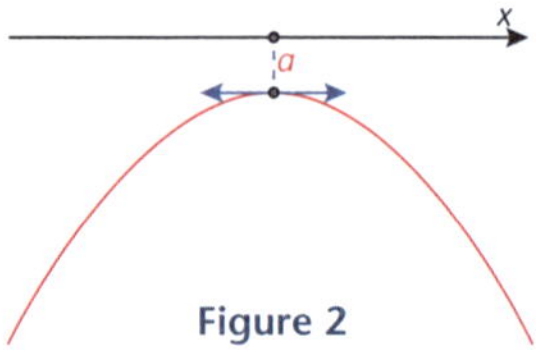

Figure 2

II Exemples

• **Énoncé :** déterminer les extremums **sur [–1,5 ; 2]** de la fonction f définie par $f(x) = -2x^3 - 3x^2 + 12x + 6$.

• **Réponse :** on peut bien entendu utiliser la calculatrice, définir $Y_1 = f(X)$, tracer la courbe et utiliser les menus adaptés pour résoudre la question. On peut aussi dresser le tableau de variations de f.
Pour tout $x \in \mathbb{R}$: $f'(x) = -6x^2 - 6x + 12 = -6(x^2 + x - 2)$. Un calcul rapide du discriminant conduit au tableau de variations suivant :

x	$-\infty$		-2		$-1{,}5$		1		2		$+\infty$
$f'(x)$		$-$	0		$+$		0		$-$		
$f(x)$	↘		-14	↗	-12	↗	13	↘	2	↘	

Celui-ci fournit la courbe 1 (tracée dans un repère non orthonormé). Ainsi, sur [–1,5 ; 2], f a un minimum égal à –12 qui est atteint en –1,5. Elle a un maximum égal à 13 qui est atteint en 1.

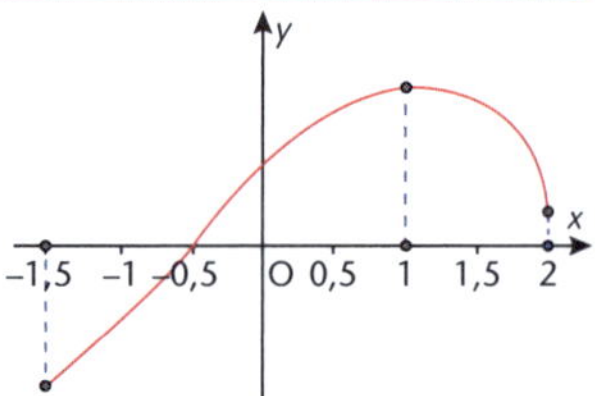

Figure 1

• **Énoncé :** la représentation graphique de la **fonction dérivée** d'une fonction f est donnée sur la figure 2. Dresser le tableau de variations de f.

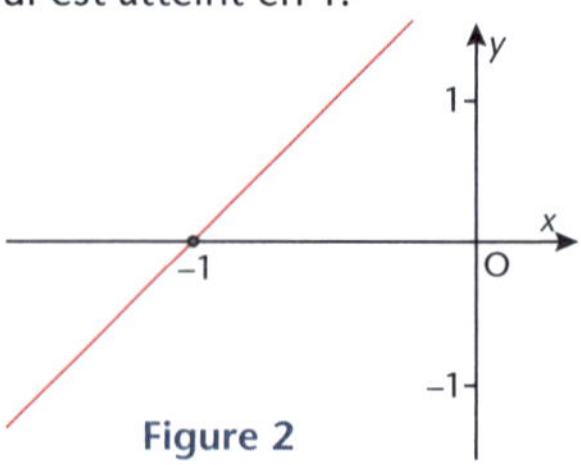

Figure 2

• **Réponse :** on trouve facilement le **signe de $f'(x)$** qui fournit les **variations de f**.

x		-1	
$f'(x)$	$-$	0	$+$
$f(x)$	↘	$f(-1)$	↗

raitement d'inégalités

FICHE 26

Dans la suite, on dispose de fonctions dérivables sur un intervalle I.

I Utilisation du tableau de variations

Grâce au tableau de variations de f, on doit être en mesure de dire si une inéquation du type $f(x) \geqslant k$ a des solutions et leur nombre éventuel. On doit également être en mesure de déterminer un encadrement de ces solutions. Pour cela, on convient que les flèches symbolisant les variations de f indiquent que f est **strictement monotone** sur l'intervalle où elles sont indiquées.

> Pour avoir une valeur approximative de cet encadrement, on peut utiliser une calculatrice ou écrire un algorithme.

II Mise en œuvre

1. Les bases

Soit m et M deux nombres.
Pour démontrer que pour tout $x \in I$, $m \leqslant f(x) \leqslant M$, il suffit d'étudier les variations de f sur I, à l'aide du tableau de variations de f.

Exemples :

1. Sur le tableau ci-contre, on peut voir que sur $[a\,;c]$, f a un minimum égal à -2, atteint en b, et un maximum égal à 4, atteint en c.

x	a		b		c
$f'(x)$		$-$	0	$+$	
$f(x)$	3	↘	-2	↗	4

Donc, pour tout $x \in [a\,;c]$:
$-2 \leqslant f(x) \leqslant 4$.

2. Sur le second tableau (voir verso de la fiche), on voit que, sur $[a\,;d]$, f a un minimum égal à 0, atteint en b et un maximum égal à 10, atteint en a.

Donc, pour tout $x \in [a\,;d]$: $0 \leqslant f(x) \leqslant 10$.

x	a		b		c		d
$f'(x)$		$-$	0	$+$	0	$-$	
$f(x)$	10	↘	0	↗	4	↘	2

2. Application

Pour tout $x \in I$: $f(x) \leqslant g(x) \Leftrightarrow 0 \leqslant g(x) - f(x)$. Résoudre l'inéquation proposée revient donc à trouver, s'ils existent, le ou les sous-intervalles de I, sur lesquels une certaine fonction (ici $g(x) - f(x)$) est positive.

- **Énoncé :** montrer que pour tout $x \in [-1 ; 2]$, $\dfrac{x^3 - 2x}{x^2 + 1} < 1$.
- **Réponse :** comme $x^2 + 1$ est positif, pour tout $x \in \mathbb{R}$, l'inégalité proposée est équivalente à $x^3 - 2x < x^2 + 1$ par produit en croix.

L'inéquation $\dfrac{x^3 - 2x}{x^2 + 1} < 1$ équivaut donc à $x^3 - x^2 - 2x - 1 < 0$.

Posons $h(x) = x^3 - x^2 - 2x - 1$. Alors $h'(x) = 3x^2 - 2x - 2$. Un calcul de discriminant conduit aux deux racines $x_1 = \dfrac{1 - \sqrt{7}}{3}$ et $x_2 = \dfrac{1 + \sqrt{7}}{3}$ et au tableau de variations suivant :

x	-1		x_1		x_2		2
$h(x)$		$+$	0	$-$	0	$+$	
$h(x)$	-1	↗	M	↘	m	↗	-1

On calcule $h(x_1) \approx -0{,}37$, donc $M < 0$. Ainsi, pour tout $x \in [-1 ; 2]$: $h(x) \leqslant M \Rightarrow h(x) < 0$, ce qu'il fallait démontrer.

La courbe de h ci-contre confirme le tableau de variations.

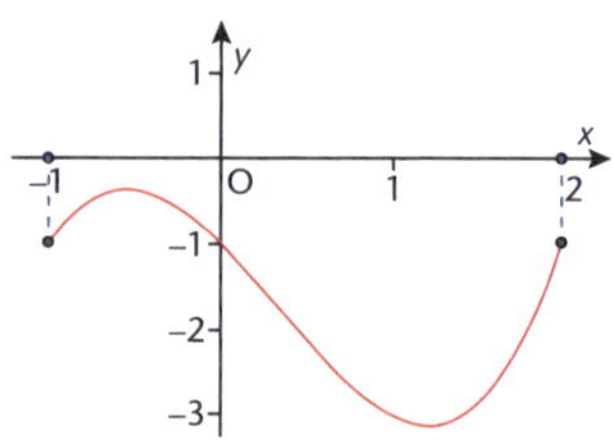

Exercice commenté pas à pas

Un problème d'optimisation

Un camion doit parcourir 150 kilomètres. **On cherche à optimiser sa vitesse moyenne *v*** pour que le coût du trajet soit minimum. On sait que :
– sa consommation en carburant est $\left(6+\dfrac{v^2}{300}\right)$ litres par heure ;
– le carburant coûte 1,50 € le litre ;
– le conducteur est payé 31 € de l'heure.
Soit t le temps en heures que dure le trajet.

1. a. Exprimer la vitesse v en fonction de t.
b. En déduire la consommation d'essence du camion en litres par heure en fonction de t.
2. a. Calculer, en fonction de t, le coût du carburant pour les 150 km de trajet, ainsi que celui du conducteur.
b. Prouver que le coût total du trajet est $f(t) = 40t + \dfrac{112{,}5}{t}$.
3. a. Calculer $f'(t)$, puis étudier son signe sur l'intervalle $]0\ ;+\infty[$.
b. Dresser le tableau des variations de f et conclure.

Avant de commencer

▶ Une fois que vous aurez exprimé toutes les expressions en fonction de t, revenez à la question initiale pour conclure : quelle est la vitesse moyenne qui optimise le coût du trajet ?

→ La distance *d* parcourue par un mobile pendant un temps *t* à la vitesse moyenne *v* est $d = vt$.

1. a. La distance à parcourir étant de 150 km, on a $150 = vt \Rightarrow v = \dfrac{150}{t}$.

→ Reprendre la formule donnant la consommation.

b. Comme $v^2 = \dfrac{150^2}{t^2} = \dfrac{22\,500}{t^2}$, la consommation en litres par heure est donc égale à $6 + \dfrac{22\,500}{300t^2} = 6 + \dfrac{75}{t^2}$.

→ **Déterminer le nombre de litres consommés durant les 150 km.**

2. a. Le camion consommera $\left(6+\frac{75}{t^2}\right)t$ litres, c'est-à-dire $6t+\frac{75}{t}$ litres. Le coût du carburant sera donc le suivant : $\left(6t+\frac{75}{t}\right)\times 1,5 = 9t+\frac{112,5}{t}$. Le coût du conducteur sera évalué à $31t$.

→ **Le coût total comprend à la fois le coût du carburant et celui du conducteur.**

b. Coût total du trajet : $9t+\frac{112,5}{t}+31t = 40t+\frac{112,5}{\text{t}}$.

→ **On pourra exprimer $f'(t)$ sous la forme d'une fraction.**

3. a. $f'(t) = 40-\frac{112,5}{t^2}$, car la dérivée de $\frac{1}{t}$ est $-\frac{1}{t^2}$.

→ **Calculer la valeur du minimum à l'unité près.**

b. On peut aussi écrire $f'(t) = \frac{40t^2-112,5}{t^2}$. Comme son dénominateur est positif, le signe de $f'(t)$ est celui de $40t^2-112,5$.

$40t^2-112,5=0 \Leftrightarrow t^2=\frac{112,5}{40} \Leftrightarrow t=\sqrt{\frac{112,5}{40}}$ ou $t=-\sqrt{\frac{112,5}{40}}$

Le coefficient 40 étant positif, on obtient le signe de $40t^2-112,5$ décrit dans le tableau de variations suivant où $a=\sqrt{\frac{112,5}{40}}$.

t	0		a		$+\infty$
$f'(t)$		$-$	0	$+$	
$f(t)$	‖	↘	$f(a)$	↗	4

$a \approx 1,68$ heures. Le coût est minimum pour $t=a$. La vitesse moyenne doit donc être de $\frac{150}{a}$, c'est-à-dire 89 km/h environ.

Variation des fonctions

QUIZ-Mémorisation active

1 Variations

Questions	Réponses
Pour qu'une fonction soit strictement croissante sur un intervalle, faut-il que sa dérivée soit strictement positive ?	**Non**. Il suffit que sa dérivée soit strictement positive, sauf en un nombre fini de points. Par exemple, $x \mapsto x^3$ est strictement croissante sur $\mathbb{R}$ et sa dérivée $3x^2$ s'annule en 0.
Si *f* est croissante sur un intervalle, les tangentes à C_f représentent-elles des fonctions affines croissantes ?	**Oui**. En effet, si *f* est croissante, sa dérivée f' est positive. Or, $f'(a)$ est le coefficient directeur de la tangente à C_f au point d'abscisse *a*. La fonction affine qu'elle représente est donc croissante.
Si f' est croissante sur un intervalle *I*, peut-on en déduire que *f* est positive sur *I* ?	**Non**. Par exemple, $x \mapsto x^2 - 16$ a pour dérivée $2x$ qui est croissante sur $\mathbb{R}$. Pourtant $x^2 - 16$ est négative sur $[-4 ; 4]$. Il n'y a pas de lien entre la monotonie de f' et le signe de *f*.

2 Traitement d'inégalités

x	a		b		c		d
$f(x)$	1	↘	0	↗	2	↘	-1

Questions	Réponses
Le tableau de variations ci-dessus permet-il de connaître le signe de $f'(x)$?	**Oui**. $f'(x) \geqslant 0 \Leftrightarrow x \in [b, c]$ et $f'(x) \leqslant 0 \Leftrightarrow x \in [a, b] \cup [c, d]$.
Le tableau de variations ci-dessus permet-il de connaître le signe de $f(x)$?	**Oui**. Puisque 0 est le minimum de $f(x)$ sur l'intervalle $[a, c]$, on en conclut que $f(x)$ est positif sur cet intervalle. D'autre part, *f* décroît de 2 à -1 sur l'intervalle $[c, d]$. Étant donné qu'elle est dérivable, il existe une valeur, *e*, qui l'annule. Donc $f(x) \geqslant 0$ sur $[a, e]$ et $f(x) \leqslant 0$ sur $[e, d]$.

SCHÉMA-BILAN

Déterminer les variations d'une fonction *f*

On suppose que *f* est dérivable sur un intervalle *I*.

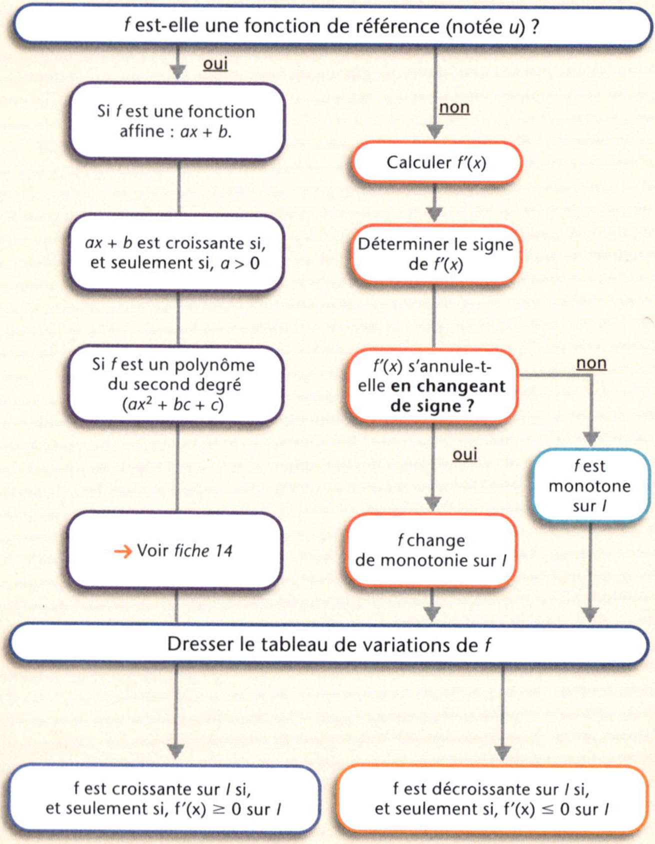

I Définition et conséquences immédiates

1. Définition

• La fonction exponentielle, que l'on note exp, est la seule fonction dérivable sur $\mathbb{R}$ et qui vérifie les deux conditions suivantes :
• $\exp(0) = 1$;
• $\forall x \in \mathbb{R} : \exp'(x) = \exp(x)$.

• La fonction exponentielle est donc égale à sa dérivée.

2. Conséquences immédiates

• **Propriétés**

1. $\forall x\ \mathbb{R} : \exp(x)\exp(-x) = 1$, donc $\exp(x) \neq 0$ et $\exp(-x) = \dfrac{1}{\exp(x)}$.

2. $\forall x,y \in \mathbb{R} : \exp(x+y) = \exp(x)\exp(y)$: propriété fondamentale de la fonction exponentielle.

3. $\forall x \in \mathbb{R} : \exp(x) > 0$.

• **Démonstrations**

1. Posons $f(x) = \exp(x)\exp(-x)$. La fonction f est dérivable en tant que produit de deux fonctions dérivables. De plus, $f(0) = 1$ et

$$\forall x \in \mathbb{R} : f'(x) = \exp'(x)\exp(-x) + \exp(x)(-\exp'(-x))$$
$$= \exp(x)\exp(-x) - \exp(x)\exp(-x) = 0.$$

> La dérivée de $g(ax+b)$ est $ag'(ax+b)$ → voir fiche 21.

La fonction f est donc une constante, qui est égale à 1, car $f(0) = 1$ et $\forall x \in \mathbb{R} : \exp(x)\exp(-x) = 1 \Rightarrow \exp(x) \neq 0$ et $\exp(-x) = \dfrac{1}{\exp(x)}$.

2. Soit y un nombre fixé, donc une constante.
Posons $h(x) = \exp(x+y)\exp(-x)\exp(-y)$.
La fonction h est dérivable et $\forall\ x \in \mathbb{R}$:
$h'(x) = (\exp'(x+y)\exp(-x) - \exp(x+y)\exp(-x))\exp(-y) = 0$.

En effet, $\dfrac{d}{dx}(\exp(-x)) = -\exp(-x)$ et $\exp'(x+y) = \exp(x+y)$.

La fonction h est donc une constante, qui est égale à 1 car, d'après la propriété 1 : $h(0) = \exp(y)\exp(-y) = 1$ et

$$\exp(x+y)\exp(-x)\exp(-y) = 1 \Rightarrow \frac{\exp(x+y)}{\exp(x)\exp(y)} = 1$$
$$\Rightarrow \exp(x+y) = \exp(x)\exp(y).$$

3. D'après la propriété 2, $\forall x \in \mathbb{R}$:

$$\exp(x) = \exp\left(\frac{x}{2} + \frac{x}{2}\right) = \exp\left(\frac{x}{2}\right)\exp\left(\frac{x}{2}\right) = \left(\exp\left(\frac{x}{2}\right)\right)^2 \Rightarrow \exp(x) > 0.$$

II Variations et courbe

1. Variation

Sa dérivée étant **strictement positive**, la fonction exponentielle est **strictement croissante**. On pose exp(1) = e ; e ≈ 2,718.

e s'appelle le nombre de Néper.

x	$-\infty$	0	1	$+\infty$
$\exp(x)$	↗	1	e	↗

2. Courbe

Équations des tangentes :
– $y = \exp'(a)(x - a) + \exp(a)$;
– au point A d'abscisse 0 : $y = x + 1$;
– au point B d'abscisse 1 : $y = ex$ (elle passe par l'origine du repère).

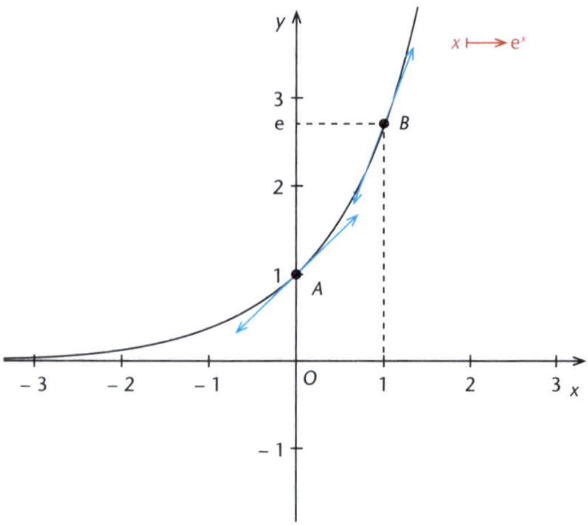

Propriétés algébriques

I Liste des propriétés algébriques

- Soit a et b deux nombres réels, n une fraction.

1	Exponentielle d'une somme	$\exp(a+b) = \exp(a)\exp(b)$	$e^{a+b} = e^a \times e^b$
2	Exponentielle de l'opposé	$\exp(-b) = \dfrac{1}{\exp(b)}$	$e^{-b} = \dfrac{1}{e^b}$
3	Exponentielle d'une différence	$\exp(a-b) = \dfrac{\exp(a)}{\exp(b)}$	$e^{a-b} = \dfrac{e^a}{e^b}$
4	Exponentielle d'un produit	$\exp(na) = (\exp(a))^n$	$e^{na} = (e^a)^n$

- **Démonstrations**

Les propriétés 1 et 2 ont été démontrées dans la *fiche 29*.

3. $\exp(a-b) = \exp(a+(-b))$

$$= \exp(a)\exp(-b) = \exp(a) \times \frac{1}{\exp(b)} = \frac{\exp(a)}{\exp(b)},$$

ce qu'il fallait démontrer.

4. La propriété est admise.

- **Remarques**

1. Dans le cas où $n = \frac{1}{2}$, la propriété 4 s'applique encore :

$e^{\frac{1}{2}a} = (e^a)^{\frac{1}{2}} \Rightarrow e^{\frac{1}{2}a} = \sqrt{e^a}$.

Dans le cas où $n = -\frac{1}{2}$, on a encore $e^{-\frac{1}{2}a} = (e^a)^{-\frac{1}{2}} = \dfrac{1}{\sqrt{e^a}}$.

2. Ces formules sont à rapprocher de celles vues dans les classes antérieures sous la forme $a^{n+p} = a^n a^p$, $a^{-n} = \dfrac{1}{a^n}$ et $a^{n-p} = \dfrac{a^n}{a^p}$.

3. La formule 4, appliquée avec $a = 1$, montre que $\exp(n) = (\exp(1))^n = e^n$. On étend cette notation à tout réel n, ce qui justifie a posteriori que l'on écrive e^x au lieu de $\exp(x)$.

II Équations et inéquations

1. Résolutions élémentaires

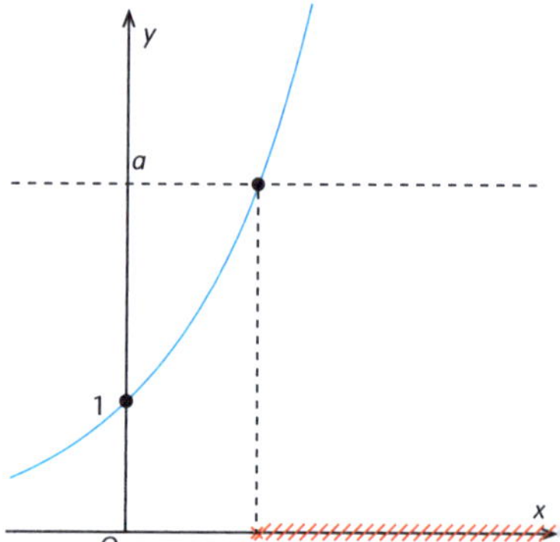

Théorème : soit a un nombre réel.

1. L'équation, d'inconnue x, $e^x = a$, admet une solution unique si, et seulement si, $a > 0$.
En particulier, $e^x = 1 \Leftrightarrow x = 0$.

2. L'inéquation, d'inconnue x, $e^x \leqslant a$ a des solutions si, et seulement si, $a > 0$.

3. L'inéquation, d'inconnue x, $e^x \geqslant a$, a toujours des solutions. Si $a \leqslant 0$, tous les nombres sont des solutions.

2. Résolutions se ramenant à l'étude de polynômes

- Énoncé : résoudre l'équation $e^{2x} + 4e^x - 5 = 0$.

- Réponse : on pose $X = e^x$. Alors $X^2 = e^{2x}$ et $e^{2x} + 4e^x - 5 = 0$ $\Leftrightarrow X^2 + 4X - 5 = 0$.

On trouve $\Delta = 36$, ainsi que deux solutions : $X_1 = 1$ et $X_2 = -5$. On cherche alors x_1 et x_2, de telle sorte que $e^{x_1} = 1$ et $e^{x_2} = -5$.

Une fonction exponentielle est toujours positive.

Seule la première équation fournit une solution, et on trouve $x_1 = 0$.

Finalement, l'équation proposée admet une solution unique qui est 0.

- Énoncé : résoudre l'inéquation $e^{2x} + 4e^x - 5 > 0$.

- Réponse : avec les notations ci-dessus, l'inéquation équivaut à $X^2 + 4X - 5 > 0$.

D'après le signe d'un polynôme du second degré :
$X^2 + 4X - 5 > 0 \Leftrightarrow X < -5$ ou $X > 1$, c'est-à-dire $e^x < -5$ ou $e^x > 1$.
Seule la deuxième inéquation fournit des solutions car une fonction exponentielle ne saurait être négative. De plus, $e^x > 1 \Leftrightarrow x > 0$.

Finalement, les solutions de l'inéquation $e^{2x} + 4e^x - 5 > 0$ sont les nombres de $]0 ; +\infty[$.

Fonctions exp(kx)

FICHE 31

I Étude des fonctions $x \mapsto e^{kx}$ et $x \mapsto e^{-kx}$

1. Variations

- Soit k une constante strictement positive. Posons $f(x) = e^{kx}$ et $g(x) = e^{-kx}$. Alors $f(x) = \exp(kx)$ et $g(x) = \exp(-kx)$.
- $\forall x \in \mathbb{R}$ $f'(x) = k \exp'(kx) = k \exp(kx) = ke^{kx} \Rightarrow f'(x) > 0$, ce qui implique que la fonction f est strictement croissante.
- $\forall x \in \mathbb{R} : g'(x) = -k \exp'(-kx) = -k\exp(-kx) = -ke^{-kx} \Rightarrow g'(x) < 0$, ce qui implique que la fonction g est strictement décroissante.

On sait que la dérivée de $f(ax + b)$ est $af'(ax + b)$ → *fiche 21*.

2. Courbes

- Soit $M(x, e^{kx})$ un point de la courbe $\mathscr{C}_f$. Son symétrique par rapport à l'axe des ordonnées est $M'(-x, e^{kx})$, c'est-à-dire $(-x, g(-x))$. Ce point M' appartient donc à $\mathscr{C}_g$.

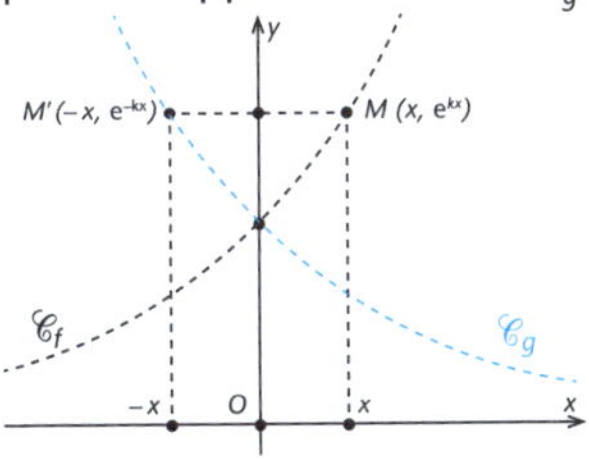

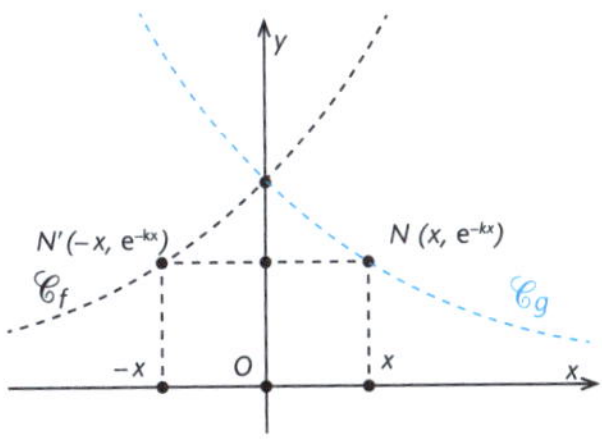

- De même, $N(x, e^{-kx}) \in \mathscr{C}_g$. Son symétrique par rapport à l'axe des ordonnées est $N'(-x, e^{-kx})$, c'est-à-dire $(-x, f(-x))$, donc $N' \in \mathscr{C}_f$. Il en résulte que les courbes des fonctions $x \mapsto e^{kx}$ et $x \mapsto e^{-kx}$ sont symétriques par rapport à l'axe des ordonnées.

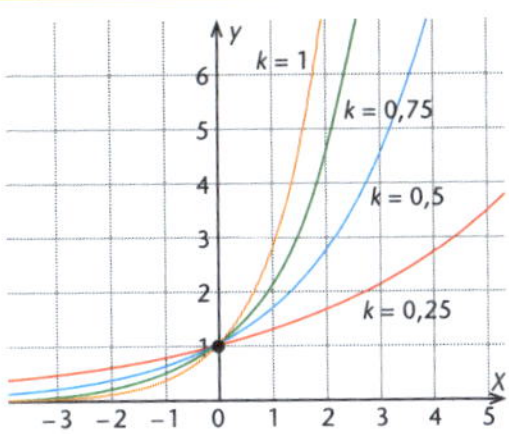

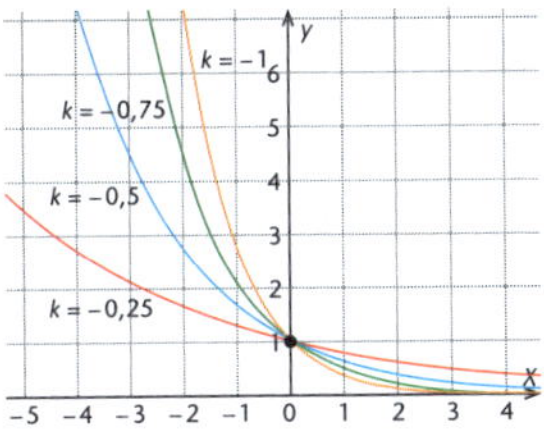

II Applications

1. Étude d'une fonction

- **Énoncé :** soit f la fonction définie sur $\mathbb{R}$ par $f(x) = x + 2e^{-0,5x}$.

1. Calculer $f'(x)$.
2. Examiner le signe de $f'(x)$. On montrera en particulier qu'elle s'annule en un seul et même point.
3. En déduire les variations de f que l'on résumera dans un tableau de variations.

- **Réponse :**

1. Pour tout $x \in \mathbb{R}$, $f'(x) = 1 + 2 \times (-0,5)e^{-0,5x} = 1 - 1e^{-0,5x} = 1 - e^{-0,5x}$.
2. Pour trouver le signe de $f'(x)$, résolvons l'inéquation $f'(x) \geqslant 0$:

$f'(x) \geqslant 0 \Leftrightarrow 1 - e^{-0,5x} \geqslant 0$

$\Leftrightarrow 1 \geqslant e^{-0,5x} \Leftrightarrow e^{0} \geqslant e^{-0,5x} \Leftrightarrow 0 \geqslant -0,5x$

$\Leftrightarrow 0 \leqslant x$

On en déduit donc que $f'(x) < 0$

$\Leftrightarrow 0 > x$.

$f'(x)$ ne s'annule donc qu'en un seul point : 0.

3. Le tableau de variations suivant en résulte, sachant que $f(0) = 0 + 2e^{0} = 2$.

x	$-\infty$		0		$+\infty$
$f'(x)$		$-$	0	$+$	
$f(x)$		↘	2	↗	

2. Utilisation d'un tableur

- La courbe en vert représente la fonction f précédente.

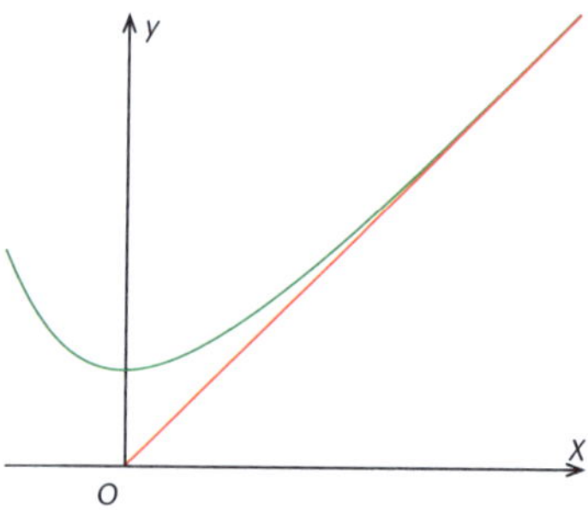

	A	B
1	x	f(x)
2	0	2
3	2	2,7358
4	4	4,2707
5	6	6,0996
6	8	8,0366
7	10	10,0135
8	12	12,0050
9	14	14,0018
10	16	16,0007
11	18	18,0002
12	20	20,0001
13	22	22,0000
14	24	24,0000
15	26	26,0000
16	28	28,0000
17	30	30,0000

- On constate sur le tableur que si x prend des valeurs de plus en plus grandes alors $f(x) \approx x$.
- La formule de calcul de B2 est « = A2+2*exp(– 0,5*A2) ». On la recopie vers le bas.

On en déduit que la courbe de f se confond avec la droite d'équation $y = x$. C'est ce que suggère le graphique.

Applications de la fonction exponentielle

Sujet : fonction exponentielle et suite géométrique

Soit (u_n) une suite arithmétique de raison r et $v_n = e^{u_n}$.

1. a. Exprimer u_{n+1} en fonction de u_n et r.
b. En déduire que la suite (v_n) est une suite géométrique dont on déterminera la raison et le premier terme.
2. a. Exprimer v_n en fonction de n sachant que $u_0 = 0$ et $r = -2$.
b. À l'aide d'un algorithme, déterminer le plus petit entier naturel n tel que $v_n \leqslant 10^{-10}$.

Avant de commencer

▶ Revoir les fiches 6, 7 et 30.

1. a. Pour tout entier naturel, $u_{n+1} = u_n + r$.

b. $v_{n+1} = e^{u_{n+1}} = e^{u_n + r} = e^{u_n}e^r = e^r v_n$. (v_n) est donc une suite géométrique de raison e^r et de premier terme e^{u_0}.

2. a. Pour tout entier naturel, $v_n = v_0(e^r)^n = v_0 e^{nr}$. Or, $v_0 = e^{u_0} = e^0 = 1$ et $e^{nr} = e^{-2n}$. Donc $v_n = e^{-2n}$.

b. Le programme calcule v_n tant que v_n est supérieur ou égal à 10^{-10} et s'arrête dès que $v_n < 10^{-10}$.

```
n,v=0,1 #initialisation
while v>= 10**(-10) :
        v=exp(-2*n)
        n=n+1
print(n-1)
```

On trouve $n = 12$.

Sujet : étude d'une fonction exponentielle

On considère les fonctions g et f définies sur $\mathbb{R}$ par :

$g(x) = e^x + x + 1$ et $f(x) = \dfrac{x}{1 + e^{-x}}$.

1. a. Prouver que l'équation $g(x) = 0$ a une solution unique α dont on donnera une valeur approchée à 10^{-2}.
b. En déduire le signe de $g(x)$.

2. Vérifier que $f'(x) = \dfrac{e^x g(x)}{(e^x + 1)^2}$ et en déduire les variations de f.

Programmer sa calculatrice et utiliser la fonction « solve » ou « root » de la fenêtre graphique.

1. a. $g'(x) = e^x + 1 > 0$. g est donc strictement croissante. On trouve $a \approx -1{,}28$, solution unique de $g(x) = 0$.

Utiliser la représentation graphique.

1. b. On en déduit que $g(x) \leqslant 0$ sur $]-\infty\,;a]$ et $g(x) \geqslant 0$ sur $[a\,;+\infty[$.

Dériver à l'aide de la formule du quotient.

2. On dérive f comme un quotient et on trouve :

$$f'(x) = \frac{1(1+e^{-x}) - x(-e^{-x})}{(1+e^{-x})^2} = \frac{1+e^{-x}+xe^{-x}}{(1+e^{-x})^2}.$$

Or, $1 + e^{-x} + xe^{-x} = e^{-x}(e^x + 1 + x)$

et $1 + e^{-x} = e^{-x}(e^x + 1) \Rightarrow (1 + e^{-x})^2 = e^{-2x}(e^x + 1)^2$.

Donc : $f'(x) = \dfrac{e^{-x}g(x)}{e^{-2x}(e^x + 1)^2} = \dfrac{e^x g(x)}{(e^x + 1)^2}$. Le signe de $f'(x)$ est donc celui de $g(x)$.

D'où le tableau de variations de f :

x	$-\infty$		a		$+\infty$
$f'(x)$		$-$	0	$+$	
$f(x)$		↘	$f(a)$	↗	

Ci-dessous, on peut voir la représentation graphique de f dans un repère non orthonormé.

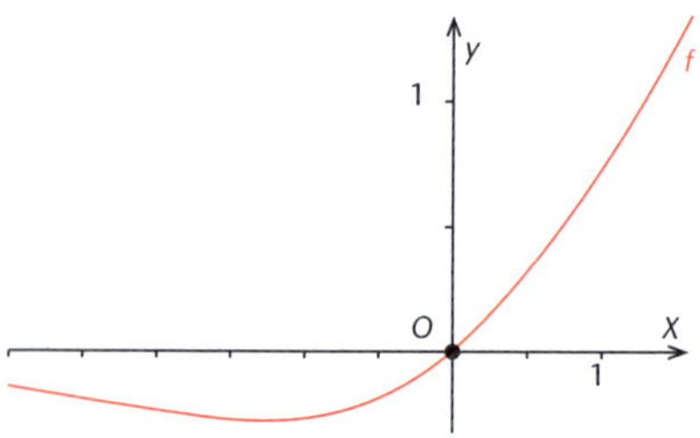

Fonctions exponentielles

QUIZ-Mémorisation active

1 Propriétés algébriques

Questions	Réponses
Comment traduire, à l'aide d'une égalité, que l'exponentielle d'une somme est égale au produit des exponentielles ?	Soit a et b deux nombres. Alors e^{a+b} (exponentielle d'une somme) est égale à $e^a e^b$ (produit des exponentielles).
Comment traduire par une phrase que $e^{-b} = \frac{1}{e^b}$?	L'exponentielle de l'opposé (e^{-b}) est égale à l'inverse de l'exponentielle $\left(\frac{1}{e^b}\right)$.
Soit m un nombre. L'équation d'inconnue x, $e^x = m$ a-t-elle toujours des solutions ?	**Non.** Elle a des solutions si, et seulement si, $m > 0$ car une exponentielle est toujours positive, quel que soit son exposant.

2 Propriétés analytiques

Questions	Réponses
Existe-t-il des fonctions f définies sur $\mathbb{R}$, dérivables et dont la dérivée soit égale à elles-mêmes ?	**Oui.** Ce sont les fonctions de la forme $x \mapsto ke^x$. De plus, si on impose $f(0) = 1$, alors la seule fonction possible est la fonction exponentielle elle-même.
Soit k une constante. Si $f(x) = e^{kx}$, que vaut $f'(x)$?	$f(x) = \exp(kx)$. Selon la formule de dérivation de la composée (*fiche 21*), $f'(x) = k \times \exp'(kx) \Rightarrow f'(x) = ke^{kx}$.
Soit k une constante. Quelle est la monotonie des fonctions $x \mapsto e^{kx}$ sur $\mathbb{R}$?	Les fonctions $x \mapsto e^{kx}$ sont croissantes si, et seulement si, $k \geqslant 0$ et décroissantes si, et seulement si, $k \leqslant 0$.
Comment construire rapidement la courbe de e^{-x} à partir de celle de e^x ?	La courbe de e^{-x} est symétrique de celle de e^x par rapport à l'axe des ordonnées.

SCHÉMA-BILAN

Propriétés algébriques

Retenir

- $e^a e^b = e^{a+b}$
- $\dfrac{e^a}{e^b} = e^{a-b}$
- $\dfrac{1}{e^b} = e^{-b}$
- $(e^x)^2 = e^{2x}$

Attention

- $e^a + e^b \neq e^{a+b}$
- $e^a - e^b \neq e^{a-b}$
- $e^{-b} \neq -e^b$
- $e^{x^2} \neq (e^x)^2$

Pour étudier des fonctions avec exponentielles

Retenir

- $e \approx 2{,}718$
- La dérivée de e^x est e^x.
- une primitive de e^x est e^x.
- une primitive de e^{ax+b} est $\dfrac{1}{a}e^{ax+b}$.

Attention

- Le nombre e n'est pas la fonction e^x.
- La dérivée de e^u n'est pas e^u mais $u'\,e^u$.
- On ne connaît pas en général de primitives de e^u.
- Une primitive de e^{ax+b} n'est pas e^{ax+b}.

En général, pour résoudre une équation où figure une exponentielle, on utilise la calculatrice ou un algorithme.

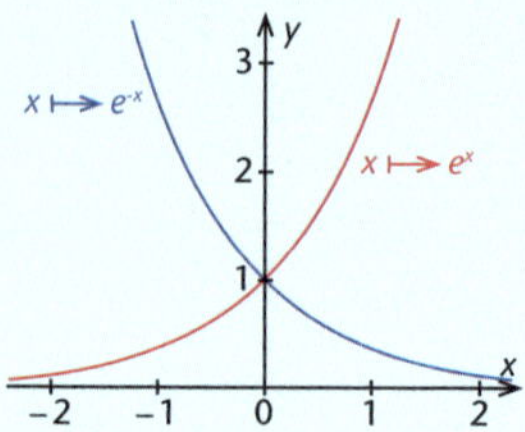

Cercle trigonométrique et angles

FICHE 34

Sur la droite réelle, on définit une graduation avec une origine et une unité. En enroulant la droite sur un cercle, on définit ensuite une sorte de graduation afin de mesurer les angles d'une nouvelle façon.

I Enroulement d'une droite sur un cercle

On se place dans un repère orthonormé $(O; \vec{i}, \vec{j})$.

• **Définition 1 :** le cercle de centre O et de rayon 1 s'appelle le **cercle trigonométrique**.

Considérons une droite réelle d'origine A, ainsi qu'un point M d'abscisse x ($0 < x \leqslant 2\pi$) sur cette droite. Imaginons un fil de longueur x fixé en A et enroulons-le sur le cercle trigonométrique dans le **sens antihoraire** (↺) ou **sens direct**. L'extrémité libre du fil se pose en un point I. Si le fil a pour longueur $2\pi + x$, l'extrémité libre se superpose en ce même point I après un tour de cercle, car la longueur du cercle est égale à 2π. De même, si le fil a pour longueur $4\pi + x$, $6\pi + x$, $8\pi + x$, etc, l'extrémité libre vient exactement en I.

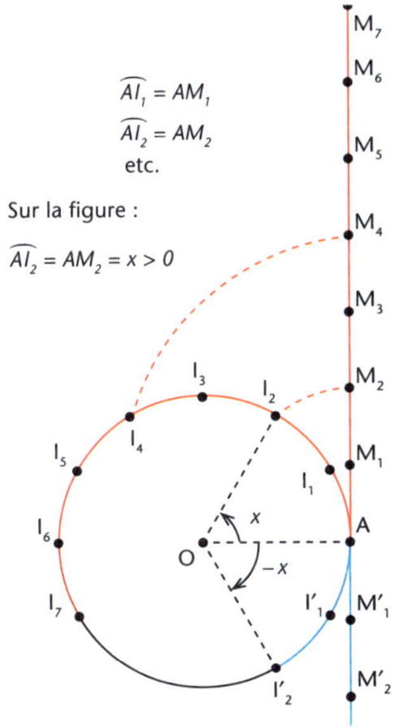

• **Définition 2 :** le point I s'appelle l'image sur le cercle des nombres de la forme $2k\pi + x$, où k désigne un entier naturel.

Le point M′, symétrique de M par rapport à A, a pour abscisse $-x$. On enroule le fil de longueur x, toujours fixé en A, dans le **sens horaire** (↻) ou **sens indirect**. On obtient des images I' symétriques des précédentes par rapport à l'axe des abscisses, c'est-à-dire des images des nombres de la forme

$-x - 2k\pi$ ($k \in \mathbb{N}$).

Ainsi, tout nombre réel a une seule image sur le cercle trigonométrique et tout point du cercle trigonométrique est l'image d'une infinité de réels.

• **Théorème :** deux nombres x_1 et x_2 ont la même image sur le cercle trigonométrique si, et seulement si, l'on peut écrire $x_2 = x_1 + 2k\pi$, $k \in \mathbb{Z}$, c'est-à-dire $x_2 - x_1 = 2k\pi$, $k \in \mathbb{Z}$.
On dit que x_1 et x_2 sont égaux modulo 2π.

II Mesures d'un angle orienté

• **Définition :** soit I un point du demi-cercle trigonométrique supérieur. La **mesure principale**, en radians, **de l'angle orienté dans le sens direct** de A vers I, $\widehat{AOI}$, est égale à la longueur de l'arc $\overset{\frown}{AI}$.
Soit I' un point du demi-cercle trigonométrique inférieur, à l'exclusion de A. **La mesure principale** en radians **de l'angle orienté dans le sens indirect** de A vers I', $\widehat{AOI'}$, est égale à l'opposé de la longueur de l'arc $\overset{\frown}{AI'}$.
Donc, si α **est la mesure principale** d'un angle orienté $\widehat{AOB}$ de A vers B, alors $\alpha \in]-\pi, \pi]$.
Par extension, on dit que tout nombre de la forme $\alpha + 2k\pi$, $k \in \mathbb{Z}$ est une mesure en radians de cet angle orienté.

Exemple : l'angle orienté de A vers I_2 dans le sens positif $\widehat{AOI_2}$, a pour mesure principale x ; l'angle orienté de A vers I'_2, dans le sens négatif $\widehat{AOI'_2}$ a pour mesure principale $-x$.
Sur la figure, le point A est repéré par 0 et les points I ne sont pas placés.

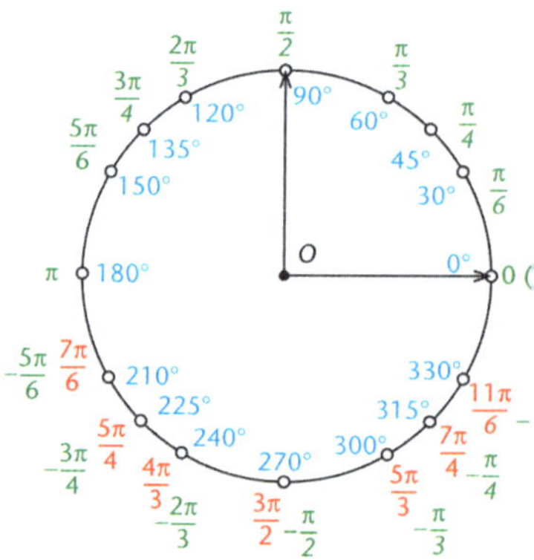

En bleu et rouge : les angles $\widehat{AOI}$ dans le sens direct de A vers I.
Les mesures principales de $\widehat{AOI}$, mesurées comme dans la définition, sont en vert.

• Soit r et d les mesures principales respectives en radians et en degrés d'un angle orienté. Alors :

$180r = \pi d$ équivalent à

$$d = \frac{1}{\pi}180r \text{ et } r = \frac{1}{180}\pi d.$$

FICHE 35

Fonctions sinus et cosinus

On connaît les sinus et cosinus d'un angle aigu d'un triangle rectangle. On peut aussi définir le sinus et le cosinus de tout réel en utilisant **l'enroulement de la droite réelle sur le cercle trigonométrique**.

1 Dans un triangle rectangle

• Dans un triangle rectangle on a défini le **sinus** et le **cosinus** d'un angle aigu.

$$\sin \hat{A} = \frac{\text{côté opposé}}{\text{hypoténuse}} = \frac{CB}{CA}$$

$$\cos \hat{A} = \frac{\text{côté adjacent}}{\text{hypoténuse}} = \frac{AB}{AC}$$

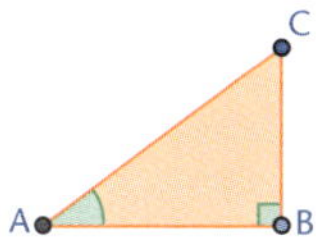

• On peut aussi définir la **tangente** d'un angle aigu :

$$\tan \hat{A} = \frac{\sin \hat{A}}{\cos \hat{A}} = \frac{\text{côté opposé}}{\text{côté adjacent}} = \frac{BC}{BA}.$$

• Les valeurs remarquables suivantes sont utiles aussi bien en mathématiques qu'en physique ($\hat{A}$ est exprimé en radians).

$\hat{A}$	0	$\frac{\pi}{6}$	$\frac{\pi}{4}$	$\frac{\pi}{3}$	$\frac{\pi}{2}$
$\sin \hat{A}$	0	$\frac{1}{2}$	$\frac{\sqrt{2}}{2}$	$\frac{\sqrt{3}}{2}$	1
$\cos \hat{A}$	1	$\frac{\sqrt{3}}{2}$	$\frac{\sqrt{2}}{2}$	$\frac{1}{2}$	0

• **Remarques**

1. On sait que $\frac{\sqrt{2}}{2} = \frac{1}{\sqrt{2}}$.

2. Pour se souvenir du tableau, il suffit de se rappeler la première ligne en écrivant des fractions de dénominateur 2 et en écrivant les racines carrées des nombres entiers consécutifs de 0 à 4 : $\frac{\sqrt{0}}{2}, \frac{\sqrt{1}}{2} ; \frac{\sqrt{2}}{2} ; \frac{\sqrt{3}}{2} ; \frac{\sqrt{4}}{2}$.

3. On complète ensuite la ligne des cosinus, sachant que le cosinus d'un angle est égal au sinus de son complémentaire. Par exemple, $\sin\frac{\pi}{6} = \cos\frac{\pi}{3}$.

II Cosinus et sinus d'un nombre

1. Sur le cercle trigonométrique

• On généralise les définitions précédentes. Soit x un réel et $M(x_M\,;\,y_M)$ son image sur le cercle trigonométrique.
On définit alors :

$$\cos x = x_M \text{ et } \sin x = y_M.$$

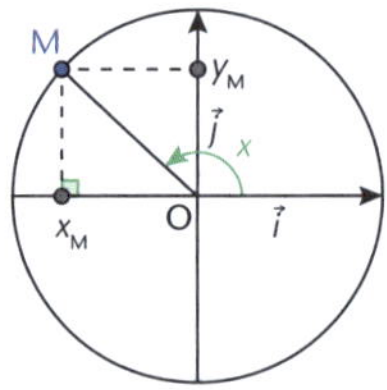

• **Remarques**

1. On peut aussi écrire cos(x) et sin(x) avec parenthèses.
2. Pour tout $x \in \mathbb{R}$: $\cos^2 x + \sin^2 x = 1$.
3. En général, le triangle OMx_M est rectangle en x_M. Son hypoténuse est égale à 1 car c'est le rayon du cercle trigonométrique. On retrouve donc les formules du triangle rectangle classique.
4. On définit également $\tan x = \frac{\sin x}{\cos x}$, à condition que x soit différent de $\frac{\pi}{2} + k\pi$, où k est un entier relatif quelconque.

2. Cas général

• Par les formules du paragraphe précédent, on définit deux fonctions.

• L'une s'appelle cosinus et à tout réel x associe $\cos x$; l'autre s'appelle sinus et à tout x associe $\sin x$.
Le signe de ces fonctions est résumé sur la figure ci-contre.

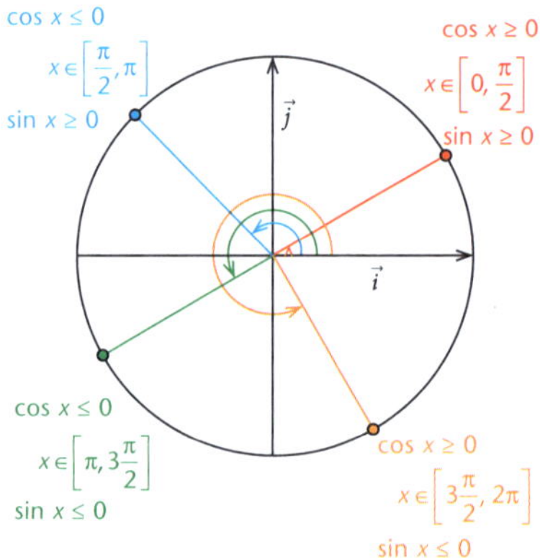

tude des fonctions sinus t cosinus

FICHE 36

On construit les courbes des fonctions sinus et cosinus sur $[0, \pi]$, puis sur $\mathbb{R}$ par symétrie et périodicité.

I Propriétés des fonctions sinus et cosinus

1. Symétries

Pour tout réel x et tout entier k :

Formule	Interprétation
$\cos(-x) = \cos(x)$	La fonction cosinus est paire.
$\sin(-x) = -\sin(x)$	La fonction sinus est impaire.
$\cos(x) = \sin\left(\frac{\pi}{2} - x\right)$ $\sin(x) = \cos\left(\frac{\pi}{2} - x\right)$	Dans un triangle rectangle, le sinus d'un angle aigu et le cosinus de son complémentaire sont égaux. On généralise cela à x et $\frac{\pi}{2} - x$, dont la somme vaut $\frac{\pi}{2}$.
$\cos(x) = \sin\left(\frac{\pi}{2} + x\right)$ $\sin(x) = -\cos\left(\frac{\pi}{2} + x\right)$	Applications des formules précédentes en remplaçant x par $-x$.
$\cos(x + k2\pi) = \cos(x)$ $\sin(x + k2\pi) = \sin(x)$	Les fonctions sinus et cosinus sont périodiques. Leur période est 2π.

2. Variations

- En utilisant le cercle trigonométrique, on constate que la fonction cosinus est décroissante sur l'intervalle $[0, \pi]$. Elle décroît de sa valeur maximale 1, obtenue pour $x = 0$ à sa valeur minimale -1, obtenue pour $x = \pi$.
- De même, la fonction sinus est croissante de 0 à 1 sur l'intervalle $\left[0, \frac{\pi}{2}\right]$ et décroissante de 1 à 0 sur l'intervalle $\left[\frac{\pi}{2}, \pi\right]$.

II Courbes

1. Fonction sinus

- Construisons la courbe de la fonction sinus sur l'intervalle $[0, \pi]$.

On déroule le demi-cercle supérieur de rayon 1 (points rouges) sur l'axe des abscisses. Leurs images par la fonction sinus (points bleus) se reportent comme indiqué.

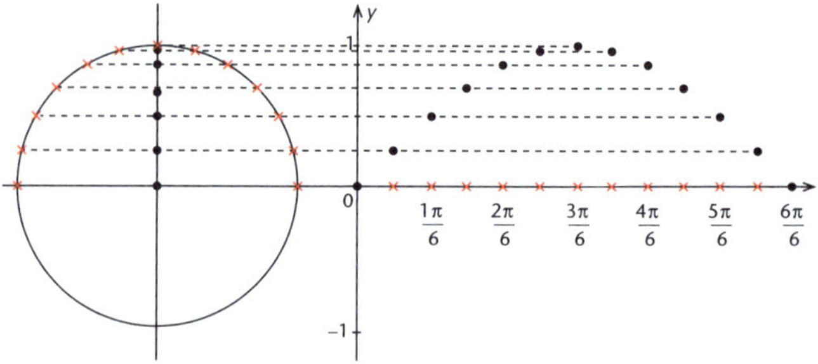

• La fonction sinus étant impaire, on obtient par symétrie la partie formée par les points rouges, que l'on complète par translations de vecteurs $2\pi\vec{i}$ et $-2\pi\vec{i}$ puisque la fonction est périodique.

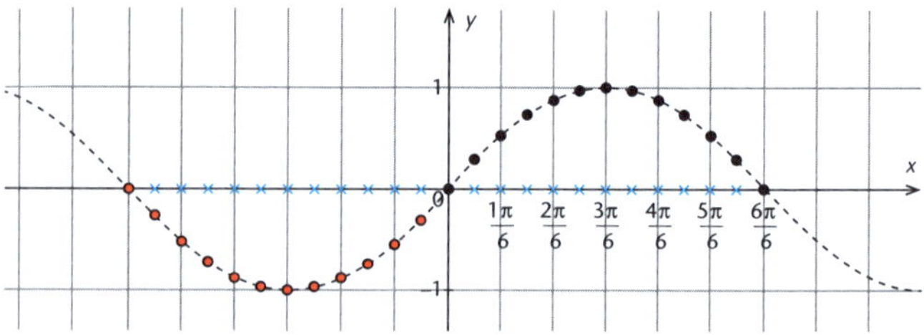

2. Fonction cosinus

• La fonction cosinus se déduit de la précédente par translation de vecteur $-\frac{\pi}{2}\vec{i}$ car $\cos(x) = \sin\left(x + \frac{\pi}{2}\right)$.

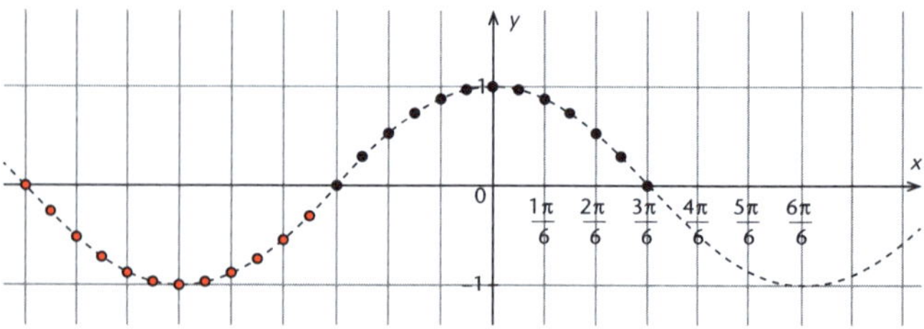

Ces deux courbes s'appellent des sinusoïdes.

Équations et courbes trigonométriques

Sujet : résoudre une équation trigonométrique et placer les images des solutions sur le cercle trigonométrique

Il s'agit de résoudre l'équation $\cos(4x) = -0{,}5$.

1. Trouver un réel a dont le cosinus est égal à $-0{,}5$.

2. a. Trouver des relations liant x et a lorsque $\cos(4x) = \cos(a)$.

b. En déduire deux groupes de solutions de l'équation.

3. Placer les images des solutions sur le cercle trigonométrique.

→ Construire le cercle trigonométrique et placer le nombre –0,5 sur l'axe des abscisses.

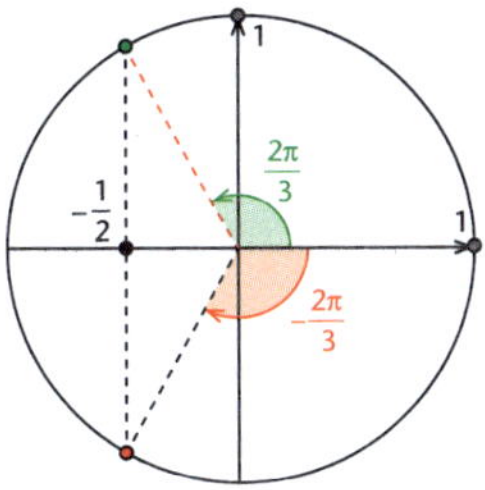

1. On voit sur le cercle trigonométrique que l'on peut choisir $a = \frac{2\pi}{3}$ ou $a = -\frac{2\pi}{3}$.

$\frac{2\pi}{3} rd = 120°$.

→ Ne pas oublier que $\cos(4x) = \cos(4x + k2\pi)$.

2. a. Choisissons $a = \frac{2\pi}{3}$. On a alors

$$\cos(4x) = \cos\left(\frac{2\pi}{3}\right) \Leftrightarrow 4x = \frac{2\pi}{3} + k2\pi \text{ ou } 4x = -\frac{2\pi}{3} + k2\pi .$$

b. On en déduit $x = \frac{\pi}{6} + \frac{k\pi}{2}$ ou $x = -\frac{\pi}{6} + \frac{k\pi}{2}$.

→ Placer les images en partant de $k = 0$.

3. Le premier groupe de solutions est codé en rouge. On commence par placer $\frac{\pi}{6}$ (30°) et on continue dans le sens direct par rotation d'angle $\frac{\pi}{2}$. Le second groupe est codé en bleu en commençant par $-\frac{\pi}{6}$.

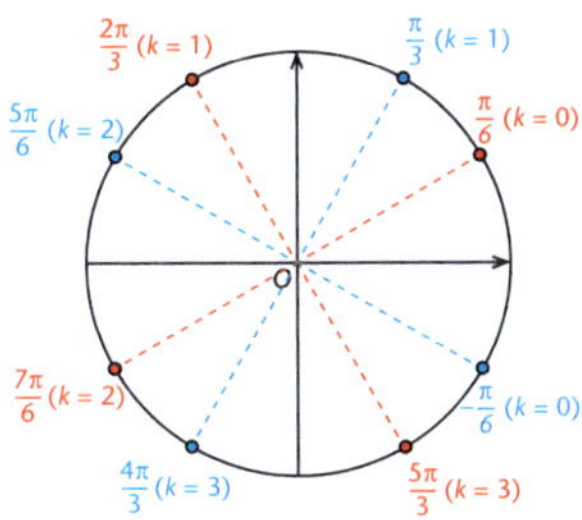

Sujet : étude d'une fonction trigonométrique

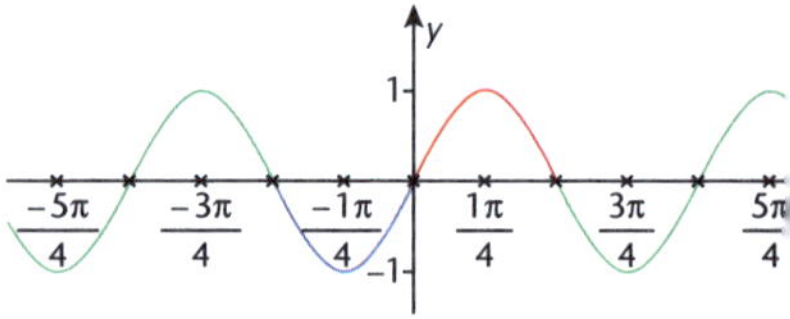

On pose $f(x) = \sin(2x)$.
On se propose de justifier la forme de sa courbe.

1. Montrer que f est périodique de période π puis que f est impaire.

2. On se contente d'étudier les variations de f sur $\left[0, \frac{\pi}{2}\right]$. Expliquer pourquoi.

3. On admet que $\sin'(x) = \cos(x)$. Calculer alors $f'(x)$ et construire le tableau de variations de f sur $\left[0, \frac{\pi}{2}\right]$.

4. Construire la courbe représentant f sur $\left[0, \frac{\pi}{2}\right]$ puis sur $\mathbb{R}$.

➔ Montrer que $\forall x \in \mathbb{R}\ f(x + \pi) = f(x)$.

1. $\forall x \in \mathbb{R}$, $f(x + \pi) = \sin(2(x + \pi)) = \sin(2x + 2\pi) = \sin(2x) = f(x)$.
f est donc périodique de période π.
$\forall x \in \mathbb{R}$, $f(-x) = \sin(-2x) = -\sin(2x) = -f(x)$. Donc f est impaire.

➔ Utiliser les symétries permises par la périodicité et la parité de *f*.

2. Étudions la fonction sur $\left[0, \frac{\pi}{2}\right]$. Par symétrie par rapport à O (f est impaire), on a la courbe sur $\left[-\frac{\pi}{2}, 0\right]$. Par translations de vecteurs $\pi\vec{i}$ et $-\pi\vec{i}$, on obtient la totalité de la courbe par périodicité.

➔ Ne pas oublier que $h(x) = g(ax + b) \Rightarrow h'(x) = ag'(ax + b)$!

3. $\forall x \in \mathbb{R}$, $f'(x) = 2\sin'(2x) = 2\cos(2x)$. De plus,
$x \in \left[0, \frac{\pi}{4}\right] \Rightarrow 2x \in \left[0, \frac{\pi}{2}\right] \Rightarrow \cos(2x) \geq 0$ et
$x \in \left[\frac{\pi}{4}, \frac{\pi}{2}\right] \Rightarrow \cos(2x) \leq 0$.
On en déduit le tableau de variations ci-contre.

x	0		$\frac{\pi}{4}$		$\frac{\pi}{2}$
$f'(x)$		$-$	0	$+$	
$f(x)$	0	↗	1	↘	0

➔ Construire la courbe.

4. On commence par construire la partie en rouge, puis par symétrie celle en bleu et enfin la totalité, en vert.

Trigonométrie

QUIZ-Mémorisation active

1 Cercle trigonométrique

Questions	Réponses
Dans la phrase « On parcourt le cercle trigonométrique dans le sens direct », donnez un synonyme du mot direct.	Le sens direct est le sens anti-horaire (↺). Le sens indirect est le sens horaire (↻). Le point de départ du parcours est $(1,0)$.
La mesure principale en radians d'un angle orienté appartient à un certain intervalle. Lequel ?	La mesure principale en radians d'un arc orienté appartient à l'intervalle $]-\pi, \pi]$. Il faudra bien noter les bornes.
Les images de nombres négatifs sur le cercle trigonométrique sont-elles nécessairement situées sur le demi-cercle inférieur ?	Pas nécessairement. Par exemple, $-\frac{3\pi}{2}$ a la même image que $\frac{\pi}{2}$ car $-\frac{3\pi}{2} = \frac{\pi}{2} - 2\pi$. Deux nombres qui diffèrent de 2π ont la même image sur le cercle.

2 Propriétés des fonctions cosinus et sinus

Questions	Réponses
Dans quels intervalles les fonctions cosinus et sinus ont-elles le même signe ?	Elles ont le même signe dans les quadrants bleu et rouge. 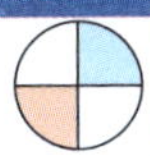
Les fonctions sinus et cosinus sont périodiques de période 2π. Qu'est-ce que cela signifie graphiquement ?	Deux points d'une sinusoïde d'abscisses x et $x + 2\pi$ ont la même ordonnée. Une sinusoïde désigne aussi bien la courbe de sinus que de cosinus.
Quelles sont les variations des fonctions cosinus et sinus sur l'intervalle $[0,\pi]$?	La fonction cosinus est décroissante de 1 à −1 sur l'intervalle $[0, \pi]$. La fonction sinus est croissante de 0 à 1 sur l'intervalle $\left[0, \frac{\pi}{2}\right]$, puis décroissante de 1 à 0 sur l'intervalle $\left[\frac{\pi}{2}, \pi\right]$.

SCHÉMA-BILAN

Résoudre une équation trigonométrique dans un intervalle donné

$\cos x = \dfrac{1}{\sqrt{2}}$ sur l'intervalle $\left]-\dfrac{15\pi}{6} ; -\dfrac{3\pi}{2}\right]$

↓

Recherche de a tel que $\cos a = \dfrac{1}{\sqrt{2}}$ (voir figure)

↓

$a = \dfrac{\pi}{4}$

↓

L'équation équivaut à $\cos x = \cos\dfrac{\pi}{4}$.

↓

$x = \dfrac{\pi}{4} + 2k\pi$ **ou** $x = -\dfrac{\pi}{4} + 2k'\pi$

↓

On choisit k et k' tels que $-\dfrac{15\pi}{6} \leqslant \dfrac{\pi}{4} + 2k\pi \leqslant -\dfrac{3\pi}{2}$

et $-\dfrac{15\pi}{6} \leqslant -\dfrac{\pi}{4} + 2k'\pi \leqslant -\dfrac{3\pi}{2}$.

↓

On trouve $-\dfrac{33}{24} \leqslant k \leqslant -\dfrac{7}{8} \Leftrightarrow k = -1$ **et** $-\dfrac{27}{4} \leqslant k' \leqslant -\dfrac{15}{24} \Leftrightarrow k' = -1$.

↓

Bilan : $S = \left\{\dfrac{\pi}{4} - 2\pi ; -\dfrac{\pi}{4} - 2\pi\right\} = \left\{-\dfrac{7\pi}{4} ; -\dfrac{9\pi}{4}\right\}$.

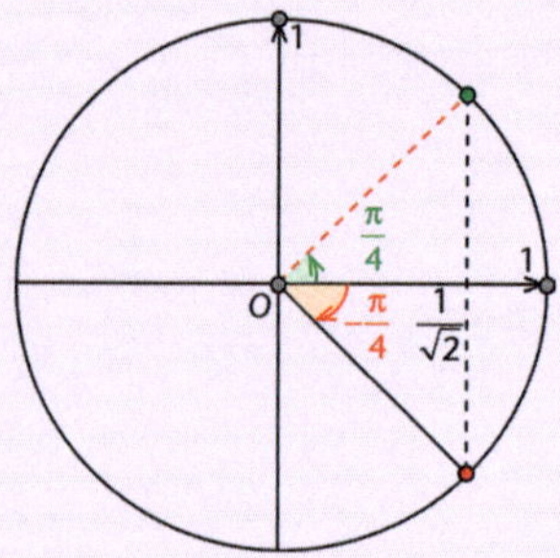

éfinitions t calculs élémentaires

FICHE 39

I Définition

On pose $\vec{u} = \overrightarrow{AB}$ et $\vec{v} = \overrightarrow{AC}$.

1. Cas de deux vecteurs colinéaires

Définition : lorsque $\vec{u}$ et $\vec{v}$ sont colinéaires, le produit scalaire de $\vec{u}$ et $\vec{v}$ est le nombre que l'on note $\vec{u} \cdot \vec{v}$ ou $\vec{v} \cdot \vec{u}$, et qui est égal à :

- 0 si l'un des deux vecteurs est égal à $\vec{0}$;
- $AB \times AC$ si $\vec{u}$ et $\vec{v}$ sont de même sens ;
- $-AB \times AC$ si $\vec{u}$ et $\vec{v}$ sont de sens contraires.

Le produit scalaire de deux vecteurs colinéaires est un nombre, et non un vecteur.

2. Cas de deux vecteurs non colinéaires

Soit H la projection orthogonale de C sur (AB).

- **Définition :** le produit scalaire $\vec{u} \cdot \vec{v}$ est égal au produit scalaire $\overrightarrow{AB} \cdot \overrightarrow{AH}$. On voit sur les figures ci-dessous le signe de $\overrightarrow{AB} \cdot \overrightarrow{AC}$.

Sur la figure 3 : $(AC) \perp (AB)$ donc $\overrightarrow{AH} = \vec{0} \Rightarrow \overrightarrow{AB} \cdot \overrightarrow{AC} = 0$.

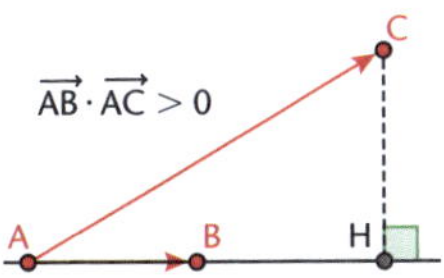

Figure 1

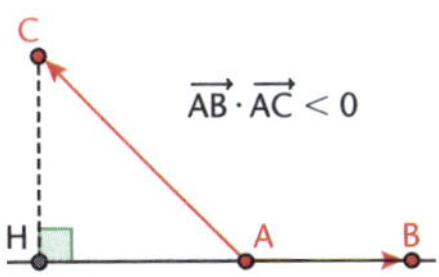

Figure 2

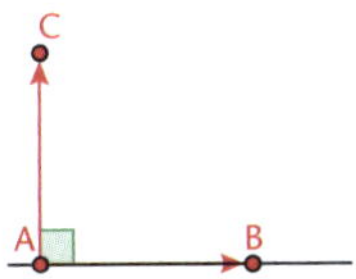

Figure 3

- **Remarque :** $\vec{u} \cdot \vec{v} = 0 \Leftrightarrow \vec{u} \perp \vec{v}$. Pour que $\vec{u} \cdot \vec{v} = 0$, il n'est donc pas nécessaire que l'on ait $\vec{u} = \vec{0}$ ou $\vec{v} = \vec{0}$.

3. Expressions du produit scalaire

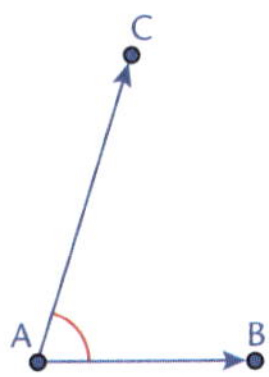

- **Avec le cosinus** (A, B et C sont distincts), l'expression du produit scalaire est la suivante :

$$\vec{u} \cdot \vec{v} = AB \times AC \cos \widehat{BAC}.$$

- **Remarque :** on constate que si l'angle géométrique $\widehat{BAC}$ est supérieur à 90°, le produit scalaire est négatif. S'il est droit, le produit scalaire est égal à 0.

• **Dans un repère orthonormé :** on suppose que $\vec{u}$ et $\vec{v}$ ont pour coordonnées respectives $(x\,;\,y)$ et $(x'\,;\,y')$ Alors :

$$\vec{u}\cdot\vec{u}' = xx' + yy'.$$

En particulier, si $\vec{u} = \vec{v}$ alors $\vec{u}\cdot\vec{u} = x^2 + y^2$.

II Calculs élémentaires

• **Théorème :** pour tous vecteurs $\vec{u}$, $\vec{v}$, $\vec{w}$ et tout réel a :

$$\vec{u}\cdot(\vec{v} + \vec{w}) = \vec{u}\cdot\vec{v} + \vec{u}\cdot\vec{w}$$

$$\vec{u}\cdot(a\vec{v}) = a(\vec{u}\cdot\vec{v}) = (a\vec{u})\cdot\vec{v}.$$

On reconnaît les propriétés usuelles de la multiplication dans $\mathbb{R}$.

• **Définition :** la norme d'un vecteur $\vec{u}$ est sa longueur, que l'on note $\|\vec{u}\|$.

Autrement dit, $\vec{u} = \overrightarrow{AB} \Rightarrow \|\vec{u}\| = AB$. D'autre part, $\vec{u}\cdot\vec{u} = AB^2 = \|\vec{u}\|^2$ $\Rightarrow AB^2 = (x_B - x_A)^2 + (y_B - y_A)^2$.

• **Théorème :** pour tous vecteurs $\vec{u}$ et $\vec{v}$:

$$\|\vec{u} + \vec{v}\|^2 = \|\vec{u}\|^2 + \|v\|^2 + 2\vec{u}\cdot\vec{v}$$

$$\|\vec{u} - \vec{v}\|^2 = \|\vec{u}\|^2 + \|\vec{v}\|^2 - 2\vec{u}\cdot\vec{v}.$$

En effet : $\|\vec{u} + \vec{v}\|^2 = (\vec{u} + \vec{v})\cdot(\vec{u} + \vec{v}) = \vec{u}\cdot\vec{u} + \vec{u}\cdot\vec{v} + \vec{v}\cdot\vec{u} + \vec{v}\cdot\vec{v}$ $= \|\vec{u}\|^2 + 2\vec{u}\cdot\vec{v} + \|\vec{v}\|^2$.

On procède de la même manière pour $\|\vec{u} - \vec{v}\|^2$.

• **Remarques**

1. Noter l'analogie avec les identités remarquables $(a \pm b)^2$.

2. Par soustraction membre à membre, on obtient :
$\|\vec{u} + \vec{v}\|^2 - \|\vec{u} - \vec{v}\|^2 = 4\vec{u}\cdot\vec{v}$, donc $\vec{u}\cdot\vec{v} = \dfrac{1}{4}(\|\vec{u} + \vec{v}\|^2 - \|\vec{u} - \vec{v}\|^2)$.

3. En additionnant membre à membre les deux égalités précédentes, on trouve $\|\vec{u} + \vec{v}\|^2 + \|\vec{u} - \vec{v}\|^2 = 2(\|\vec{u}\|^2 + \|\vec{v}\|^2)$, que l'on interprète ainsi : la somme des carrés des diagonales d'un parallélogramme est égale au double de la somme des carrés de ses côtés ($\vec{u} = \overrightarrow{AB}$, $\vec{v} = \overrightarrow{AD}$, $\vec{u} + \vec{v} = \overrightarrow{AC}$, $\vec{u} - \vec{v} = \overrightarrow{DB}$).

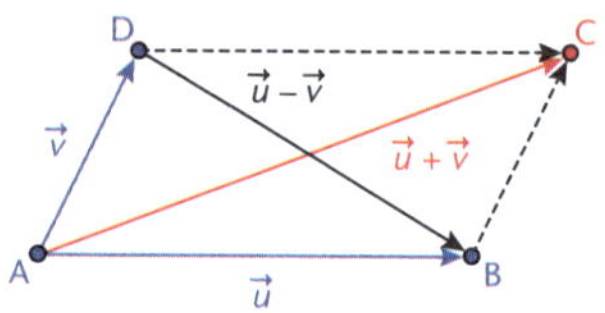

Détermination d'angles et de longueurs

FICHE 40

I Les formules d'Al-Kashi

• **Théorème :** soit ABC un triangle :

on note AB = c, BC = a, CA = b. Alors :

$$a^2 = b^2 + c^2 - 2bc\cos\hat{A}$$

$$b^2 = c^2 + a^2 - 2ca\cos\hat{B}$$

$$c^2 = a^2 + b^2 - 2ab\cos\hat{C}.$$

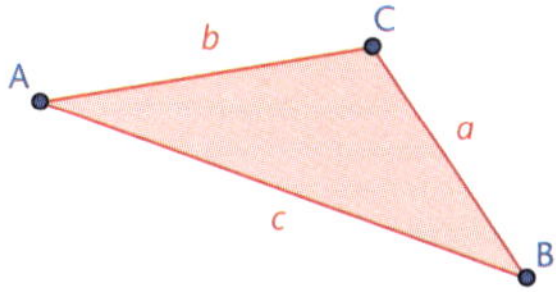

• **Démonstration :** prouvons la première égalité.

$BC^2 = \overrightarrow{BC}\cdot\overrightarrow{BC} = (\overrightarrow{BA} + \overrightarrow{AC})\cdot(\overrightarrow{BA} + \overrightarrow{AC})$.

Donc $BC^2 = BA^2 + AC^2 + 2\overrightarrow{BA}\cdot\overrightarrow{AC} \Rightarrow a^2 = c^2 + b^2 - 2\overrightarrow{AB}\cdot\overrightarrow{AC}$

$= c^2 + b^2 - 2AB \times AC \times \cos(\overrightarrow{AB}, \overrightarrow{AC})$

$= c^2 + b^2 - 2bc\cos\hat{A}$, ce qu'il fallait démontrer.

On prouve les deux autres égalités de la même façon.

• **Remarques**

1. Ces formules sont des généralisations du théorème de Pythagore dans le cas d'un triangle quelconque. En effet, si le triangle est rectangle en C, $\cos\hat{C} = 0$ et le résultat est connu : $c^2 = a^2 + b^2$.

2. Il suffit de retenir la première égalité. On obtient ensuite la deuxième par **permutation circulaire**, c'est-à-dire en remplaçant a par b, b par c et c par a. On opère de même pour la troisième, à partir de la deuxième.

3. Le nom d'un côté est la lettre minuscule du sommet qui lui est opposé (a est opposé à A, b à B et c à C).

4. On constate donc que lorsqu'on connaît les mesures des trois côtés d'un triangle, on connaît également les mesures de ses trois angles ! Par exemple, $\cos\hat{A} = \dfrac{b^2 + c^2 - a^2}{2bc}$.

• **L'algorithme suivant** donne la valeur de $\hat{A}$, $\hat{B}$, $\hat{C}$ lorsque l'utilisateur lui fournit a, b, c.

Ces valeurs doivent respecter l'inégalité triangulaire.

• La fonction acos est l'équivalent de $\cos^{-1}$. Elle fournit des valeurs en radians, qu'il faut convertir en degrés.

```
a=float(input("a = ?"))
b=float(input("b = ?"))
c=float(input("c = ?"))
anga=acos((b**2+c**2-a**2)/(2*b*c))*180/pi
angb=acos((c**2+a**2-b**2)/(2*c*a))*180/pi
angc=180-anga-angb
print(anga, angb, angc)
```

II L'égalité de la médiane

Théorème : considérons un segment [AB] et I son milieu. Alors, pour tout point M :

$$MA^2 + MB^2 = \frac{1}{2}AB^2 + 2MI^2.$$

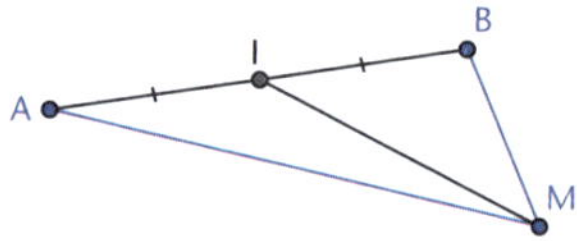

• **Démonstration :** on sait que $\vec{IA} + \vec{IB} = \vec{0}$.

1. $MA^2 = (\vec{MI} + \vec{IA})\cdot(\vec{MI} + \vec{IA}) = MI^2 + 2\vec{MI}\cdot\vec{IA} + IA^2$

$MB^2 = (\vec{MI} + \vec{IB})\cdot(\vec{MI} + \vec{IB}) = MI^2 + 2\vec{MI}\cdot\vec{IB} + IB^2$

Donc :

$$MA^2 + MB^2 = 2MI^2 + IA^2 + IB^2 + 2\vec{MI}\cdot(\vec{IA} + \vec{IB})$$
$$= 2MI^2 + \left(\frac{1}{2}AB\right)^2 + \left(\frac{1}{2}AB\right)^2 = 2MI^2 + \frac{1}{2}AB^2.$$

• **Remarque** : soit M′ le symétrique de M par rapport à I.

L'égalité précédente se traduit par $4MI^2 + AB^2 = 2(MA^2 + MB^2)$, donc :

$$(2MI)^2 + AB^2 = 2(MA^2 + MB^2)$$
$$\Leftrightarrow MM'^2 + AB^2 = 2(MA^2 + MB^2).$$

En posant $\vec{u} = \vec{AM}$ et $\vec{v} = \vec{AM'}$, on obtient l'égalité vue dans la fiche 39 (*in fine*) : $\|\vec{u} + \vec{v}\|^2 + \|\vec{u} - \vec{v}\|^2 = 2(\|\vec{u}\|^2 + \|\vec{v}\|^2)$ car $\vec{u} + \vec{v} = \vec{AB}$ et $\vec{u} - \vec{v} = \vec{M'M}$.

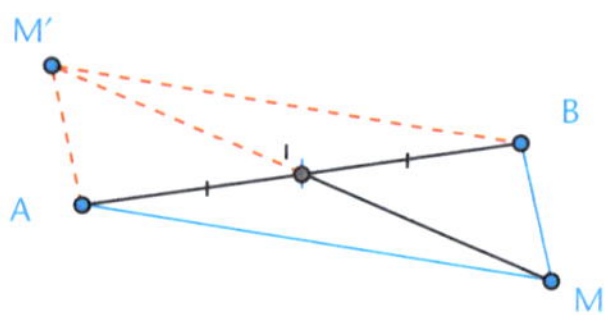

Applications du produit scalaire

1 Lignes de niveau

1. $\overrightarrow{MA} \cdot \overrightarrow{MB} = k$

• **Énoncé :** étant donné deux points fixes A et B, et une constante k, où se trouvent les points M du plan tels que $\overrightarrow{MA} \cdot \overrightarrow{MB} = k$? L'ensemble trouvé s'appelle une **k-ligne de niveau** de l'expression $\overrightarrow{MA} \cdot \overrightarrow{MB}$.

• **Réponse :** soit I le milieu de [AB]. On sait que $\overrightarrow{IA} + \overrightarrow{IB} = \vec{0}$ et $IA = IB = \frac{1}{2}AB$. Donc :

$$\overrightarrow{MA} \cdot \overrightarrow{MB} = k \Leftrightarrow (\overrightarrow{MI} + \overrightarrow{IA}) \cdot (\overrightarrow{MI} + \overrightarrow{IB}) = k$$

$$\Leftrightarrow MI^2 + \overrightarrow{MI} \cdot (\overrightarrow{IB} + \overrightarrow{IA}) + \overrightarrow{IA} \cdot \overrightarrow{IB} = k$$

$$\Leftrightarrow MI^2 - IA^2 = k \Leftrightarrow MI^2 = k + IA^2 \Leftrightarrow MI^2 = k + \frac{1}{4}AB^2.$$

Sachant que MI^2 est un nombre positif :

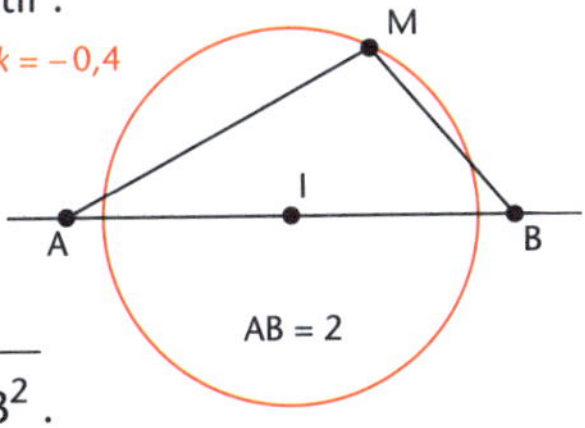

1. Si $k < -\frac{1}{4}AB^2$, alors il n'existe aucun point M tel que $\overrightarrow{MA} \cdot \overrightarrow{MB} = k$.
2. Si $k \geqslant -\frac{1}{4}AB^2$, alors :

$$MI^2 = k + \frac{1}{4}AB^2 \Leftrightarrow IM = \sqrt{k + \frac{1}{4}AB^2}.$$

Les points M se trouvent donc sur le cercle de centre I, de rayon $\sqrt{k + \frac{1}{4}AB^2}$, qui peut être réduit au seul point I dans le cas où $k = -\frac{1}{4}AB^2$.

2. $\overrightarrow{AM} \cdot \overrightarrow{AB} = k$

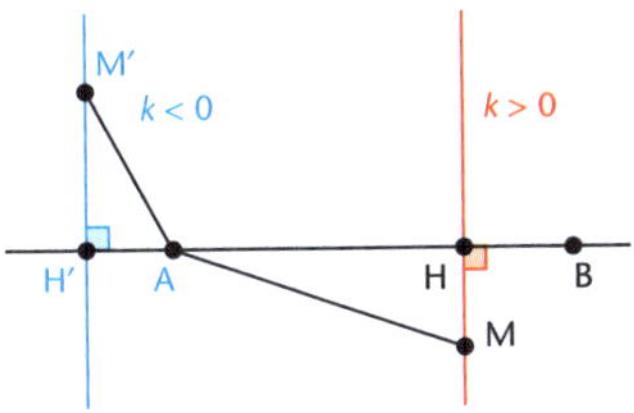

• Soit H la projection orthogonale de M sur (AB), on a $\overrightarrow{AH} \cdot \overrightarrow{AB} = \overrightarrow{AM} \cdot \overrightarrow{AB} = k$.

Les positions possibles de H sont indiquées en fonction du signe de k.

La *k*-ligne de niveau est la droite perpendiculaire à (AB) passant par H.

Si $k = 0$ la ligne de niveau est la pe pendiculaire à (AB) passant par A.

II Centre de gravité et optimisation

• **Énoncé :** on donne un triangle ABC et un point M. Est-il possible de trouver un point M qui minimise l'expression $MA^2 + MB^2 + MC^2$?

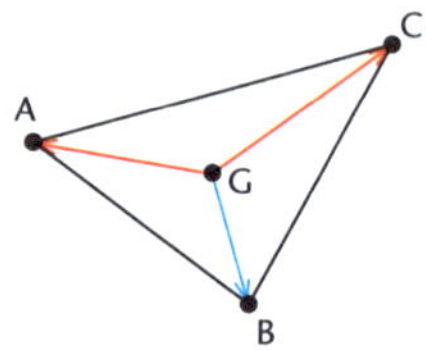

• **Réponse :** pour résoudre ce problème, on utilise le centre de gravité G du triangle. Il vérifie la relation $\overrightarrow{GA} + \overrightarrow{GB} + \overrightarrow{GC} = \vec{0}$.

• On a :

$$MA^2 = \overrightarrow{MA} \cdot \overrightarrow{MA} = (\overrightarrow{MG} + \overrightarrow{GA}) \cdot (\overrightarrow{MG} + \overrightarrow{GA}) = MG^2 + 2\overrightarrow{MG} \cdot \overrightarrow{GA} + GA^2.$$

De même, $MB^2 = MG^2 + 2\overrightarrow{MG} \cdot \overrightarrow{GB} + GB^2$ et

$$MC^2 = MG^2 + 2\overrightarrow{MG} \cdot \overrightarrow{GC} + GC^2.$$

Donc : $MA^2 + MB^2 + MC^2$

$$= 3MG^2 + 2\overrightarrow{MG} \cdot (\overrightarrow{GA} + \overrightarrow{GB} + \overrightarrow{GC}) + GA^2 + GB^2 + GC^2$$

$$MA^2 + MB^2 + MC^2 = 3MG^2 + GA^2 + GB^2 + GC^2.$$

• MG^2 étant positif, il en résulte que, pour tout point M, $MA^2 + MB^2 + MC^2 \geq GA^2 + GB^2 + GC^2$.

$GA^2 + GB^2 + GC^2$ est donc la valeur minimale de l'expression $MA^2 + MB^2 + MC^2$ et elle est atteinte pour $M = G$.

• L'expression $MA^2 + MB^2 + MC^2$ est donc minimale pour une seule et même valeur de M, qui est le centre de gravité du triangle ABC.

• **Remarque :** si on remplace successivement M par A, B, C dans la relation surlignée on obtient :

$$AB^2 + AC^2 = 4AG^2 + GB^2 + GC^2$$
$$BA^2 + BC^2 = 4BG^2 + GA^2 + GC^2$$
$$CA^2 + CB^2 = 4CG^2 + GA^2 + GB^2$$

Par addition et après simplification : $2(AB^2 + BC^2 + CA^2) = 6(GA^2 + GB^2 + GC^2)$.

Donc : $GA^2 + GB^2 + GC^2 = \frac{1}{3}(AB^2 + BC^2 + CA^2)$.

La valeur minimale de l'expression $MA^2 + MB^2 + MC^2$ est donc $\frac{1}{3}(AB^2 + BC^2 + CA^2)$.

En particulier, si le triangle ABC es équilatéral de côté *a*, alors la valeu minimale est égale à a^2.

Exercice commenté pas à pas

Produit scalaire et orthogonalité

On considère un triangle ABC isocèle en A, I le milieu de [BC] et H le projeté orthogonal de I sur [AC]. On note J le milieu de [IH]. On veut démontrer que les droites (AJ) et (BH) sont perpendiculaires.

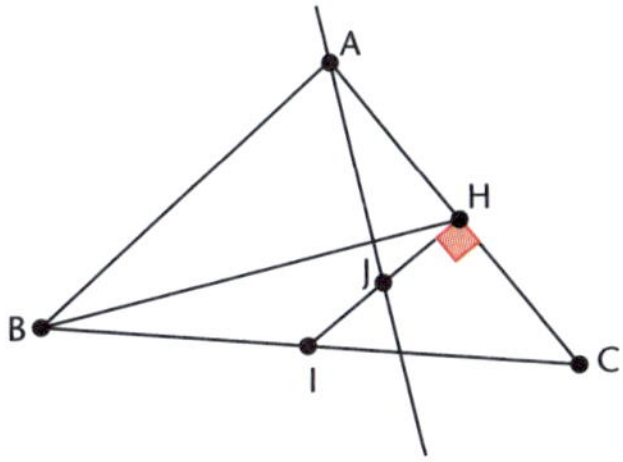

1. a. Exprimer la somme $\overrightarrow{AI} + \overrightarrow{AH}$ en fonction de $\overrightarrow{AJ}$.

b. En déduire que $\overrightarrow{AJ} \cdot \overrightarrow{BH} = \frac{1}{2}(\overrightarrow{AI} \cdot \overrightarrow{BH} + \overrightarrow{AH} \cdot \overrightarrow{BH})$.

2. Montrer que $\overrightarrow{AI} \cdot \overrightarrow{BH} = \overrightarrow{AI} \cdot \overrightarrow{CH}$.

3. a. Montrer que $\overrightarrow{AH} \cdot (\overrightarrow{BH} - \overrightarrow{HC}) = 0$.

b. En déduire que $\overrightarrow{AH} \cdot \overrightarrow{BH} = \overrightarrow{AH} \cdot \overrightarrow{HC}$.

4. Conclure.

Avant de commencer

► Pour résoudre ce problème, on devra faire appel aux vecteurs et à leurs propriétés ; on utilisera aussi la condition d'orthogonalité de deux vecteurs.

→ Utiliser la somme vectorielle liée au parallélogramme.

1. a. Le vecteur somme $\overrightarrow{AI} + \overrightarrow{AH}$ est le sommet S du parallélogramme AHSI. J étant le centre de ce parallélogramme, on a $\overrightarrow{AI} + \overrightarrow{AH} = 2\overrightarrow{AJ}$.

→ Effectuer le produit scalaire par $\overrightarrow{BH}$ de la somme vectorielle précédente.

b. On a donc

$$\overrightarrow{AJ} = \frac{1}{2}(\overrightarrow{AI} + \overrightarrow{AH}) \Rightarrow \overrightarrow{AJ} \cdot \overrightarrow{BH} = \frac{1}{2}(\overrightarrow{AI} + \overrightarrow{AH}) \cdot \overrightarrow{BH}$$

$$= \frac{1}{2}(\overrightarrow{AI} \cdot \overrightarrow{BH} + \overrightarrow{AH} \cdot \overrightarrow{BH}),$$

ce qu'il fallait démontrer.

Utiliser la relation de Chasles en introduisant le point C.

2. $\overrightarrow{AI} \cdot \overrightarrow{BH} = \overrightarrow{AI} \cdot (\overrightarrow{BC} + \overrightarrow{CH}) = \overrightarrow{AI} \cdot \overrightarrow{BC} + \overrightarrow{AI} \cdot \overrightarrow{CH} = \overrightarrow{AI} \cdot \overrightarrow{CH}$. En effet, $\overrightarrow{AI} \cdot \overrightarrow{BC} = 0$, puisque la droite (AI) est la médiatrice de [BC].
En effet, le triangle ABC est isocèle en A donc (AI) est perpendiculaire à (BC).

Introduire le point I en vous rappelant qu'il est le milieu de [BC].

3. a. $$\begin{aligned}\overrightarrow{AH} \cdot (\overrightarrow{BH} - \overrightarrow{HC}) &= \overrightarrow{AH} \cdot (\overrightarrow{BI} + \overrightarrow{IH} - (\overrightarrow{HI} + \overrightarrow{IC}))\\ &= \overrightarrow{AH} \cdot (\overrightarrow{BI} + \overrightarrow{IH} - \overrightarrow{HI} - \overrightarrow{IC})\\ &= \overrightarrow{AH} \cdot (\overrightarrow{BI} - \overrightarrow{IC} + 2\overrightarrow{IH}).\end{aligned}$$

Or, $\overrightarrow{BI} - \overrightarrow{IC} = \vec{0}$ car I est le milieu de BC. Donc :
$\overrightarrow{AH} \cdot (\overrightarrow{BH} - \overrightarrow{HC}) = 2\overrightarrow{AH} \cdot \overrightarrow{IH} = 0$, car les droites (AH) et (IH) sont perpendiculaires. C'est ce qu'il fallait démontrer.

Utiliser la relation précédente.

b. $$\begin{aligned}\overrightarrow{AH} \cdot (\overrightarrow{BH} - \overrightarrow{HC}) = 0 &\Rightarrow \overrightarrow{AH} \cdot \overrightarrow{BH} - \overrightarrow{AH} \cdot \overrightarrow{HC} = 0\\ &\Rightarrow \overrightarrow{AH} \cdot \overrightarrow{BH} = \overrightarrow{AH} \cdot \overrightarrow{HC},\end{aligned}$$

ce qu'il fallait démontrer.

Montrer que $\overrightarrow{AJ} \cdot \overrightarrow{BH} = 0$.

4. D'après la question 1, $\overrightarrow{AJ} \cdot \overrightarrow{BH} = \frac{1}{2}(\overrightarrow{AI} \cdot \overrightarrow{BH} + \overrightarrow{AH} \cdot \overrightarrow{BH})$. Donc :

$$\overrightarrow{AJ} \cdot \overrightarrow{BH} = \frac{1}{2}(\overrightarrow{AI} \cdot \overrightarrow{CH} + \overrightarrow{AH} \cdot \overrightarrow{HC}) = \frac{1}{2}\overrightarrow{CH} \cdot (\overrightarrow{AI} - \overrightarrow{AH}) = \frac{1}{2}\overrightarrow{CH} \cdot \overrightarrow{HI} = 0$$

car les droites (CH) et (HI) sont perpendiculaires.

C'est ce qu'il fallait démontrer.

On en déduit que les vecteurs $\overrightarrow{AJ}$ et $\overrightarrow{BH}$ sont orthogonaux car leur produit scalaire est nul.

Il en résulte que les droites (AJ) et (BH) sont perpendiculaires, ce qu'il fallait démontrer.

Calcul vectoriel et produit scalaire

QUIZ-Mémorisation active

1 Produit scalaire

Questions	Réponses
Comment connaître le signe du produit scalaire de deux vecteurs ?	Si $\vec{u} = \overrightarrow{AB}$ et si $\vec{v} = \overrightarrow{AC}$, alors le produit scalaire $\vec{u} \cdot \vec{v}$ est positif si l'angle saillant $\widehat{BAC}$ est aigu. Dans le cas contraire, il est négatif.
Comment calculer $\lVert\vec{u} + \vec{v}\rVert$ et $\lVert\vec{u} - \vec{v}\rVert$ à l'aide du produit scalaire $\vec{u} \cdot \vec{v}$?	On sait que : $\lVert\vec{u} + \vec{v}\rVert^2 = \lVert\vec{u}\rVert^2 + \lVert\vec{v}\rVert^2 + 2\vec{u} \cdot \vec{v}$ et $\lVert\vec{u} - \vec{v}\rVert^2 = \lVert\vec{u}\rVert^2 + \lVert\vec{v}\rVert^2 - 2\vec{u} \cdot \vec{v}$.
La formule $xx' + yy'$ servant à calculer le produit scalaire de deux vecteurs $\vec{u}$ et $\vec{u'}$ de coordonnées respectives $(x\ ;\ y)$ et $(x'\ ;\ y')$, est-elle valable dans n'importe quel repère ?	**Non.** Elle n'est valable que si le repère est orthonormé. Cela signifie que les vecteurs de base (en général $\vec{i}$ et $\vec{j}$) doivent être orthogonaux et de longueur 1.

2 Formules d'Al-Kashi et lignes de niveau

Questions	Réponses
Dans un triangle non rectangle dont on connaît la longueur des trois côtés, est-il possible de calculer les mesures de ses trois angles ?	**Oui.** D'après les formules d'Al-Kashi, si $\hat{A}$ est la mesure de l'angle opposé au côté de mesure a, alors $\cos\hat{A} = \dfrac{b^2 + c^2 - a^2}{2bc}$. On calcule de même $\cos\hat{B}$ et $\hat{C} = 180° - \hat{A} - \hat{B}$.
Qu'est-ce qu'une ligne de niveau ?	Une ligne de niveau est un ensemble de points qui vérifient une égalité dépendante d'un nombre k. Par exemple, l'ensemble des points M du plan vérifiant $\overrightarrow{MA} \cdot \overrightarrow{MB} = 2$ (ici $k = 2$), A et B étant donnés.
On donne deux points A et B. Quelle est la ligne de niveau de l'égalité $\overrightarrow{AM} \cdot \overrightarrow{AB} = -1$?	C'est la droite perpendiculaire à (AB), la coupant en un point H tel que $\overrightarrow{AH} \cdot \overrightarrow{AB} = -1$.

SCHÉMA-BILAN

Calculer $\vec{u} \cdot \vec{v}$
($\vec{u}$ et $\vec{v}$ étant deux vecteurs)

$\vec{u} = \vec{0}$ ou $\vec{v} = \vec{0}$?

oui → $\vec{u} \cdot \vec{v} = 0$.

non ↓

Avec le projeté orthogonal

- $\vec{u} = \overrightarrow{AB}$; $\vec{v} = \overrightarrow{AC}$; H projeté orthogonal de C sur (AB).
- $\vec{u} \cdot \vec{v} = AB \times AH$ si $\overrightarrow{AB}$ et $\overrightarrow{AH}$ sont de même sens.
- $\vec{u} \cdot \vec{v} = -AB \times AH$ si $\overrightarrow{AB}$ et $\overrightarrow{AH}$ sont de sens contraires.

↓

Avec un cosinus

- $\vec{u} = \overrightarrow{AB}$; $\vec{v} = \overrightarrow{AC}$; $\vec{u} \cdot \vec{v} = AB \times AC \times \cos\widehat{BAC}$.

↓

Dans un repère orthonormé

- Soit $\vec{u}(x;y)$ et $\vec{v}(x';y')$, alors $\vec{u} \cdot \vec{v} = xx' + yy'$.

↓

Avec des normes

- $\vec{u} \cdot \vec{v} = \frac{1}{2}(\|\vec{u} + \vec{v}\|^2 - \|\vec{u}\|^2 - \|\vec{v}\|^2)$

  $\vec{u} \cdot \vec{v} = \frac{1}{4}(\|\vec{u} + \vec{v}\|^2 - \|\vec{u} - \vec{v}\|^2)$

Sachant que $\|\vec{u}\|^2 = \vec{u} \cdot \vec{u}$, $\|\vec{v}\|^2 = \vec{v} \cdot \vec{v}$, etc.

Produit scalaire et droites

❶ Équations cartésiennes de droites

On se place dans un repère orthonormé $(O\,;\vec{i},\vec{j})$.

1. Vecteur normal à une droite

• **Définition :** un **vecteur normal à une droite** est un vecteur non nul perpendiculaire à cette droite.

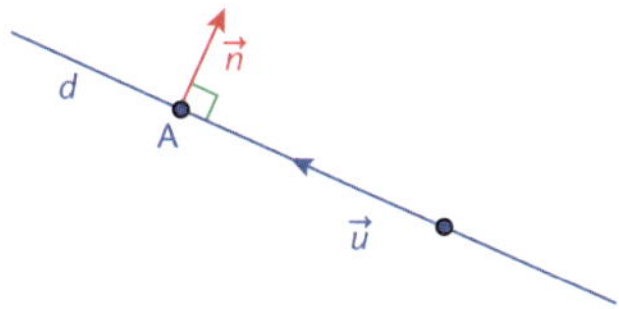

• **Remarques**

1. Une droite a une infinité de vecteurs normaux.

2. Si $\vec{n}$ est un vecteur normal à d et si $\vec{u}$ en est un vecteur directeur, alors $\vec{n}\cdot\vec{u} = 0$.

2. Équations et vecteur normal

Supposons qu'un vecteur normal à d soit $\vec{n}(a\,;b)$.

• $M(x\,;y) \in d$ si, et seulement si, $\overrightarrow{AM}$ et $\vec{n}$ sont orthogonaux, donc si, et seulement si, $\overrightarrow{AM}\cdot\vec{n} = 0$.

Les coordonnées de $\overrightarrow{AM}$ sont $(x - x_A\,;y - y_A)$ donc :

$$\overrightarrow{AM}\cdot\vec{n} = 0 \Leftrightarrow (x - x_A)\,a + (y - y_B)\,b = 0 \Leftrightarrow ax + by - ax_A - by_A = 0.$$

Cette dernière équation est de la forme $ax + by + c = 0$.

• Réciproquement : soit a, b et c trois constantes telles que $(a\,;b) \neq (0\,;0)$.
Soit d la droite d'équation $ax + by + c = 0$. Un vecteur directeur $\vec{u}$ a pour coordonnées $(-b\,;a)$. Le vecteur $\vec{n}(a\,;b)$ est perpendiculaire à $\vec{u}$ car $(-b)\,a + ab = 0$. $\vec{n}$ est donc un vecteur normal à d.
On en déduit le théorème suivant.

• **Théorème :** soit $\vec{n}(a\,;b)$ un vecteur non nul.
1. Toute droite dont un vecteur normal est $\vec{n}$ a une équation de la forme $ax + by + c = 0$.
2. Réciproquement : soit a, b et c trois constantes telles que $(a\,;b) \neq (0\,;0)$. La droite d'équation $ax + by + c = 0$ a un vecteur normal de coordonnées $(a\,;b)$.

Exemples :

1. Toute droite parallèle à l'axe des ordonnées a pour équation $x = k$ (k est une constante).

Un vecteur normal a pour coordonnées (1 ; 0) : c'est $\vec{i}$.
De même, toute droite parallèle à l'axe des abscisses a pour vecteur normal $\vec{j}$.

2. Si l'équation réduite d'une droite est $y = mx + p$, alors un vecteur normal a pour coordonnées $(m ; -1)$.

II Droites perpendiculaires

• **Théorème :** deux droites d et d' d'équations respectives $ax + by + c = 0$ et $a'x + b'y + c' = 0$ sont perpendiculaires si, et seulement si, $aa' + bb' = 0$.

• **Corollaire :** deux droites d et d' d'équations réduites respectives $y = mx + p$ et $y = m'x + p'$ sont perpendiculaires si, et seulement si, $mm' = -1$.

• **Remarques**

1. La condition $aa' + bb' = 0$ est à rapprocher de la condition de parallélisme $ab' - a'b = 0$, mais il ne faut pas confondre les deux !

2. Les deux droites d et d' sont perpendiculaires si, et seulement si, leurs vecteurs directeurs (de coordonnées respectives $(-b ; a)$ et $(-b' ; a')$) sont orthogonaux ; donc si, et seulement si, $(-b)(-b') + aa' = 0$. On retrouve la condition du théorème.

3. Pour savoir si deux droites (AB) et (A'B') sont perpendiculaires, il suffit de savoir si les deux vecteurs $\overrightarrow{AB}$ et $\overrightarrow{A'B'}$ sont orthogonaux.

• **Énoncé :** trouver les coordonnées du projeté orthogonal H de A(–1, 2) sur la droite d d'équation $x - y = 0$.

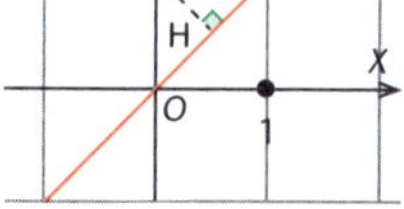

• **Réponse :** le vecteur $\vec{n}(1, -1)$ est normal à d et est colinéaire à $\overrightarrow{AH}$. D'après la règle du déterminant, $\vec{n}$ est colinéaire à $\overrightarrow{AH}$ si, et seulement si, $(x_H + 1)(-1) - (y_H - 2) \times 1 = 0$ donc $x_H + y_H = 1$.

D'autre part, $H \in d$ donc $x_H = y_H$.

On a alors $x_H = y_H = \frac{1}{2}$.

On généralise sans peine la technique précédente pour trouver les coordonnées du projeté orthogonal d'un point sur une droite.

Produit scalaire et cercles

FICHE 45

I Équations cartésiennes de cercles

1. Équations

On se place dans un repère orthonormé $(O\,;\vec{i},\vec{j})$.

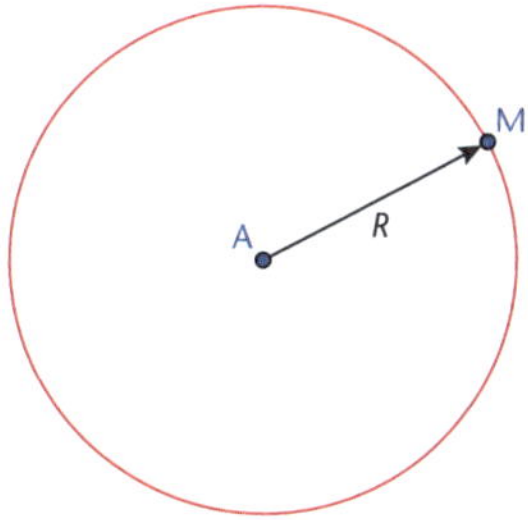

• Soit $A(a\,;b)$ un point et R un nombre positif. On cherche à trouver une condition nécessaire et suffisante, portant sur les coordonnées d'un point $M(x\,;y)$, pour que M appartienne au cercle $\mathscr{C}$ de centre A et de rayon R.

Un point M appartient à $\mathscr{C}$ si, et seulement si, $AM = R$.

Donc : $AM = R \Leftrightarrow AM^2 = R^2 \Leftrightarrow (x-a)^2 + (y-b)^2 = R^2$

$$\Leftrightarrow x^2 + y^2 - 2ax - 2by + a^2 + b^2 - R^2 = 0.$$

• Cette équation est de la forme $x^2 + y^2 - 2ax - 2by + c = 0$ où a, b et c sont trois constantes, dépendant des coordonnées de A et de R, et $c = a^2 + b^2 - R^2$. On en déduit le théorème suivant.

• **Théorème :** tout cercle de centre $A(a\,;b)$ a pour équation :

$$(x-a)^2 + (y-b)^2 = R^2.$$

On peut aussi l'écrire sous la forme $x^2 + y^2 - 2ax - 2by + c = 0$ où c est une constante dépendant de a, b et R.

• **Remarques**

1. Le cercle de centre O et de rayon 1 a pour équation $x^2 + y^2 - 1 = 0$. En effet, $OM^2 = 1 \Leftrightarrow x^2 + y^2 = 1$. Ce cercle s'appelle le **cercle unité**.

2. Un cercle de centre donné a une infinité d'équations.
Si $x^2 + y^2 - 2ax - 2by + c = 0$ est l'une d'elles, alors toute équation de la forme $k(x^2 + y^2 - 2ax - 2by + c) = 0$, en est une autre ($k$ étant un nombre non nul).

2. Ensemble $x^2 + y^2 - 2ax - 2by + c = 0$

Considérons trois constantes a, b et c. L'ensemble des points $M(x\,;y)$ vérifiant l'équation $x^2 + y^2 - 2ax - 2by + c = 0$ est :

• un cercle si, et seulement si, $a^2 + b^2 - c \geqslant 0$;

• l'ensemble vide si $a^2 + b^2 - c < 0$.

En effet :

$$x^2 + y^2 - 2ax - 2by + c = 0$$
$$\Leftrightarrow (x-a)^2 + (y-b)^2 = a^2 + b^2 - c.$$

Cette équation a des solutions en x et y si, et seulement si, $a^2 + b^2 - c \geqslant 0$, ce qu'il fallait démontrer.

• **Remarques**

1. Si $a^2 + b^2 - c > 0$, alors $R = \sqrt{a^2 + b^2 - c}$.

2. Si $a^2 + b^2 - c = 0$, alors le cercle est réduit à un point car son rayon est nul.

3. Cercle de diamètre [AB]

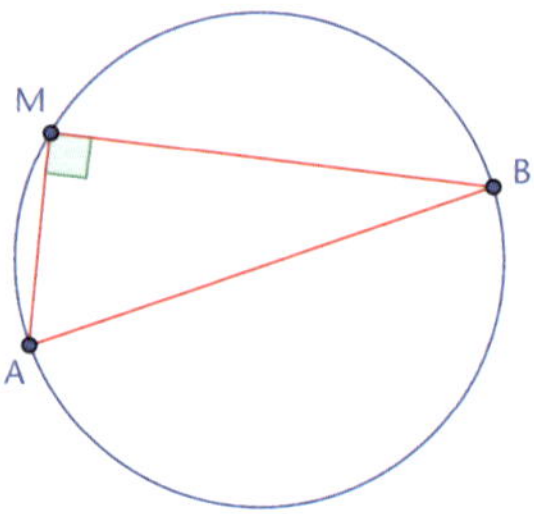

• Soit $A(x_A\ ;\ y_A)$ et $B(x_B\ ;\ y_B)$ deux points. D'après le théorème du triangle rectangle inscrit dans un cercle (vu au collège), un point $M(x, y)$ appartient au cercle de diamètre [AB] si, et seulement si, l'angle $\widehat{AMB}$ est droit, donc si, et seulement si :

$$\overrightarrow{MA}\cdot\overrightarrow{MB} = 0.$$

Le centre du cercle est évidemment le milieu de [AB] et son rayon $\frac{1}{2}$ AB.

• La traduction analytique de cette égalité fournit l'équation $(x-x_A)(x-x_B)+(y-y_A)(y-y_B)=0$, qui conduit à une équation cartésienne du cercle.

II Tangente à un cercle en un point

• **Énoncé :** déterminer une équation cartésienne de la tangente à un cercle de centre $I(a\ ;\ b)$ et de rayon R en un point $A(x_A\ ;\ y_A)$.

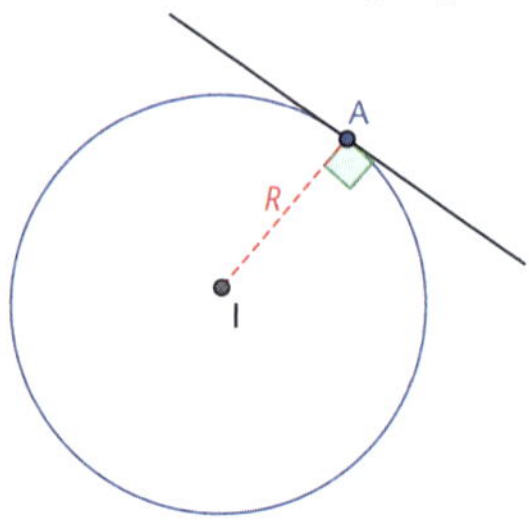

• **Réponse :** un vecteur normal à la tangente étant $\overrightarrow{IA}$, un point $M(x\ ;\ y)$ appartient à la tangente si, et seulement si :

$$\overrightarrow{AM}\cdot\overrightarrow{IA} = 0.$$

On trouve :
$(x - x_A)(x_A - a) + (y - y_A)(y_A - b) = 0$, que l'on peut réduire sous la forme $\alpha x + \beta y + \gamma = 0$.

Produit scalaire et coordonnées

Soit $b > 0$ un nombre. Dans un repère orthonormé, on donne les points A(1, 0) et B(0, b) et la droite Δ d'équation $y = x$. Les points I, J et K sont construits comme indiqué.
On veut démontrer que les points I, J et K appartiennent à un même cercle.

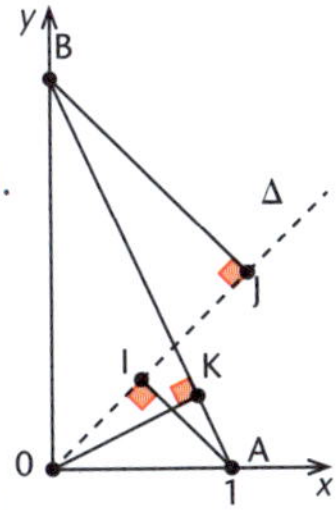

1. a. Sachant que $\overrightarrow{BJ}$ est colinéaire à $\vec{n}$, vecteur normal à Δ, trouver les coordonnées de J.
b. Trouver graphiquement les coordonnées de I.
2. a. Montrer qu'une équation cartésienne de la droite (AB) est $x + \dfrac{y}{b} = 1$ et en déduire un vecteur normal $\vec{m}$.
b. Trouver les coordonnées de K.
3. a. Calculer les coordonnées de $\overrightarrow{KI}$. On admet que $\overrightarrow{KJ}$ a pour coordonnées $\left(\dfrac{b(b-1)^2}{2(b^2+1)} ; \dfrac{b(b^2-1)}{2(b^2+1)}\right)$.
b. Conclure après avoir calculé $\overrightarrow{KI} \cdot \overrightarrow{KJ}$.

Il existe un réel k tel que $\overrightarrow{BJ} = k\vec{n}$.

1. a. Une équation cartésienne de Δ étant $x - y = 0$, on peut choisir $\vec{n}$ de coordonnées (1, –1). Les coordonnées de $k\vec{n}$ sont donc $(k ; -k)$.

Les coordonnées de $\overrightarrow{BJ}$ sont $\begin{pmatrix} x_J \\ y_J - b \end{pmatrix}$; on a donc à la fois $\begin{cases} x_J = k \\ y_J - b = -k \end{cases}$ et $y_J = x_J$. Donc $b - k = k \Leftrightarrow k = \dfrac{b}{2}$.

Les coordonnées de J sont donc $\left(\dfrac{b}{2} ; \dfrac{b}{2}\right)$.

b. Par lecture graphique, les coordonnées de I sont $\left(\dfrac{1}{2} ; \dfrac{1}{2}\right)$.

→ Les coordonnées de A et B vérifient l'équation.

2. a. Les coordonnées de A vérifient l'équation car $1+\frac{0}{b}=1$.
Il en est de même pour B car $0+\frac{b}{b}=1$. Ainsi, la droite (AB) a pour équation $x+\frac{y}{b}=1$. Un vecteur normal $\vec{m}$ à la droite (AB) a donc pour coordonnées $\left(1\ ;\ \frac{1}{b}\right)$.

→ Il existe un réel *c* tel que $\overrightarrow{OK}=c\vec{m}$. De plus, $K \in$ (AB).

b. Il existe un réel c tel que $\overrightarrow{OK}=c\vec{m}$. Donc : $\begin{cases} x_K = c \\ y_K = \frac{c}{b} \end{cases}$. De plus,

$$x_K+\frac{y_K}{b}=1 \text{ donc } c+\frac{c}{b^2}=1 \Leftrightarrow \frac{c(b^2+1)}{b^2}=1 \Leftrightarrow c=\frac{b^2}{b^2+1}.$$

Les coordonnées de K sont donc $\left(\frac{b^2}{b^2+1}\ ;\ \frac{b}{b^2+1}\right)$.

→ Utiliser les formules usuelles.

3. a. On a $\overrightarrow{KI}\,(x_I-x_K\ ;\ y_I-y_K)$.

$$x_I-x_K=\frac{1}{2}-\frac{b^2}{b^2+1}=\frac{b^2+1-2b^2}{2(b^2+1)}=\frac{1-b^2}{2(b^2+1)} \text{ et}$$

$$y_I-y_K=\frac{1}{2}-\frac{b}{b^2+1}=\frac{b^2+1-2b}{2(b^2+1)}=\frac{(b-1)^2}{2(b^2+1)}.$$

→ Utiliser l'expression « *xx′ + yy′* ».

b. $\overrightarrow{KI}\cdot\overrightarrow{KJ}=(x_I-x_K)(x_J-x_K)+(y_I-y_K)(y_J-y_K)$

$$=\frac{1-b^2}{2(b^2+1)}\,\frac{b(b-1)^2}{2(b^2+1)}+\frac{(b-1)^2}{2(b^2+1)}\,\frac{b(b^2-1)}{2(b^2+1)}$$

$$=\frac{b(b-1)^2(1-b^2+b^2-1)}{4(b^2+1)^2}=0.$$

K appartient donc au cercle de diamètre [IJ], ce qu'il fallait démontrer car K, I et J appartiennent tous trois au même cercle.

Géométrie repérée

QUIZ-Mémorisation active

1 Produit scalaire et droites

Questions	Réponses
Une droite a pour équation cartésienne $ax + by + c = 0$. Donnez un vecteur normal à cette droite.	Un vecteur **normal** $\vec{n}$ a pour coordonnées $(a ; b)$. On pourra le rapprocher d'un vecteur **directeur** qui a pour coordonnées $(-b ; a)$.
Comment écrire une équation cartésienne de la droite Δ passant par un point $A(x_A ; y_A)$ et dont un vecteur normal est $\vec{n}(a,b)$?	$M(x ; y) \in \Delta \Leftrightarrow \overrightarrow{AM} \cdot \vec{n} = 0$ $\Leftrightarrow (x - x_A)a + (y - y_A)b = 0$ On est conduit à une relation de la forme $ax + by + c = 0$.
Quelle relation simple relie les pentes de deux droites perpendiculaires, dont on connaît les équations réduites ?	Dans un repère orthonormé, les équations de Δ et Δ′ étant respectivement $y = mx + p$ et $y = m'x + p'$: $\Delta \perp \Delta' \Leftrightarrow mm' = -1$.
Deux droites ont pour équations respectives $ax + by + c = 0$ et $a'x + b'y + c' = 0$. Comment sait-on si ces droites sont perpendiculaires ?	Dans un repère orthonormé, les deux droites sont perpendiculaires si, et seulement si, $aa' + bb' = 0$.

2 Produit scalaire et cercles

Questions	Réponses
Soit a, b, c trois réels. L'ensemble des points $M(x ; y)$ vérifiant $ax^2 + by^2 - 2ax - 2by + c = 0$ est-il toujours un cercle ?	**Non.** Tout dépend de c : l'ensemble décrit est un cercle si, et seulement si, $a^2 + b^2 - c \geqslant 0$.
Quelle est l'équation cartésienne réduite du cercle trigonométrique ?	$x^2 + y^2 = 1$ car un point $M(x ; y)$ appartient au cercle trigonométrique (de centre O et de rayon 1) si, et seulement si, $OM^2 = 1$.
Comment trouver les coordonnées du centre du cercle dont l'équation réduite est $x^2 + y^2 - 2ax - 2by + c = 0$?	Le centre du cercle a pour coordonnées $(a ; b)$.
Comment trouver le rayon d'un cercle dont une équation cartésienne est $x^2 + y^2 - 2ax - 2by + c = 0$?	Si R est le rayon alors $R^2 = a^2 + b^2 - c$. Cette dernière expression est positive car l'équation est celle d'un cercle.

SCHÉMA-BILAN

Déterminer une équation d'un cercle dans un repère orthonormé

Centre : I$(a\,;\,b)$. Rayon : $r = \sqrt{a^2 + b^2 - c}$.

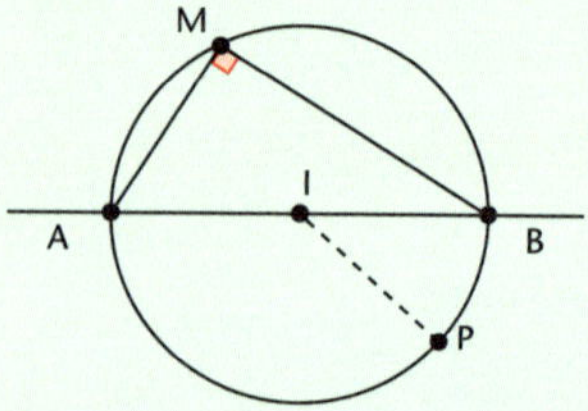

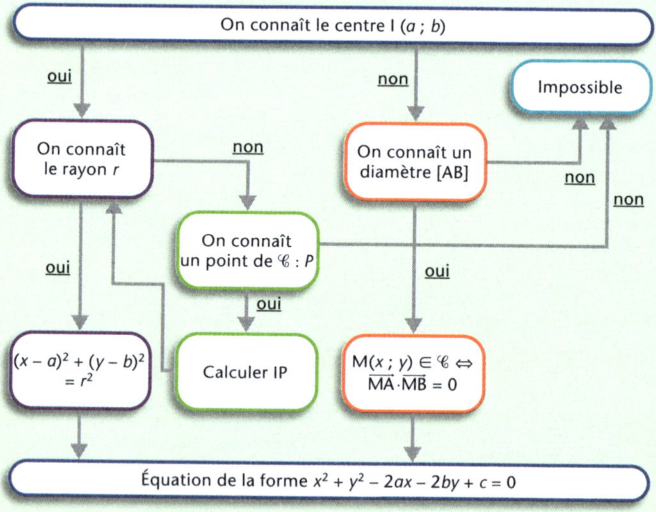

Succession de deux épreuves indépendantes

FICHE 48

Lorsqu'on effectue deux expériences identiques et indépendantes l'une à la suite de l'autre, on peut utiliser un **arbre de probabilité** ou un **tableau à double entrée**.

I De quoi s'agit-il ?

• On effectue une certaine expérience deux fois. On suppose que le résultat de la première expérience n'a aucune influence sur le résultat de la seconde. Dans ce cas, on dit que les deux expériences sont **indépendantes**.

Exemples : jets successifs d'une pièce de monnaie ou de deux dés, tirages **avec remise** dans une urne ou un jeu de cartes, etc.

• Si l'expérience a deux issues, on les nomme respectivement **succès** (S) et **échec** ($E = \overline{S}$). On convient de noter $P(S) = p$ et $P(\overline{S}) = q$, donc $p + q = 1$.

• **Remarque :** les raisonnements développés dans cette fiche ne s'appliquent pas lorsqu'on effectue des tirages sans remise.

II Utilisation d'arbres ou de tableaux

1. Arbres de probabilité

• Trois règles régissent l'usage d'un arbre de probabilité (ou **arbre pondéré**).

1. La somme des probabilités portées par des branches de **même racine** est égale à 1.

2. La probabilité de l'évènement élémentaire figurant au bout d'un chemin est égale au produit des probabilités figurant sur les branches de ce chemin (**principe multiplicatif**).

3. La probabilité d'un évènement est égale à la somme des probabilités des évènements élémentaires qui le composent (**principe additif**).

Exemple : on a répété trois fois la même épreuve, les trois essais étant indépendants.

D'après le principe multiplicatif :

$$P(\text{SEE}) = P(\text{ESE}) = P(\text{EES}) = q^2p$$

D'après le principe additif, la probabilité d'obtenir un succès et deux échecs est égale à $3q^2p$.

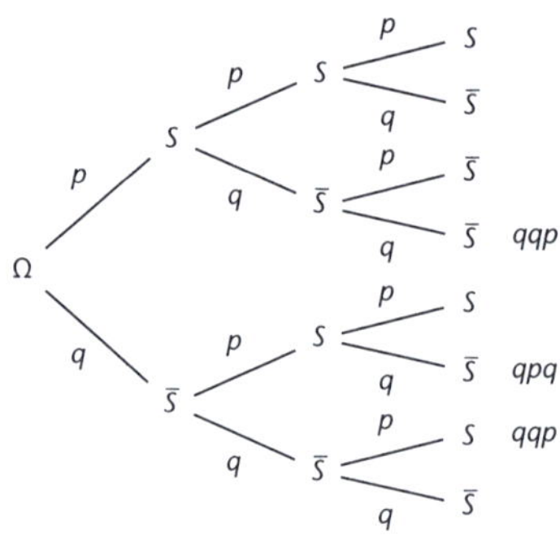

2. Tableaux

• Une roue de loterie comporte six secteurs de même taille, comme sur la figure ci-dessous.

On la fait tourner une première fois, on note le nombre obtenu sous le repère rouge, puis l'on répète l'opération une seconde fois. On cherche la probabilité pour que le produit des nombres obtenus soit égal à 1.

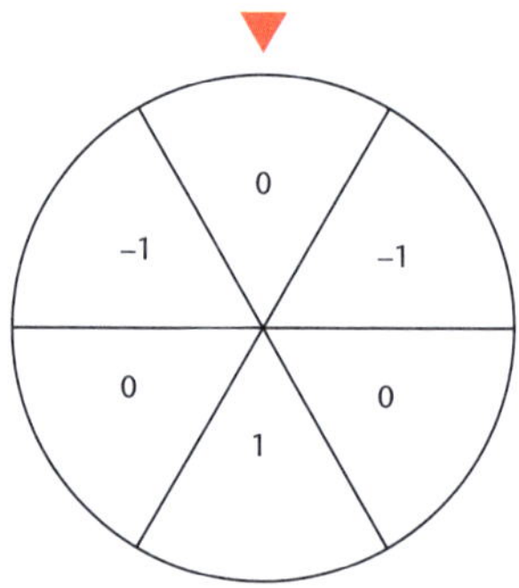

• On représente sous la forme d'un tableau tous les évènements élémentaires : il y en a 36.

Essai1↓ Essai 2 →	–1	–1	0	0	0	1
–1	(–1 ; –1)	(–1 ; –1)	(–1 ; 0)	(–1 ; 0)	(–1 ; 0)	(–1 ; 1)
–1	(–1 ; –1)	(–1 ; –1)	(–1 ; 0)	(–1 ; 0)	(–1 ; 0)	(–1 ; 1)
0	(0 ; –1)	(0 ; –1)	(0 ; 0)	(0 ; 0)	(0 ; 0)	(0 ; 1)
0	(0 ; –1)	(0 ; –1)	(0 ; 0)	(0 ; 0)	(0 ; 0)	(0 ; 1)
0	(0 ; –1)	(0 ; –1)	(0 ; 0)	(0 ; 0)	(0 ; 0)	(0 ; 1)
1	(1 ; –1)	(1 ; –1)	(1 ; 0)	(1 ; 0)	(1 ; 0)	(1 ; 1)

• Les évènements élémentaires sont **équiprobables**. C'est pourquoi la probabilité cherchée est égale à $\frac{5}{36}$. En effet, le produit des deux nombres est égal à 1 si, et seulement si, les deux nombres sont tous les deux égaux à 1 ou à –1 (en rouge dans le tableau).

Conditionnement et indépendance

FICHE 49

I Probabilité conditionnelle

- **Définition :** soit A un évènement de probabilité non nulle.

La probabilité de B sachant A est le nombre : $P_A(B) = \dfrac{P(A \cap B)}{P(A)}$.

De cette égalité, on déduit la **formule des probabilités composées** : $P(A \cap B) = P_A(B)P(A)$. Puisque A et B jouent des rôles symétriques : $P(B \cap A) = P_A(B)P(A)$.

- L'évènement A étant donné, on définit une probabilité P_A qui a toutes les propriétés d'une probabilité classique. En particulier, pour tout évènement B et C :

$$P_A(\bar{B}) = 1 - P_A(B),\ P_A(B \cup C) = P_A(B) + P_A(C) - P_A(B \cap C).$$

- Il ne faut pas confondre $P(A \cap B)$ et $P_A(B)$. Par exemple, considérons un sac où il y a des jetons blancs (B) ou noirs (N), carrés (C) ou ronds (R), répartis selon le tableau suivant. On prélève un jeton du sac. La probabilité qu'il soit B **et** R est 0,17 : $P(B \cap R)$; la probabilité qu'il soit B sachant qu'il est R, noté $P_R(B)$, est $\dfrac{17}{40}$.

Couleur / Forme	B	N	Total
C	0,22	0,38	0,6
R	0,17	0,23	0,4
Total	0,39	0,61	1

II Indépendance

- **Intuitivement :** dire que deux évènements **A et B sont indépendants** signifie que la réalisation de l'un n'influence pas la réalisation de l'autre. Autrement dit : $P_A(B) = P(B)$.

- **Formellement :** dire que deux évènements A et B sont indépendants signifie que $P(A \cap B) = P(A)P(B)$.

- $P_A(B) = P(B) \Leftrightarrow \dfrac{P(A \cap B)}{P(A)} = P(B) \Leftrightarrow P(A \cap B) = P(A)P(B)$.

- La formule « intuitive » suppose que l'on ait $P(A) \neq 0$ alors que l'autre ne le suppose pas.

• La notion d'indépendance de deux évènements dépend donc de la probabilité définie dans l'univers considéré. Il ne faut pas la confondre avec l'incompatibilité qui ne dépend pas de la probabilité considérée. En effet, A et B sont incompatibles signifie que $A \cap B = \varnothing$.

• Pour calculer $P(A \cap B)$, on dispose de deux formules ; le contexte permettra de trancher : $P(A \cap B) = P(A) + P(B) - P(A \cap B)$ ou $P(A)P(B)$ (si, et seulement si, A et B sont indépendants).

III Probabilités totales

1. La formule

• Dire que les évènements A_1, A_2, A_3 forment une **partition ou un système complet d'évènements** de Ω signifie qu'ils remplissent trois conditions : aucun n'est vide ; ils sont deux à deux disjoints ; leur réunion est l'univers Ω.

• Pour une telle partition, on a, pour tout évènement X, la formule des probabilités totales : $P(X) = P(X \cap A_1) + P(X \cap A_2) + P(X \cap A_3)$ $\Leftrightarrow P(X) = P_{A_1}(X)P(A_1) + P_{A_2}(X)P(A_2) + P_{A_3}(X)P(A_3)$. On généralise sans peine à 2, 4, 5 … évènements.

• **Remarque :** dans le cas où A n'est ni $\varnothing$ ni Ω, A et $\overline{A}$ forment une partition de Ω. Par exemple : Blanc, Noir ; Pair, Impair ; Pile, Face, etc.

2. Arbre de probabilités

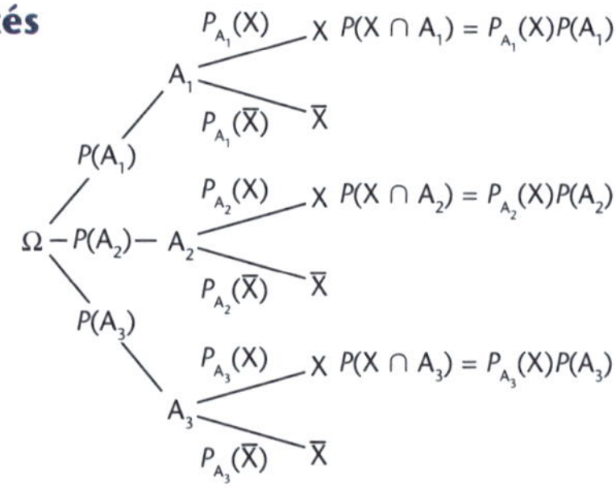

• L'arbre ci-contre, où les évènements A_i forment une partition de Ω, permet souvent de résoudre les exercices.

• On calcule $P(X \cap A_1)$ en multipliant les probabilités situées sur les branches de l'arbre qui arrivent à X en passant par A_1.

Formule de Bayes : dans cet arbre, on ne peut pas lire $P_X(A_1)$. Pour calculer cette probabilité en s'aidant de l'arbre on écrit $P_X(A_1) = \dfrac{P(X \cap A_1)}{P(X)} = \dfrac{P_{A_1}(X)P(A_1)}{P(X)}$.

• La somme des probabilités des branches de même origine est égale à 1.

| Exemple : $P_{A_1}(X) + P_{A_1}(\overline{X}) = 1$.

Variables aléatoires

FICHE 50

I Définition d'une variable aléatoire

1. Exemples euristiques

• Lorsqu'on effectue une expérience aléatoire, on peut observer ses issues, c'est-à-dire les évènements élémentaires qu'elle produit, sous différents angles :

• lorsqu'on jette une pièce de monnaie 5 fois de suite, on peut s'intéresser au nombre N de « piles » obtenus, ou encore au nombre de fois F où « pile » est apparu à un lancer pair ;

• lorsqu'on prélève 6 fois de suite une boule avec remise dans une urne contenant des boules blanches (B) et des boules vertes (V), on peut s'intéresser au nombre X de B obtenus, au nombre de fois Y où on a obtenu exactement deux V à la suite l'un de l'autre, etc.

• lorsqu'on jette deux dés, on peut examiner la somme S des points marqués ou le numéro maximum M obtenu.

• On peut ainsi définir des fonctions aléatoires N, F, X, Y, S et M qui, à tout évènement élémentaire, associent un nombre. Il est d'usage d'appeler ces fonctions des variables aléatoires.

2. Généralisation

• **Définition :** au cours d'une expérience aléatoire, une variable aléatoire est une fonction qui, à tout évènement élémentaire, associe un nombre.

Exemple : avec les fonctions précédentes : $N(PPFPF) = 3$, $N(FPPFF) = 2$, $X(BRRRBB) = 3$, $S(4, 5) = 9$, etc.

• **Remarques**

1. Le mot aléatoire indique que les valeurs prises par la variable aléatoire dépendent du hasard (*alea* signifie « jeu de hasard » en latin).

2. Soit X une variable aléatoire. L'ensemble des valeurs qu'elle prend se note $X(\Omega)$. Dans l'exemple des dés, $S(\Omega) = \{2, 3, 4, \ldots, 11, 12\}$ et $M(\Omega) = \{1, 2, 3, 4, 5, 6\}$.

II Loi de probabilité

1. La théorie

• **Définition :** soit X une variable aléatoire. La loi de probabilité de X est la fonction notée f qui à tout $x \in \mathbb{R}$ associe $P(X = x)$. Donc :

$$f(x) = P(X = x).$$

Exemple : avec les exemples précédents,

$$P(S = 3) = P\big((1, 2) \cup (2, 1)\big) = \frac{1}{36} + \frac{1}{36} = \frac{1}{18}.$$

$$P(M = 2) = P\big((1, 2) \cup (2, 2) \cup (2, 1)\big) = \frac{3}{36} = \frac{1}{12}.$$

2. La pratique

• Jusqu'à présent, pour pouvoir étudier une fonction, il fallait déterminer ses variations. Avec les lois de probabilité, ce n'est plus le cas.

• Pour déterminer la loi de probabilité d'une variable aléatoire, il est nécessaire de dresser le tableau suivant, sachant que $X(\Omega) = \{x_1, x_2, \ldots, x_n\}$:

x	x_1	x_2	…	x_n
$P(X = x)$	p_1	p_2	…	p_n

• **Remarques**

1. On a $\sum_{k=1}^{n} p_k = p_1 + p_2 + \ldots + p_n = 1$. En effet, les évènements $(X = x_1), (X = x_2), \ldots, (X = x_n)$ forment une partition de Ω.

2. De plus, $x \notin X(\Omega) \Leftrightarrow P(X = x) = 0$. Par exemple, $P(N = 6) = 0$ car il est impossible d'obtenir 6 « piles » au cours de 5 lancers.

3. On peut représenter graphiquement la loi de probabilité d'une variable aléatoire à l'aide d'un diagramme à bâtons ou d'un histogramme. C'est le cas ci-dessous, sachant que $X(\Omega) = \{-3, 0, 4, 5, 7\}$.

x	–3	0	4	5	7
$P(X = x)$	0,25	0,15	0,3	0,1	0,2

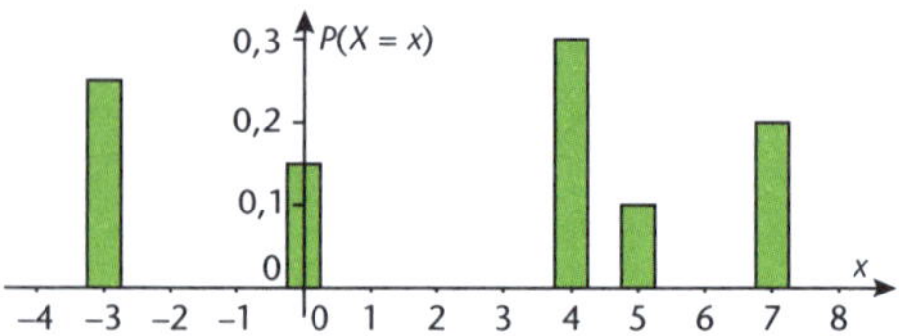

Espérance et variance

Dans la suite, on considère une variable aléatoire X et on pose $X(\Omega) = \{x_1, x_2,\ldots, x_n\}$. Pour tout $k \in \{1, 2,\ldots, n\}$, on note $p_k = P(X = x_k)$.

I Espérance

1. Définition

- L'espérance de X est le nombre noté $E(X)$, ainsi défini :

$$\sum_{k=1}^{n} x_k p_k = x_1 p_1 + x_2 p_2 + \ldots + x_n p_n.$$

- Remarques

1. On désigne aussi l'espérance d'une variable aléatoire par le terme moyenne. C'est pourquoi on la note parfois $\overline{X}$ (lire : « X barre »), comme pour les statistiques.
2. Si X est constante de valeur b, alors $E(X) = b$.

2. Propriétés

- Théorème : soit X une variable aléatoire, a et b deux réels. Alors :

$$E(aX + b) = aE(X) + b.$$

- Démonstration : la variable aléatoire $Y = aX + b$ prend les valeurs $y_1, y_2,\ldots, y_n$, respectivement égales à $ax_1 + b$, $ax_2 + b$,… et $ax_n + b$. On en déduit :

$$E(Y) = y_1 q_1 + y_2 q_2 + \ldots + y_n q_n = \sum_{k=1}^{n} y_k q_k,$$

où $q_k = P(Y = y_k)$.

D'autre part, $(Y = y_k) \Leftrightarrow (aX + b = ax_k + b) \Leftrightarrow (X = x_k)$ et donc $p_k = q_k$.

Par conséquent, puisque $\sum_{k=1}^{n} p_k = 1$:

$$E(Y) = \sum_{k=1}^{n}(ax_k + b)p_k = \sum_{k=1}^{n}(ax_k p_k + bp_k)$$

$$= a\sum_{k=1}^{n} x_k p_k + b\sum_{k=1}^{n} p_k = aE(X) + b,$$

ce qu'il fallait démontrer.

- Remarque : on peut utiliser les fonctions statistiques (à une variable) d'une calculatrice pour calculer l'espérance d'une variable aléatoire. Il suffit de saisir les valeurs de $X(\Omega)$ dans une liste et celles des nombres p_k dans une seconde liste, puis de lire $\overline{X}$.

II Variance et écart-type

1. Définition

- La variance de X est le nombre noté $V(X)$ égal à :

$$\sum_{k=1}^{n}(x_k - E(X))^2 p_k = (x_1 - E(X))^2 p_1 \dots + (x_n - E(X))^2 p_n.$$

- L'**écart-type** de X est le nombre noté $\sigma(X)$ égal à $\sqrt{V(X)}$ ($\sigma(X)$: lire « sigma de X »).

- **Remarques**

1. Sachant que l'espérance d'une variable aléatoire s'appelle aussi sa moyenne, on peut rapprocher la définition précédente de celle de la variance d'une série statistique.
2. Pour calculer la variance d'une variable aléatoire, il est nécessaire d'en avoir calculé l'espérance au préalable.
3. La variance d'une variable aléatoire X est un nombre positif. C'est pourquoi on peut calculer l'écart-type.
4. La variance d'une variable aléatoire est nulle si, et seulement si, elle est constante.

2. Propriétés

- **Théorème** : $V(X) = \sum_{k=1}^{n} x_k^2 p_k - (E(X))^2$.

Ce théorème est admis et fournit un moyen de calculer $V(X)$ en utilisant le tableau suivant :

x	x_1	x_2	...	x_n
x^2	x_1^2	x_2^2	...	x_n^2
$p(X = x)$	p_1	p_2	...	p_n

Notons X^2 la variable aléatoire prenant les valeurs $x_1^2, x_2^2, \dots, x_n^2$ et posons $\sum_{k=1}^{n} x_k^2 p_k = E(X^2)$.

Alors la formule précédente s'écrit : $V(X) = E(X^2) - (E(X))^2$, où il faut bien dessiner les parenthèses.

Il s'agit de la formule de Konig-Huygens.

- **Théorème** : soit X une variable aléatoire, où a et b sont deux réels. Alors :

$$V(aX + b) = a^2 V(X).$$

Ce théorème est admis. On remarque que b n'intervient pas.

Tirages et variable aléatoire

Une urne contient trois pièces de 2 € et sept pièces de 1 €. On tire deux pièces l'une après l'autre sans remise.

1. Déterminer les probabilités des évènements.

A : « On tire deux pièces de 2 € »

B : « On tire deux pièces de 1 € »

C : « On tire une pièce de 1 € et une pièce de 2 € »

2. a. Déterminer la loi de probabilité de X, somme des valeurs de deux pièces tirées.

b. Calculer l'espérance de X.

3. On effectue trois tirages de deux pièces comme précédemment, les deux pièces étant remises dans l'urne après chaque tirage.

Calculer la probabilité de l'évènement « On tire deux fois exactement une somme supérieure à 3 € ».

→ Un arbre de probabilité permet de clarifier la situation.

1. Faites un arbre de probabilité. En l'interprétant, on trouve :

$P(A) = \frac{3}{10} \times \frac{2}{9} = \frac{1}{15}$, car au premier tirage il y a 3 pièces de 2 € sur 10 et au second, il n'en reste plus que 2 sur 9. De même :

$$P(B) = \frac{7}{10} \times \frac{6}{9} = \frac{7}{15}$$

$$P(C) = 1 - \left(\frac{1}{15} + \frac{7}{15}\right) = 1 - \frac{8}{15} = \frac{7}{15}.$$

→ Utiliser les résultats de la question n° 1.

2. a. On a $X(\Omega) = \{2, 3, 4\}$. De plus :

$P(X = 2) = P(B)$, $P(X = 3) = P(C)$ et $P(X = 4) = P(A)$. On en déduit le tableau ci-dessous.

k	2	3	4
$P(X = k)$	$\frac{7}{15}$	$\frac{7}{15}$	$\frac{1}{15}$

Utiliser la formule de définition de $E(X)$.

b. $E(X) = 2 \times \frac{7}{15} + 3 \times \frac{7}{15} + 4 \times \frac{1}{15} = \frac{39}{15} = \frac{13}{5}$.

Il s'agit d'une répétition de trois épreuves identiques et indépendantes les unes des autres.

3. Dire que la somme obtenue est supérieure à 3 € équivaut à dire qu'elle est égale à 4 €. L'arbre ci-dessous résume la situation.

La probabilité cherchée est donc égale à $\left(\frac{1}{15}\right)^2 \times \frac{14}{15} \times 3$,

c'est-à-dire environ 1 %. En effet, il faut identifier les chemins comprenant exactement deux 4 ; il y en a trois et ils portent chacun les probabilités $\left(\frac{1}{15}\right)^2 \times \frac{14}{15}$.

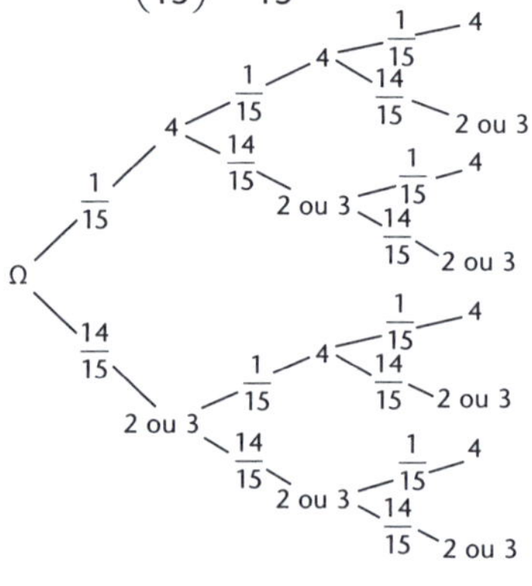

• **Remarque** : dans le cas de deux tirages **avec remise**, on obtient les probabilités résumées dans le graphique ci-dessous. La probabilité d'obtenir 2 € (respectivement 3 et 4) est égale à 0,49 (respectivement 0,42 et 0,09).

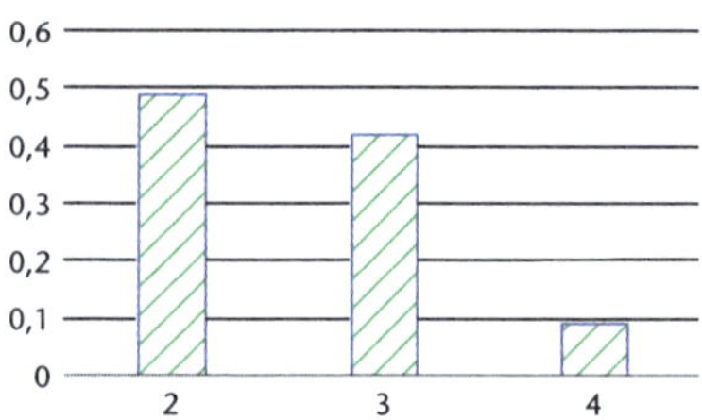

Statistiques et probabilités

FICHE 53

QUIZ-Mémorisation active

1 Conditionnement et indépendance

Questions	Réponses
Compléter l'arbre de probabilité ci-dessous. 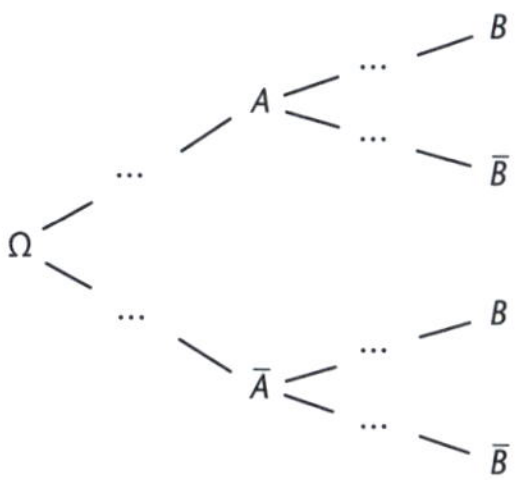	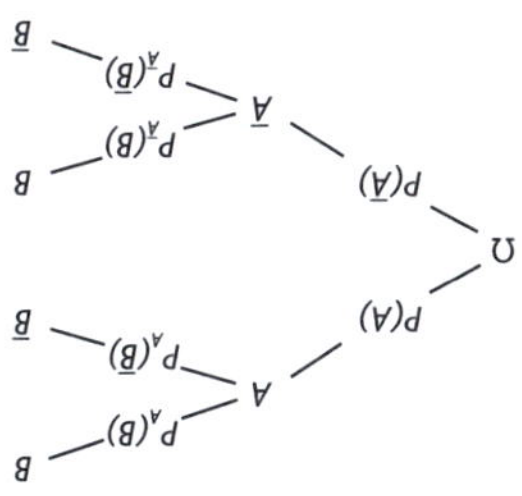
Comment peut-on calculer $P_B(A)$ à l'aide de l'arbre ci-dessus ?	Il suffit d'utiliser la formule de Bayes : $P_B(A) = \dfrac{P_A(B)P(A)}{P(B)}$.
Comment calculer $P(A \cap B)$?	On utilise la formule des probabilités composées : $P(A \cap B) = P_A(B)P(A)$. On multiplie donc les probabilités des branches qui passent par A et B.

2 Variables aléatoires

On considère la variable aléatoire X dont la loi est résumée dans le tableau suivant.

k	-3	-1	0	2	5
$P(X = k)$	$\frac{1}{8}$	$\frac{1}{4}$	p	$\frac{3}{8}$	$\frac{3}{16}$

Questions	Réponses
Que signifie $X(\Omega)$ et que vaut-il dans l'exemple ci-dessus ?	$X(\Omega)$ désigne l'ensemble des valeurs prises par X. Ici $X(\Omega) = \{-3, -1, 0, 2, 5\}$.
Quelle doit être la valeur de p pour que le tableau décrive la loi de X ?	La somme des probabilités figurant dans une loi de probabilité doit être égale à 1. C'est pourquoi $p = 1 - \frac{15}{16} = \frac{1}{16}$.

SCHÉMA-BILAN

Calcul de $V(X)$ avec un tableur, dans la cellule F3 (F2, la cellule contenant la valeur de $E(X)$, se nomme EX)

	A	B	C	D	E	F
1	x	–3	–1	0	2	
2	$P(X = x)$	0,26	0,31	0,19	0,24	=SOMMEPROD (B1 : E1 ; B2 : E2)
3	(x-$E(X)$)^2	=(B1-EX)^2	=(C1-EX)^2	=(D1-EX)^2	=(E1-EX)^2	=SOMMEPROD (B2 : E2 ; B3 : E3)

Simulation en Python de 10 000 lancers d'une pièce truquée (pile tombe dans 54 % des cas et face dans 46 % des cas)

```
from random import * #importation du module random
pile, face=0,0 #initialisation de chaque variable aléatoire
hasard=random() #un nombre choisi au hasard
        for k in range(10000):#10 000 lancers
            if hasard<= 0.54:#54 % de chance d'avoir pile
                pile=pile+1
            else:#46 % de chance d'avoir face
                face=face+1
            hasard=random() #régénération du hasard
print(pile, face) #affichage des valeurs pile et face
```

Maths

Spé Tle

Sommaire

Géométrie

Vecteurs, droites et plans de l'espace

Produit scalaire et orthogonalité

Analyse

Suites

Limites de fonctions

Continuité et dérivation

Vecteurs et translations

I Repères de l'espace

1. Introduction

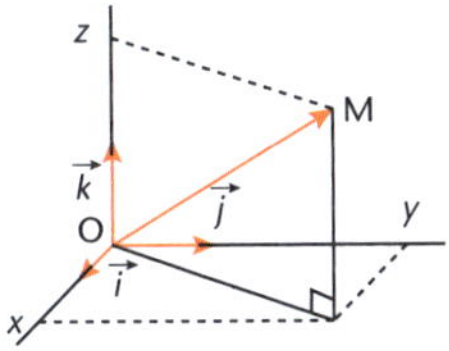

- **Définition** : un **repère de l'espace** est un quadruplet constitué d'un point et de trois vecteurs non coplanaires, par exemple $(O, \vec{i}, \vec{j}, \vec{k})$.
- Pour tout point M de l'espace, il existe trois **nombres uniques** x, y et z tels que $\overrightarrow{OM} = x\vec{i} + y\vec{j} + z\vec{k}$.
- x, y et z sont respectivement l'abscisse, l'ordonnée et la cote de M ou du vecteur $\overrightarrow{OM}$.
- Si les trois vecteurs sont deux à deux orthogonaux et de même longueur, on dit que le repère est **orthonormé**.
- Sur la figure, les segments en pointillés sont perpendiculaires aux axes.
- D'après l'unicité de x, y et z, deux vecteurs sont égaux, si et seulement si, ils ont les mêmes coordonnées dans un même repère.

Pour aller plus loin : rechercher les principes du calcul vectoriel à trois dimensions dans les œuvres de Maxwell, Gibbs, Heaviside.

Le **vecteur nul** est le vecteur dont les coordonnées sont toutes égales à 0 ; il se note $\vec{0}$.

2. Formules

- On donne un repère quelconque de l'espace et les points $A(x_A, y_A, z_A)$, $B(x_B, y_B, z_B)$ dont le milieu est I et deux vecteurs $\vec{u}(x;y;z)$ et $\vec{u}'(x';y';z')$: $\overrightarrow{AB}(x_B - x_A\,;\, y_B - y_A\,;\, z_B - z_A)$;
$I\left(\dfrac{x_B + x_A}{2}\,;\,\dfrac{y_B + y_A}{2}\,;\,\dfrac{z_B + z_A}{2}\right)$; $\vec{u} + \vec{u}'(x + x'\,;\, y + y'\,;\, z + z')$
et $\alpha\vec{u}\,(\alpha x\,;\alpha y\,;\alpha z)$ avec $\alpha \in \mathbb{R}$.
- Translation : la translation t de vecteur $\vec{u}\begin{pmatrix} a \\ b \\ c \end{pmatrix}$ transforme un point $M(x, y, z)$ en un point $M'(x', y', z')$ tel que $\overrightarrow{MM'} = \vec{u} \Leftrightarrow \begin{cases} x' = x + a \\ y' = y + b \\ z' = z + c \end{cases}$.
- On remarque que ces formules généralisent celles que l'on a déjà vues dans le plan.

II Application

• **Énoncé type :** dans l'espace muni d'un repère, on donne trois points A(2 ; 3 ; –1), B(–1 , 2 ,0) et C(1 , –4 , 2). À tout point M(x, y, z), on associe le vecteur $\vec{u} = 2\overrightarrow{MA} - 3\overrightarrow{MB} + 5\overrightarrow{MC}$.

1. Exprimer les coordonnées de $\overrightarrow{MA}$, $\overrightarrow{MB}$, $\overrightarrow{MC}$ en fonction de celles de M.

2. Exprimer les coordonnées de $\vec{u}$ en fonction de celles de M.

3. Démontrer qu'il existe un unique point M tel que $\vec{u} = \vec{0}$. On note G ce point.

4. Exprimer $\vec{u}$ en fonction de $\overrightarrow{MG}$.

• **Réponses :** 1. On a successivement $\overrightarrow{MA}\begin{pmatrix} 2-x \\ 3-y \\ -1-z \end{pmatrix}$, $\overrightarrow{MB}\begin{pmatrix} -1-x \\ 2-y \\ -z \end{pmatrix}$,

$\overrightarrow{MC}\begin{pmatrix} 1-x \\ -4-y \\ 2-z \end{pmatrix}$.

2. Les coordonnées de $\vec{u}$ se calculent ainsi :

$$\begin{pmatrix} 4-2x \\ 6-2y \\ -2-2z \end{pmatrix} + \begin{pmatrix} 3+3x \\ -6+3y \\ 3z \end{pmatrix} + \begin{pmatrix} 5-5x \\ -20-5y \\ 10-5z \end{pmatrix} = \begin{pmatrix} 12-4x \\ -20-4y \\ 8-4z \end{pmatrix}.$$

3. On déduit de la question précédente que $\vec{u} = \vec{0} \Leftrightarrow \begin{cases} 12-4x=0 \\ -20-4y=0, \\ 8-4z=0 \end{cases}$

c'est-à-dire $x = 3$; $y = -5$ et $z = 2$. On vient donc de démontrer qu'il existe un unique point M tel que $\vec{u} = \vec{0}$ et que les coordonnées de ce point sont (3 ; –5 ; 2).

4. On constate que $\begin{pmatrix} 12-4x \\ -20-4y \\ 8-4z \end{pmatrix} = 4\begin{pmatrix} 3-x \\ -5-y \\ 2-z \end{pmatrix}$. Or $\begin{pmatrix} 3-x \\ -5-y \\ 2-z \end{pmatrix}$ sont les coordonnées de $\overrightarrow{MG}$. Par conséquent, $\vec{u} = 4\overrightarrow{MG}$.

Droites et plans de l'espace

FICHE 2

I Droites et plans

1. Deux droites

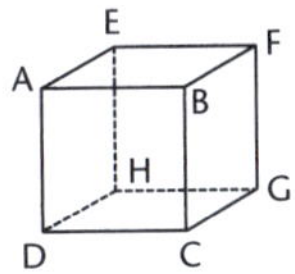

Figure 1

- Dans l'espace, deux droites peuvent être :
  - **coplanaires** et, dans ce cas, elles peuvent être sécantes ou parallèles ;
  - **non coplanaires** et, dans ce cas, elles n'ont aucun point en commun.
- Dans l'espace, il est donc possible que deux droites n'aient aucun point en commun et ne soient pas parallèles, par exemple (AE) et (BC) sur la figure 1 ci-dessus.

2. Une droite et un plan

- Une droite et un plan peuvent :
  - n'avoir **aucun point en commun** et, dans ce cas, la droite est parallèle au plan ;
  - avoir **un seul point commun** et, dans ce cas, la droite perce le plan en ce point ;
  - avoir **une infinité de points en commun** et, dans ce cas, la droite est incluse dans le plan.
- Lorsqu'une droite est parallèle à un plan, elle n'est pas parallèle à toute droite du plan. Ainsi, (EF) est parallèle au plan CDHG ; elle est parallèle à (CD) et (HG) mais n'est pas parallèle à (DH).

3. Deux plans distincts

Deux plans distincts peuvent :
- n'avoir **aucun point en commun** et dans ce cas ils sont parallèles ;
- avoir une **infinité de points en commun** ; ces points sont situés sur une droite qui est l'intersection des deux plans.

4. Trois plans $\mathscr{P}$, $\mathscr{Q}$, $\mathscr{R}$ distincts

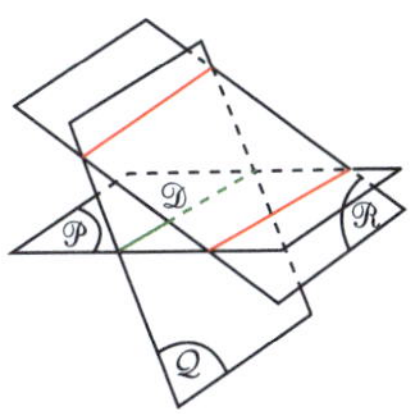

Figure 2

- Si **$\mathscr{P}$ et $\mathscr{Q}$ sont parallèles**, alors les trois plans n'ont aucun point en commun.
- Si **$\mathscr{P}$ et $\mathscr{Q}$ sont sécants** selon une droite $\mathscr{D}$, alors :
  - si **$\mathscr{D}$ est strictement parallèle à $\mathscr{R}$**, les trois plans n'ont aucun point en commun (voir figure 2) ;

• si $\mathscr{D}$ **perce $\mathscr{R}$ en un point A**, alors A est l'unique point commun aux trois plans.
• si $\mathscr{D}$ **est incluse dans $\mathscr{R}$**, alors les trois plans ont une infinité de points en commun, ceux de $\mathscr{D}$ (voir figure 3 ci-contre).

• **Théorème :** trois plans deux à deux distincts peuvent n'avoir aucun point en commun, un seul point en commun ou une infinité de points en commun.

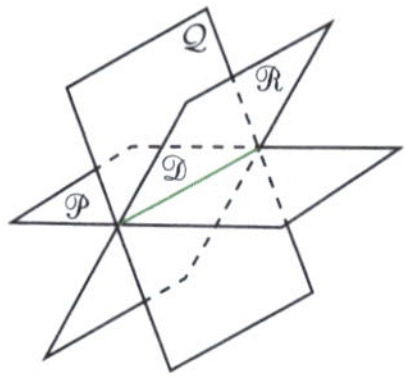

Figure 3

II Propriétés

1. Parallélisme

Si deux plans sont parallèles alors tout plan coupant l'un coupe l'autre et les deux droites d'intersection sont parallèles.

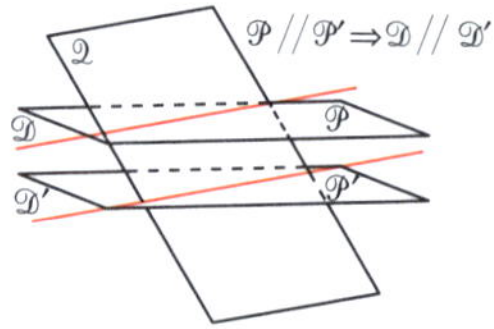

Figure 4

2. Théorème du toit

Soit deux plans $\mathscr{P}$ et $\mathscr{P}'$ sécants selon une droite Δ. Si des droites $\mathscr{D}$ de $\mathscr{P}$ et $\mathscr{D}'$ de $\mathscr{P}'$ sont parallèles, alors chacune d'elles est parallèle à Δ.

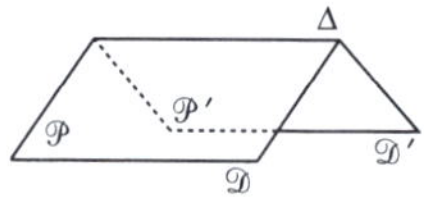

Figure 5

3. Orthogonalité

• Dire qu'une droite $\mathscr{D}$ est **orthogonale** à une droite $\mathscr{D}'$ signifie qu'il existe une droite Δ parallèle à $\mathscr{D}'$ et perpendiculaire à $\mathscr{D}$.

• Deux droites sont **perpendiculaires** si, et seulement si, elles forment un angle droit **et** sont sécantes. Sur la figure 1, (EF) est orthogonale à (DH) car (AE) est parallèle à (DH) et (AE) $\perp$ (EF).

• Dans le plan, deux droites sont orthogonales si, et seulement si, elles sont perpendiculaires.

• Dire qu'une droite est orthogonale à un plan signifie qu'elle est orthogonale à toutes les droites de ce plan.

4. Théorème

Une droite est orthogonale à un plan si, et seulement si, elle est orthogonale à deux droites sécantes de ce plan.

Représentations paramétriques d'une droite

FICHE 3

I Équations paramétriques d'une droite

• On considère un point $A(x_A, y_A, z_A)$, un vecteur non nul $\vec{u}(\alpha, \beta, \gamma)$ et la droite $\mathscr{D}$ passant par A dont un vecteur directeur est $\vec{u}$. Un point $M(x ; y ; z)$ appartient à la droite $\mathscr{D}$ si, et seulement si, les vecteurs $\overrightarrow{AM}$ et $\vec{u}$ sont colinéaires, donc si, et seulement si, il existe un réel t tel que $\overrightarrow{AM} = t\vec{u}$, autrement dit : $\begin{cases} x - x_A = t\alpha \\ y - y_A = t\beta \\ z - z_A = t\gamma \end{cases}$.

Pour aller plus loin : dans sa thèse « théorie des flots et des marées », Grassmann contribue à fonder le calcul vectoriel.

Ces équations s'appellent les équations paramétriques de la droite $\mathscr{D}$.

• Le **paramètre** est t ; c'est un nombre qui varie en fonction de M. Dans le cas de deux droites, on utilise deux paramètres : t et t'.

• Une droite admet une infinité d'équations paramétriques dont l'expression varie en fonction du point et du vecteur directeur choisis.

Exemple : on donne les points A(–1 ; 0 ; 2) et B(3 ; –1 ; 4). Quelles sont les équations paramétriques de la droite (AB) ?

Le vecteur $\overrightarrow{AB}$ a pour coordonnées (4; –1 ; 2) et c'est un vecteur directeur de (AB). Ses équations paramétriques sont donc :

$$\begin{cases} x + 1 = 4t \\ y = -t \\ z - 2 = 2t \end{cases}, \text{ équivalentes à } \begin{cases} x = -1 + 4t \\ y = -t \\ z = 2 + 2t \end{cases}.$$

II Applications

1. Intersection de deux droites

• **Énoncé :** on considère les droites $\mathscr{D}$ et $\mathscr{D}'$ d'équations paramétriques respectives $\begin{cases} x = 2 + t \\ y = 1 - t \\ z = 1 + t \end{cases}$ et $\begin{cases} x = -t' \\ y = -2 - 1{,}5t' \\ z = 3 + t' \end{cases}$.

1. Déterminer un vecteur directeur de chaque droite.
2. Les deux droites sont-elles sécantes ?

• **Réponses**

1. Les vecteurs $\vec{u}(1\,;-1\,;1)$ et $\vec{u'}\left(-1\,;-1{,}5\,;1\right)$ sont des vecteurs directeurs de $\mathcal{D}$ et $\mathcal{D}'$ respectivement.

2. Il n'existe visiblement aucun réel λ tel que $\vec{u} = \lambda\vec{u'}$ car les coordonnées de $\vec{u}$ et $\vec{u'}$ ne sont pas proportionnelles. C'est pourquoi les deux droites ne sont pas parallèles.
$\mathcal{D}$ et $\mathcal{D}'$ sont donc sécantes ou non coplanaires. Voyons s'il est possible qu'elles soient sécantes.
Un point $M(x\,,\,y\,,\,z)$ appartient à la fois à $\mathcal{D}$ et $\mathcal{D}'$ si, et seulement si, ses coordonnées satisfont simultanément les deux équations. Dans ce cas, on doit pouvoir trouver t et t' vérifiant le système

$$\begin{cases} 2+t=-t' \\ 1-t=-2-1{,}5t' \\ 1+t=3+t' \end{cases} \Leftrightarrow \begin{cases} t+t'=-2 \\ t-1{,}5t'=3 \\ t-t'=2 \end{cases}.$$

Par addition des équations 1 et 3, on obtient $2t = 0 \Rightarrow t = 0$. On en déduit $t' = -2$ en remplaçant t par 0 dans l'équation 1.
Comme ces deux valeurs satisfont l'équation 2, on peut dire que $\mathcal{D}$ et $\mathcal{D}'$ sont sécantes et que leur point d'intersection a pour coordonnées $(2\,,\,1\,,\,1)$, obtenues en remplaçant t par 0 ou t' par -2.

2. Deux droites non coplanaires

• **Énoncé :** montrer que les droites $\mathcal{D}$ et $\mathcal{D}'$ d'équations paramétriques respectives $\begin{cases} x=1 \\ y=1+2t \\ z=1-t \end{cases}$ et $\begin{cases} x=3-2t' \\ y=2-4t' \\ z=2-t' \end{cases}$ sont non coplanaires.

• **Réponse :** les coordonnées de $\vec{u}\,(0{,}2{,}-1)$ et $\vec{u'}\,(-2{,}-4{,}-1)$ ne sont pas proportionnelles donc les deux droites ne sont pas parallèles. Cherchons si elles sont sécantes, c'est-à-dire s'il existe t et t' tels que

$$\begin{cases} 1=3-2t' \\ 1+2t=2-4t' \\ 1-t=2-t' \end{cases}.$$

Ce système équivaut à $\begin{cases} t'=1 \\ 2t+4t'=1 \\ t-t'=-1 \end{cases}$. L'équation 3 fournit $t = 0$ car $t' = 1$. On voit alors que ces deux valeurs sont incompatibles avec l'équation 2. C'est pourquoi ces deux droites ne sont pas sécantes.
Non parallèles et non sécantes, $\mathcal{D}$ et $\mathcal{D}'$ sont non coplanaires.

Exercices commentés pas à pas

Droites et plans orthogonaux

Sujet : étude de droites orthogonales et perpendiculaires

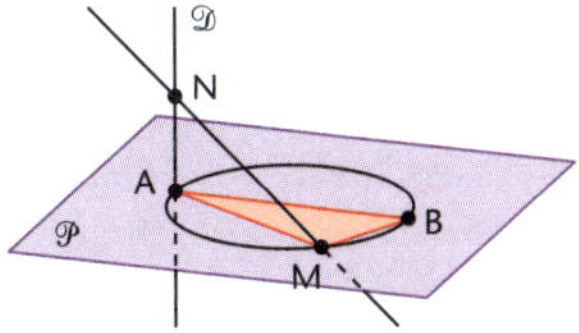

Dans un plan 𝒫, on considère un cercle 𝒞 de diamètre [AB]. Soit 𝒟 la droite orthogonale à 𝒫 passant par A et N un point de 𝒟 distinct de A. On considère un point M de 𝒞 distinct de A et B.

1. Montrer que la droite 𝒟 est incluse dans le plan (MAN).
2. Montrer que (BM) est perpendiculaire à (AM) ;
3. Montrer que (BM) est orthogonale à 𝒟.
4. Montrer que (BM) et (NM) sont perpendiculaires.

➜ Trois points non alignés définissent un plan unique.

1. La droite 𝒟 contient les points A et N. Comme ces deux points appartiennent à 𝒟, la droite 𝒟 est contenue dans le plan (MAN).

➜ Utiliser une propriété d'un triangle inscrit dans un cercle

2. Le triangle (MAN) est inscrit dans le cercle 𝒞 et son côté [AB] est un diamètre de ce cercle. C'est pourquoi il est rectangle en M. La droite (BM) est donc perpendiculaire à (AM).

➜ Utiliser le fait que 𝒟 est orthogonale à 𝒫.

3. La droite 𝒟 étant orthogonale à 𝒫, elle est orthogonale à toute droite de 𝒫, en particulier à (BM).

➜ Montrer au préalable que (*BM*) est orthogonale à (*MAN*).

4. (BM) est orthogonale à deux droites sécantes du plan (MAN) : (AM) et 𝒟. Elle est donc orthogonale à ce plan. Étant orthogonale à (MAN), la droite (BM) est orthogonale à toute droite qui y est contenue, donc en particulier à la droite (MN). Les deux droites (BM) et (MN) sont sécantes en M ; elles sont donc perpendiculaires.

Sujet : étude de la position relative de deux droites de l'espace

Soit $\mathcal{D}$ et $\mathcal{D}'$ les deux droites d'équations paramétriques respectives $\begin{cases} x = 1 + t \\ y = 3 - t \\ z = -1 + t \end{cases}$ et $\begin{cases} x = 3 + t' \\ y = 2 - 2t' \\ z = m + 2t' \end{cases}$.

Examiner l'intersection de $\mathcal{D}$ et $\mathcal{D}'$ suivant les valeurs de m.

→ **On essaiera d'abord de déterminer si les deux droites sont sécantes. Si ce n'est pas le cas, on pourra alors se demander si elles sont parallèles ou non coplanaires.**

Les vecteurs $\vec{u}\begin{pmatrix} 1 \\ -1 \\ 1 \end{pmatrix}$ et $\vec{u'}\begin{pmatrix} 1 \\ -2 \\ 2 \end{pmatrix}$ sont des vecteurs directeurs de $\mathcal{D}$ et $\mathcal{D}'$. Comme leurs coordonnées ne sont pas proportionnelles, les deux droites ne sont pas parallèles. C'est pourquoi elles sont sécantes ou non coplanaires.

Cherchons d'abord si elles sont sécantes, c'est-à-dire si elles ont un point en commun. Si c'est le cas, il existe deux réels t et t' tels que

$$\begin{cases} 1 + t = 3 + t' \\ 3 - t = 2 - 2t' \\ -1 + t = m + 2t' \end{cases} \Leftrightarrow \begin{cases} t - t' = 2 \\ t - 2t' = 1 \\ t - 2t' = m + 1 \end{cases}.$$

Observons les équations 2 et 3 : pour que le système ait des solutions, il faut et il suffit que $m + 1 = 1$, c'est-à-dire $m = 0$.

- Si $m = 0$, le système équivaut à $\begin{cases} t - t' = 2 \\ t - 2t' = 1 \end{cases}$.

Par soustraction : $t' = 1$ et donc $t = 3$. Les deux droites sont donc sécantes en $A(4\ ,\ 0\ ,\ 2)$, obtenu en remplaçant t par 3 ou t' par 1.

- Si $m \neq 0$, les deux droites sont non coplanaires car alors le système n'a pas de solution, donc les deux droites ne sont pas sécantes.

Vecteurs, droites et plans de l'espace

FICHE 5

QUIZ-Mémorisation active

1 Vecteurs et translations

Questions	Réponses
Étant donné deux points $A(x_A, y_A, z_A)$ et $B(x_B, y_B, z_B)$, comment calcule-t-on les coordonnées du milieu de [AB] ? du vecteur $\overrightarrow{AB}$?	Les coordonnées du milieu de [AB] sont les demi-sommes des coordonnées de A et B. Les coordonnées de $\overrightarrow{AB}$ sont $(x_B - x_A, y_B - y_A, z_B - z_A)$: différence des coordonnées de A et B.
Quels liens y a-t-il entre les coordonnées d'un point $M(x, y, z)$ et son image $M'(x', y', z')$ par la translation de vecteur $\vec{u}\begin{pmatrix} a \\ b \\ c \end{pmatrix}$?	Comme $\overrightarrow{MM'} = \vec{u}$ on a : $\begin{cases} x' = x + a \\ y' = y + b. \\ z' = z + c \end{cases}$

2 Droites et plans

Questions	Réponses
Quelle différence y a-t-il entre des droites orthogonales et des droites perpendiculaires ?	Des droites perpendiculaires sont nécessairement sécantes : c'est toujours le cas dans un plan. Dans l'espace, c'est différent : $\mathscr{D}$ est orthogonale à $\mathscr{D}'$ si, et seulement si, il existe une droite parallèle à $\mathscr{D}'$ qui soit perpendiculaire à $\mathscr{D}$.
Si une droite est parallèle à un plan est-elle parallèle à toute droite de ce plan ? Comparer avec une droite orthogonale à un plan.	Non. Il suffit de penser à un cube (voir fiche 02) : (AE) est parallèle à (CDHG) mais n'est pas parallèle à (CD). En revanche, si une droite est orthogonale à un plan, alors elle est orthogonale à toute droite de ce plan.

3 Équations paramétriques d'une droite

Questions	Réponses
Si on connaît les coordonnées de deux points distincts d'une droite, comment faire pour en trouver des équations paramétriques ?	Pour connaître les équations paramétriques d'une droite, il suffit de connaître les coordonnées d'un point et d'un de ses vecteurs directeurs. Il suffit ici de choisir $\overrightarrow{AB}$.

SCHÉMAS-BILANS

Écrire des équations paramétriques d'une droite $\mathcal{D}$ dans l'espace

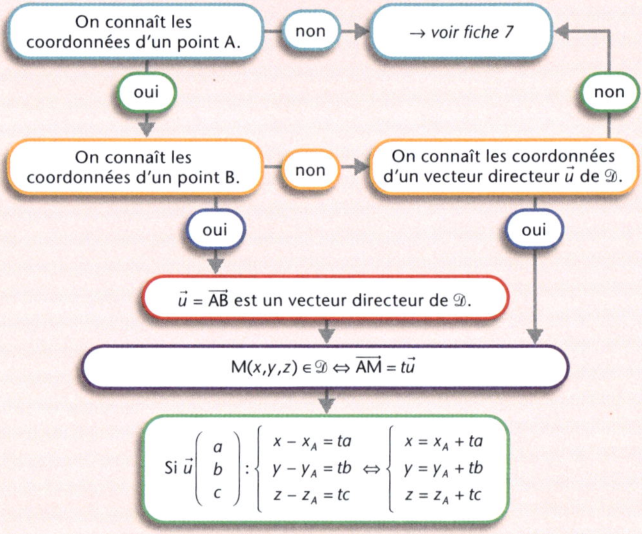

Trouver les coordonnées du point d'intersection éventuel de deux droites $\mathcal{D}$ et $\mathcal{D}'$

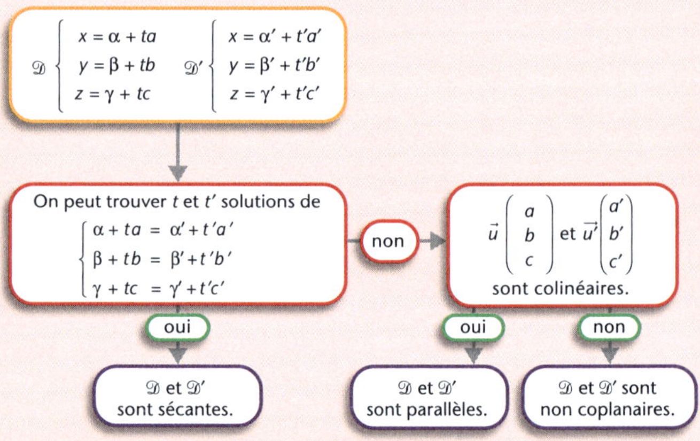

Produit scalaire

FICHE **6**

I Définition et propriétés

1. Définition

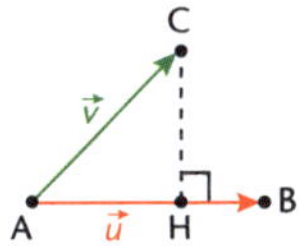

- Soit A, B, C, trois points d'un plan $\mathcal{P}$ et les deux vecteurs $\vec{u} = \overrightarrow{AB}$ et $\vec{v} = \overrightarrow{AC}$.
- Le produit scalaire $\vec{u} \cdot \vec{v}$ est égal au produit scalaire de $\overrightarrow{AB} \cdot \overrightarrow{AC}$ calculé dans $\mathcal{P}$.
- Dans le cas où A, B et C sont deux à deux distincts, $\vec{u} \cdot \vec{v} = \overrightarrow{AB} \cdot \overrightarrow{AH}$, où H est le projeté orthogonal de C sur (AB).

Carré scalaire : $\vec{u} \cdot \vec{u}$ s'appelle le carré scalaire de $\vec{u}$ et se note $\|\vec{u}\|^2$. $\|\vec{u}\| = AB$ est la norme de $\|\vec{u}\|$.

2. Propriétés

- Si A, B et C sont deux à deux distincts, $\vec{u} \cdot \vec{v} = AB \times AC \cos\widehat{BAC}$. On dispose ainsi d'une façon de calculer un angle défini par trois points uniquement à l'aide de leurs coordonnées : $\cos\widehat{BAC} = \dfrac{\overrightarrow{AB} \cdot \overrightarrow{AC}}{AB \times AC}$.
- $\vec{u} \cdot \vec{v} = \vec{v} \cdot \vec{u}$; $(\lambda\vec{u}) \cdot \vec{v} = \lambda(\vec{u} \cdot \vec{v})$; $\vec{u} \cdot (\vec{v} + \vec{w}) = \vec{u} \cdot \vec{v} + \vec{u} \cdot \vec{w}$ $(\lambda \in \mathbb{R})$.
- $\|\vec{u} \pm \vec{v}\|^2 = \|\vec{u}\|^2 \pm 2\vec{u} \cdot \vec{v} + \|\vec{v}\|^2$.
- $(\vec{u} + \vec{v}) \cdot (\vec{u} - \vec{v}) = \|\vec{u}\|^2 - \|\vec{v}\|^2$.

Pour aller plus loin : faire des recherches sur **le produit linéaire,** l'ancêtre du produit scalaire.

- Dans un repère orthonormé de l'espace, les coordonnées de $\vec{u}$ et $\vec{v}$ étant respectivement $(x ; y ; z)$ et $(x' ; y' ; z')$, $\vec{u} \cdot \vec{u'} = xx' + yy' + zz'$. En particulier, $\|\vec{u}\| = \sqrt{x^2 + y^2 + z^2}$.
- Dire que deux vecteurs $\vec{u}$ et $\vec{v}$ sont orthogonaux signifie que leur produit scalaire est égal à 0.
- Deux droites de l'espace sont orthogonales si, et seulement si, leurs vecteurs directeurs sont orthogonaux.
- Un vecteur normal à un plan est un vecteur orthogonal à deux vecteurs non colinéaires de ce plan.

⓫ Pratique : déterminer des angles grâce au produit scalaire

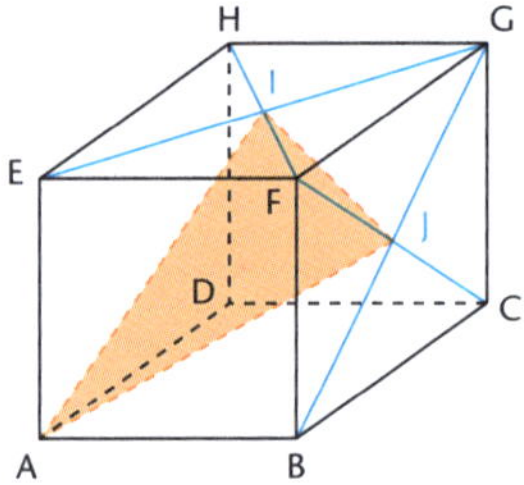

• **Énoncé :** on considère les centres I et J de deux faces non opposées d'un cube. On se propose de calculer une mesure des angles du triangle AIJ à un degré près.

Pour cela, on se place dans le repère orthonormé $(A ; \overrightarrow{AB} ; \overrightarrow{AD} ; \overrightarrow{AE})$.

1. Calculer les coordonnées de I et J.

2. Calculer AI et AJ puis exprimer $\overrightarrow{AI}\cdot\overrightarrow{AJ}$ à l'aide de $\cos(\widehat{IAJ})$.

3. Calculer $\overrightarrow{AI}\cdot\overrightarrow{AJ}$ et en déduire $\cos(\widehat{IAJ})$ puis $\widehat{IAJ}$.

4. En déduire les mesures des deux autres angles.

• **Réponses :**

1. On obtient les coordonnées suivantes : $A\begin{pmatrix}0\\0\\0\end{pmatrix}, B\begin{pmatrix}1\\0\\0\end{pmatrix}, E\begin{pmatrix}0\\0\\1\end{pmatrix}, G\begin{pmatrix}1\\1\\1\end{pmatrix}$.

Le point I est le milieu de [EG] donc ses coordonnées sont (0,5 ; 0,5 ; 1).
Le point J est le milieu de [BG] et ses coordonnées sont donc (1 ; 0,5 ; 0,5).

2. Les coordonnées de $\overrightarrow{AI}$ et $\overrightarrow{AJ}$ sont respectivement $\left(\frac{1}{2} ; \frac{1}{2} ; 1\right)$ et $\left(1 ; \frac{1}{2} ; \frac{1}{2}\right)$.

Donc $AI = \sqrt{0,5^2 + 0,5^2 + 1^2} = \sqrt{0,25 + 0,25 + 1} = \sqrt{1,5} = AJ$, donc $\overrightarrow{AI}\cdot\overrightarrow{AJ} = AI \times AJ \cos\widehat{IAJ} = 1,5\cos\widehat{IAJ}$.

3. D'après la formule, $\vec{u}\cdot\vec{u'} = xx' + yy' + zz'$:

$\overrightarrow{AI}\cdot\overrightarrow{AJ} = 0,5 \times 1 + 0,5 \times 0,5 + 1 \times 0,5 = 1,25 \Rightarrow$

$\cos\widehat{IAJ} = \dfrac{1,25}{1,5} \Rightarrow \widehat{IAJ} \approx 34°$, obtenu avec l'inverse de cosinus.

4. Le triangle AIJ étant isocèle en A, $\widehat{AIJ} = \widehat{AJI} = \dfrac{180° - \widehat{IAJ}}{2} \approx 73°$.

Équations cartésiennes de plans

FICHE 7

❶ Forme générale de l'équation cartésienne d'un plan

On se place dans un repère orthonormé $(O ; \vec{i}, \vec{j}, \vec{k})$ de l'espace.

• **Théorème :** tout plan $\mathcal{P}$ dont un vecteur normal a pour coordonnées $(a ; b ; c)$ a une équation cartésienne de la forme

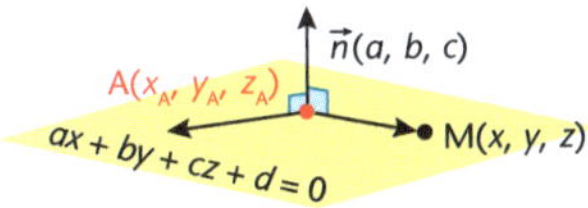

$ax + by + cz + d = 0$.

En effet, soit $A(x_A, y_A, z_A)$ un point de $\mathcal{P}$: $M \in \mathcal{P} \Leftrightarrow \overrightarrow{AM} \cdot \vec{n} = 0$

De plus

$\overrightarrow{AM} \cdot \vec{n} = (x - x_A)a + (y - y_A)b + (z - z_A)c = ax + by + cz + d = 0$

avec $d = -ax_A - by_A - cz_A$ car les coordonnées de $\overrightarrow{AM}$ sont $\begin{pmatrix} x - x_A \\ y - y_A \\ z = z_A \end{pmatrix}$.

• Réciproquement si a, b, c sont trois nombres tels que $(a, b, c) \neq (0, 0, 0)$ toute équation de la forme $ax + by + cz + d = 0$ est celle d'un plan dont $\vec{n}(a ; b ; c)$ est un vecteur normal.

Un vecteur normal à un plan est un vecteur orthogonal à deux vecteurs **non colinéaires** de ce plan.

• Un plan a une infinité d'équations cartésiennes. Si $ax + by + cz + d = 0$ est l'une d'elles, alors $k(ax + by + cz + d) = 0$ en est une autre pour tout réel $k \neq 0$.

Pour aller plus loin : René Descartes a fondé la géométrie repérée. On parle de repères cartésiens en son honneur.

• Deux plans d'équations respectives $ax + by + cz + d = 0$ et $a'x + b'y + c'z + d' = 0$ sont perpendiculaires si, et seulement si, leurs vecteurs normaux le sont, c'est-à-dire si, et seulement si, $aa' + bb' + cc' = 0$.

II Applications

1. Systèmes d'équations

• Tout système de trois **équations à trois inconnues** x, y, z de la forme $\begin{cases} ax + by + cz + d = 0 \\ a'x + b'y + c'z + d' = 0 \\ a''x + b''y + c''z + d'' = 0 \end{cases}$ peut s'interpréter comme l'intersection de trois plans (→ *voir fiche 2*).

2. Droite définie par l'intersection de deux plans

• Une droite peut être définie par un de ses points et un vecteur directeur, mais aussi par l'intersection de deux plans. Comment alors **déterminer ses équations paramétriques** ? L'exemple suivant donne la méthode à suivre.

• **Énoncé** : soit $\mathscr{P}$ et $\mathscr{P}'$ les plans d'équations respectives $x + y + z - 2 = 0$ et $x + 2y - z + 1 = 0$.

1. Montrer que ces deux plans sont sécants selon une droite $\mathscr{D}$.

2. Déterminer des équations paramétriques de $\mathscr{D}$ et en déduire un vecteur directeur (→ *voir fiche 3*).

• **Réponses :**

1. Des vecteurs $\vec{n}$ et $\vec{n'}$ normaux respectivement à $\mathscr{P}$ et $\mathscr{P}'$ ont pour coordonnées respectives $(1 ; 1 ; 1)$ et $(1 ; 2 ; -1)$.

Comme leurs coordonnées ne sont pas proportionnelles, ils ne sont pas colinéaires, donc $\mathscr{P}$ et $\mathscr{P}'$ ne sont pas parallèles. C'est pourquoi ils sont sécants selon une droite $\mathscr{D}$.

2. Les coordonnées d'un point M(x, y, z) de $\mathscr{D}$ vérifient le système $\begin{cases} x + y + z - 2 = 0 \\ x + 2y - z + 1 = 0 \end{cases}$.

Posons $z = t$. Le système équivaut à $\begin{cases} x + y = 2 - t \\ x + 2y = -1 + t \\ z = t \end{cases}$.

Par soustraction des deux premières équations, on trouve $y = -3 + 2t$ et donc : $x = 2 - t - (-3 + 2t) = 5 - 3t$.

Par conséquent, des équations paramétriques de $\mathscr{D}$ sont $\begin{cases} x = 5 - 3t \\ y = -3 + 2t \\ z = t \end{cases}$.

Un vecteur directeur est $\vec{u}\,(-3 ; 2 ; 1)$.

Projection orthogonale

I Projection orthogonale d'un point sur une droite

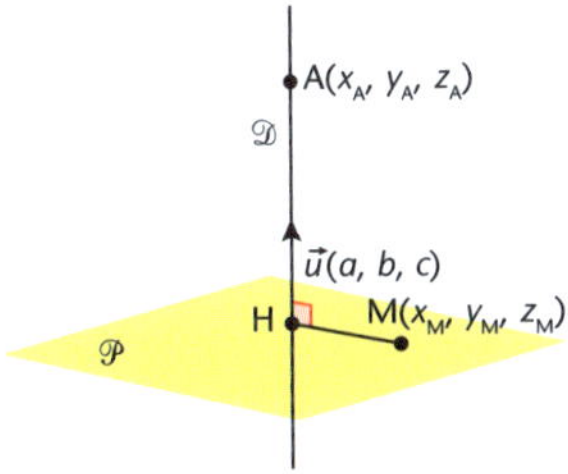

• **Définition :** le projeté orthogonal d'un point M sur une droite 𝒟 est l'intersection du plan 𝒫 passant par M et orthogonal à 𝒟.

Pour trouver les coordonnées de H, on procède par étapes.

• **Étapes**

1. On écrit des équations paramétriques de 𝒟 (→ *voir fiche* 3) et on traduit le fait que H ∈ 𝒟.

Équations paramétriques de 𝒟 : $\begin{cases} x = x_A + ta \\ y = y_A + tb \\ z = z_A + tc \end{cases}$.

$H(x_H, y_H, z_H) \in$ 𝒟 donc : $\begin{cases} x_H = x_A + ta \\ y_H = y_A + tb \\ z_H = z_A + tc \end{cases}$.

2. On détermine l'équation du plan 𝒫, sachant que M ∈ 𝒫 et que $\vec{u}$ est normal à 𝒫 (→ *voir fiche 7*). On trouve $ax + by + cz + d = 0$.

3. On traduit l'appartenance de H à 𝒫 pour trouver t, donc H.

II Projection orthogonale d'un point sur un plan

1. Théorie

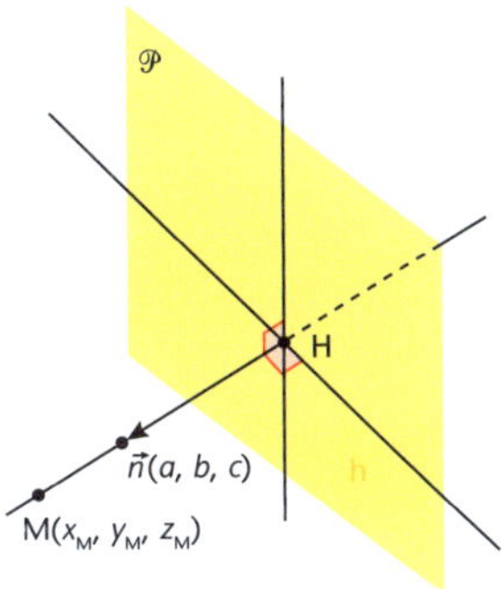

• **Définition :** le projeté orthogonal d'un point M sur un plan 𝒫 est l'intersection de 𝒫 avec la droite orthogonale à 𝒫 passant par M.

Pour trouver les coordonnées de H connaissant une équation cartésienne de 𝒫, on procède par étapes.

1. Chercher des équations paramétriques de la droite (MH) : une équation cartésienne de 𝒫 étant

$ax + by + cz = 0$, un vecteur normal à $\mathcal{P}$ est $\vec{n}\begin{pmatrix} a \\ b \\ c \end{pmatrix}$ (→ *voir fiche 7*)

donc des équations paramétriques de la droite (MH) sont : $\begin{cases} x = x_M + ta \\ y = y_M + tb. \\ z = z_M + tc \end{cases}$

2. $H \in \mathcal{D} \cap \mathcal{P}$ donc $\begin{cases} x_H = x_M + ta \\ y_H = y_M + tb \\ z_H = z_M + tc \end{cases}$

et $a(x_M + ta) + b(y_M + tb) + c(z_M + tc) + d = 0$.

3. On trouve alors t donc H.

2. Pratique

• Soit $\mathcal{P}$ le plan d'équation $x + 2y - z + 1 = 0$. Déterminer les coordonnées (x_H, y_H, z_H) du projeté orthogonal H de M(– 1 , 0 , 1) sur $\mathcal{P}$.

• **Étapes**

1. Un vecteur normal à $\mathcal{P}$ a pour coordonnées $\begin{pmatrix} 1 \\ 2 \\ -1 \end{pmatrix}$. Des équations paramétriques de la droite (MH) sont donc : $\begin{cases} x = -1 + t \\ y = 0 + 2t. \\ z = 1 - t \end{cases}$

C'est pourquoi $\begin{cases} x_H = -1 + t \\ y_H = 2t \\ z_H = 1 - t \end{cases}$

2. Comme H appartient à la fois à $\mathcal{D}$ et $\mathcal{P}$, on a $(-1 + t) + 2(2t) - (1 - t) + 1 = 0$.

3. On trouve alors $-1 + t + 4t - 1 + t + 1 = 0 \Leftrightarrow t = \frac{1}{6}$. C'est pourquoi les coordonnées de H sont : $\left(-\frac{5}{6}, \frac{1}{3}, \frac{5}{6}\right)$.

Équations cartésiennes d'un plan passant par trois points

L'espace est rapporté à un repère orthonormé $(O, \vec{i}, \vec{j}, \vec{k})$. On considère les points
A(0, 1, – 1), B(2, 1, –2) et C(1, 0, –2).

1. Expliquer pourquoi les points A, B, C définissent bien un plan.

2. Déterminer un vecteur $\vec{n}\begin{pmatrix} a \\ b \\ c \end{pmatrix}$ normal au plan (ABC).

3. Déterminer une équation cartésienne de $\mathcal{P}$ = (ABC) par deux méthodes différentes.

Trois points définissent un plan si, et seulement si, ils ne sont pas alignés.

1. Les coordonnées de $\overrightarrow{AB}$ et $\overrightarrow{AC}$ sont respectivement (2, 0, –1) et (1, –1, –1). Les coordonnées de ces deux vecteurs ne sont pas proportionnelles. C'est pourquoi ils ne sont pas colinéaires. Par conséquent, les trois points ne sont pas alignés et définissent bien un plan.

Un vecteur est normal à un plan si, et seulement si, il est orthogonal à deux vecteurs non colinéaires de ce plan.

2. Traduisons l'orthogonalité de $\vec{n}$ avec $\overrightarrow{AB}$ et $\overrightarrow{AC}$, qui ne sont pas colinéaires.
$\vec{n} \cdot \overrightarrow{AB} = 0 \Leftrightarrow 2a - c = 0$ et $\vec{n} \cdot \overrightarrow{AC} = 0 \Leftrightarrow a - b - c = 0$.

On est donc conduit à résoudre le système $\begin{cases} 2a - c = 0 \\ a - b - c = 0 \end{cases}$. Ce système a une infinité de solutions car il y a une infinité de vecteurs normaux à $\mathcal{P}$. On trouve $c = 2a$ puis $a - b - 2a = 0 \Rightarrow b = -a$.

Tout vecteur normal a donc pour coordonnées $\begin{pmatrix} a \\ -a \\ 2a \end{pmatrix}$. On peut choisir $a = 1$ ce qui conduit à $\vec{n}\begin{pmatrix} 1 \\ -1 \\ 2 \end{pmatrix}$.

Avant de commencer

▶ **Méthode n° 1** : utiliser la méthode décrite dans le théorème de la fiche 7 pour trouver l'équation.

▶ **Méthode n° 2**

a. Montrer qu'une équation cherchée est de la forme $ax + by + cz + d = 0$ où l'on connaît a, b, c grâce à la question 2.

b. En traduisant la fait que $A \in \mathcal{P}$, déterminer d.

3. Méthode n° 1

$$\begin{aligned} M(x, y, z) \in \mathcal{P} &\Leftrightarrow \vec{n} \cdot \overrightarrow{AM} = 0 \\ &\Leftrightarrow 1(x - 0) + (-1)(y - 1) + 2(z + 1) = 0 \\ &\Leftrightarrow x - y + 2z + 3 = 0 \end{aligned}$$

Cette dernière équation est une équation cartésienne de $\mathcal{P}$.

Méthode n° 2

→ Les coefficients de x, y, z d'une équation cartésienne d'un plan $\mathcal{P}$ sont les coordonnées d'un vecteur normal à $\mathcal{P}$.

a. On sait qu'une équation cartésienne d'un plan dont un vecteur normal est $\vec{n}\begin{pmatrix} 1 \\ -1 \\ 2 \end{pmatrix}$ est de la forme $1x + (-1)y + 2z + d = 0 \Leftrightarrow x - y + 2z + d = 0$.

→ Un point appartient à $\mathcal{P}$ si, et seulement si, ses cordonnées vérifient son équation cartésienne.

b. $A(0, 1, -1) \in \mathcal{P}$ donc $0 - 1 + 2(-1) + d = 0 \Rightarrow d = 3$. On retrouve l'équation précédente.

Produit scalaire et orthogonalité

FICHE 10

QUIZ-Mémorisation active

Questions	Réponses
Dans le cube d'arête 1, comment calculer simplement $\overrightarrow{BC}\cdot\overrightarrow{BG}$ et $\overrightarrow{BH}\cdot\overrightarrow{BD}$ sachant que $BD=\sqrt{2}$? 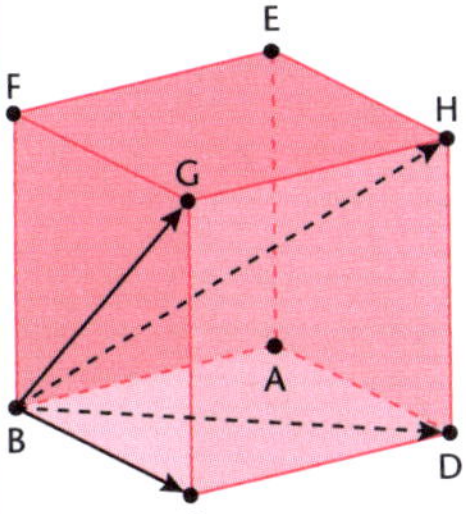 	Comme G se projette orthogonalement sur (BC) en C : $\overrightarrow{BC}\cdot\overrightarrow{BG}=BC^2=1$. Comme H se projette orthogonalement en D sur (BD) : $\overrightarrow{BH}\cdot\overrightarrow{BD}=BD^2=\left(\sqrt{2}\right)^2=2$.
Dans l'espace, l'équation cartésienne $2x-3y+5=0$ est-elle celle d'un plan ou d'une droite ?	C'est l'équation d'un plan dont un vecteur normal a pour coordonnées $\begin{pmatrix}2\\-3\\0\end{pmatrix}$.
Le projeté orthogonal d'un point sur le plan $\mathscr{P}$ d'équation $x+2y-1=0$ est situé sur une droite $\mathscr{D}$. Comment trouver un de ses vecteurs directeurs ?	La droite $\mathscr{D}$ étant orthogonale à $\mathscr{P}$, un vecteur normal à $\mathscr{P}$ est un de ses vecteurs directeurs. On peut choisir $\vec{n}\,(1\,;2\,;0)$

SCHÉMA-BILAN

Équation cartésienne d'un plan contenant A,B,C non alignés

Première méthode

Le plan a pour équation $ax + by + cz + d = 0$.

Les coordonnées de chaque point vérifient l'équation.

Résoudre le système de trois équations aux trois inconnues a, b, c.

On trouve a, b, c en fonction de d : infinité d'équations cartésiennes.

On peut donner à d la valeur que l'on veut $\neq 0$.

Deuxième méthode

Chercher un vecteur $\vec{n}\begin{pmatrix} a \\ b \\ c \end{pmatrix}$ orthogonal à $\overrightarrow{AB}$ et $\overrightarrow{AC}$: $\vec{n} \cdot \overrightarrow{AB} = 0$ et $\vec{n} \cdot \overrightarrow{AC} = 0$.

Résoudre le système de deux équations aux trois inconnues a, b, c.

On trouve a et b en fonction de c. Le plan a pour équation $ax + by + cz + d = 0$.

Exprimer que les coordonnées d'un des points vérifient l'équation. On trouve d en fonction de c.

On peut donner à c la valeur que l'on veut $\neq 0$.

Raisonnement par récurrence

FICHE 11

1 Théorie

1. Principe de récurrence

Considérons une propriété P_n dépendant d'un entier naturel n. Cette propriété peut être :

- une **égalité**, par exemple $\sum_{k=0}^{k=n} k = \frac{n\,(n+1)}{2}$;
- une **inégalité**, par exemple : $(1+a)^n \geqslant 1+na$ (a étant un nombre positif fixé) ;
- une **phrase**, par exemple « 2^n est pair ».

L'objectif est de prouver que la proposition P_n est vraie pour tout entier naturel n.

> **Pour aller plus loin :** Blaise Pascal et Giuseppe Peano sont à l'origine du raisonnement par récurrence.

2. Mise en œuvre

Pour prouver que la propriété P_n est vraie pour tout entier naturel n, on procède en deux étapes.

- **Initialisation :** il s'agit de prouver que P_0 est vraie, c'est-à-dire que la propriété obtenue en remplaçant n par 0 est vraie.
- **Hérédité :** il s'agit de démontrer que, si l'on suppose que P_n est vraie pour un entier naturel n donné, alors P_{n+1} est vraie aussi.

> **Remarque** : P_{n+1} est la proposition obtenue en remplaçant n par $n+1$.

3. Mises en garde

- Il est possible que l'on demande de démontrer que P_n est vraie pour tout entier naturel $n \geqslant 1$. Seule l'initialisation change. Il faudra prouver que P_1 est vraie. S'il faut montrer que P_n est vraie pour tout entier $n \geqslant 2$, etc., montrer que P_2 est vraie, etc.
- Il est possible que P_n soit héréditaire à partir de n'importe quel rang et qu'elle ne soit vraie pour aucun entier naturel. Par exemple, si P_n est la phrase « 3^n est pair », on sait qu'elle est fausse pour tout n. Cependant P_n est héréditaire. En effet, supposons que P_n soit vraie pour un entier naturel n donné et montrons qu'alors P_{n+1} est vraie : P_{n+1} est la phrase « 3^{n+1} est pair. » $3^{n+1} = 3^n \times 3$. Donc, puisqu'on a supposé que 3^n est pair, $3^n \times 3$ est pair, ce qui prouve que 3^{n+1} est pair. Il en résulte que P_{n+1} est vraie, ce qu'il fallait démontrer.

• Dans l'hérédité, on suppose que P_n est vraie pour un entier naturel n donné (on dit aussi quelconque).

II En pratique

1. Une égalité

Montrer par récurrence que pour tout $n \in \mathbb{N}$: $\sum_{k=0}^{k=n} k = \frac{n(n+1)}{2}$ (égalité P_n).

• **Initialisation :** montrons que P_0 est vraie ; c'est-à-dire que l'on a $\sum_{k=0}^{k=0} k = \frac{0(0+1)}{2}$. En effet, d'une part $\sum_{k=0}^{k=0} k = 0$; et d'autre part $\frac{0(0+1)}{2} = 0$.

• **Hérédité :** supposons que P_n soit vraie pour un entier naturel n donné et montrons qu'alors P_{n+1} est vraie.

P_{n+1} est l'égalité : $\sum_{k=0}^{k=n+1} k = \frac{(n+1)((n+1)+1)}{2} = \frac{(n+1)(n+2)}{2}$

Nous avons : $\sum_{k=0}^{k=n+1} k = \sum_{k=0}^{k=n} k + (n+1) = \frac{n(n+1)}{2} + (n+1) = (n+1)\left(\frac{n}{2}+1\right)$

$= \frac{(n+1)(n+2)}{2}$, ce qu'il fallait démontrer.

• **Bilan :** on a bien : $\forall\, n \in \mathbb{N} : \sum_{k=0}^{k=n} k = \frac{n(n+1)}{2}$.

2. Une inégalité

Soit a un réel positif. Montrer par récurrence que pour tout $n \in \mathbb{N}$: $(1+a)^n \geqslant 1+na$ (inégalité P_n).

• **Initialisation :** P_0 est vraie car d'une part $(1+a)^0 = 1$ et d'autre part $1 + 0 \times a = 1$. Donc on a bien $(1+a)^0 \geqslant 1 + 0 \times a$.

• **Hérédité :** supposons que P_n soit vraie pour un entier naturel n donné et montrons qu'alors P_{n+1} est vraie. Nous avons $(1+a)^{n+1} = (1+a)(1+a)^n$. Or $1 + a > 0$ (car $a \geqslant 0$) et $(1+a)^n \geqslant 1+na$ (car P_n est vraie). Par multiplication membre à membre, on obtient :
$(1+a)(1+a)^n \geqslant (1+a)(1+na)$.

Comme $(1+a)(1+na) = 1 + na + a + na^2$, $(1+a)(1+na) \geqslant 1 + na + a$, car $na^2 \geqslant 0$. Par conséquent : $(1+a)^{n+1} \geqslant 1 + (n+1)a$, ce qu'il fallait démontrer.

• **Bilan :** on a bien $\forall\, n \in \mathbb{N} : (1+a)^n \geqslant 1 + na$.

Limites des suites

I Suites convergentes et divergentes

Comment se comportent les termes d'une suite (u_n) lorsque n augmente indéfiniment ?

1. Suites convergentes

- **Définition :** dire qu'une suite est convergente signifie qu'elle a une **limite finie quand n tend vers $+\infty$**. Soit ℓ un nombre réel. Dire que la suite (u_n) converge vers ℓ signifie que tout intervalle ouvert I contenant ℓ contient aussi toutes les valeurs u_n à partir d'un certain rang n_0.

- **Formellement :** il existe un entier n_0 tel que, pour tout $n \geqslant n_0$, $u_n \in \mathrm{I}$. On écrit alors $\lim\limits_{n \to +\infty} u_n = \ell$.

- **Intuitivement :** tous les termes u_n s'agglutinent autour de ℓ à partir d'un certain rang.

Exemple : $\lim\limits_{n \to +\infty} \dfrac{1}{n} = 0$.

Les mathématiciens médiévaux al-Karaji et As-Samaw'al utilisaient des méthodes préfigurant celles des suites.

2. Suites divergentes

- **Définition :** une suite divergente est une suite qui n'est pas convergente.

- Il existe deux types de suites divergentes :
  - celles qui ont une limite infinie : c'est le cas de la suite n^2 ;
  - celles qui n'ont pas de limite : c'est le cas de la suite $(-1)^n$.

- **Définition :** dire que la suite u_n tend vers $+\infty$ signifie que tout intervalle de la forme $]A\,;+\infty[$ (A étant un nombre réel positif) contient toutes les valeurs de u_n à partir d'un certain rang.

- **Formellement :** il existe un entier n_0 tel que, pour tout $n \geqslant n_0$, $u_n > A$. On écrit $\lim\limits_{n \to +\infty} u_n = +\infty$.

- **Intuitivement :** les termes u_n dépassent n'importe quel nombre aussi grand que l'on veut, à partir d'un certain rang.

Exemple : $\lim\limits_{n \to +\infty} n^2 = +\infty$.

• $\lim_{n\to+\infty} u_n = -\infty$ signifie que $\lim_{n\to+\infty} (-u_n) = +\infty$.

Autrement dit : quel que soit le nombre A négatif, il existe un entier n_0 tel que, pour tout $n \geqslant n_0$, $u_n < A$.

| Exemple : $\lim_{n\to+\infty} (-n^2) = -\infty$.

II Propriétés

• **Unicité de la limite :** lorsqu'elle existe, la limite (finie ou infinie) d'une suite est unique. En effet, les termes d'une suite convergente ne sauraient s'agglutiner simultanément vers deux nombres réels.

• **Conservation des inégalités :** si une suite positive (respectivement négative) est convergente, alors sa limite est positive (respectivement négative). De plus, si (u_n) et (v_n) sont deux suites convergeant respectivement vers ℓ et ℓ' : $u_n \leqslant v_n \Rightarrow \ell \leqslant \ell'$.

• **Suite monotone convergente :** si une suite (u_n) est croissante (respectivement décroissante) et converge vers ℓ, alors on a $u_n \leqslant \ell$ (respectivement $u_n \geqslant \ell$) à partir d'un certain rang.

• **Suites tendant vers l'infini :** considérons deux suites (u_n) et (v_n) telles que $u_n \leqslant v_n$. Alors $\lim_{n\to+\infty} u_n = +\infty \Rightarrow \lim_{n\to+\infty} v_n = +\infty$;

$\lim_{n\to+\infty} v_n = -\infty \Rightarrow \lim_{n\to+\infty} u_n = -\infty$.

III Suite géométrique q^n : résultats à connaître

Soit q un nombre réel distinct de 0 et de 1.

• La suite (q^n) converge si et seulement si $-1 < q < 1$. Sa limite est alors 0.

| Exemples : $\lim_{n\to+\infty} \left(-\frac{1}{2}\right)^n = 0$; $\lim_{n\to+\infty} \left(\frac{2}{3}\right)^n = 0$.

• La suite (q^n) tend vers $+\infty$ si et seulement si $q > 1$.

| Exemples : $\lim_{n\to+\infty} 2^n = +\infty$; $\lim_{n\to+\infty} (1+a)^n = +\infty$ si $a > 0$.

• La suite (q^n) n'a pas de limite si et seulement si $q \leqslant -1$.

| Exemple : la suite $(-3)^n$ n'a pas de limite (quand n tend vers $+\infty$).

Convergence et divergence des suites

FICHE 13

I Opérations sur les limites

1. Appliquer les théorèmes sur les limites des fonctions

Quand on veut calculer des limites de suites, on peut utiliser les théorèmes relatifs aux fonctions (→ *voir fiche 17*).

Exemple : $\lim\limits_{n \to +\infty} \dfrac{n^2+1}{3n^2+4} = \lim\limits_{n \to +\infty} \dfrac{n^2}{3n^2} = \dfrac{1}{3}$.

2. Étude de la convergence

Dans l'hypothèse où on l'on veut savoir si une suite converge, sans vouloir connaître la valeur de la limite, on peut utiliser le tableau suivant qui récapitule le comportement de la suite $(u_n + v_n)$ en fonction de (u_n) et (v_n).

v_n \ u_n	Converge	Diverge
Converge	Converge	Diverge
Diverge	Diverge	On ne peut rien dire

Exemples : 1. $\left(\dfrac{1}{n}\right)$ converge et $(-1)^n$ diverge donc $\left(\dfrac{1}{n}+(-1)^n\right)$ diverge.

2. Si $u_n = n$ et $v_n = (-1)^n$, alors (u_n) et (v_n) divergent, ainsi que la somme $(n + (-1)^n)$.

3. Si $u_n = n$ et $v_n = -n$, alors (u_n) et (v_n) divergent ; cependant, $u_n + v_n = 0$ et donc la somme converge.

Remarque : les résultats concernant les produits et les quotients sont à traiter cas par cas, notamment en raison des formes indéterminées liées à ces deux opérations.

II Théorèmes de convergence

1. Théorème de convergence monotone

• Définitions

Dire qu'une suite (u_n) est majorée par un nombre M (respectivement minorée par un nombre m) signifie que, pour tout $n \in \mathbb{N}$, $u_n \leqslant M$ (respectivement $u_n \geqslant m$).

Dire qu'une suite (u_n) est **bornée** signifie qu'elle est à la fois majorée et minorée. Autrement dit, il existe un nombre k tel que, pour tout $n \in \mathbb{N}$, $|u_n| \leqslant k$.

- **Théorème**

- Toute suite croissante et majorée converge.
- Toute suite décroissante et minorée converge.
- Toute suite monotone et bornée converge.

- **Remarques**

- Ces théorèmes assurent la convergence d'une suite, mais ne donnent pas la valeur de la limite.
- On sait que toute suite convergente est bornée. Mais il existe des suites bornées et non convergentes ; c'est le cas de $(-1)^n$.
- Il existe des suites convergentes qui n'entrent dans aucun des trois cas précédents.

Exemple : $u_n = \dfrac{\sin n}{n}$. On sait que $\lim\limits_{n \to +\infty} u_n = 0$. Cependant, (u_n) n'est monotone à partir d'aucun rang, comme le suggère la courbe de $\dfrac{\sin x}{x}$ ci-dessous.

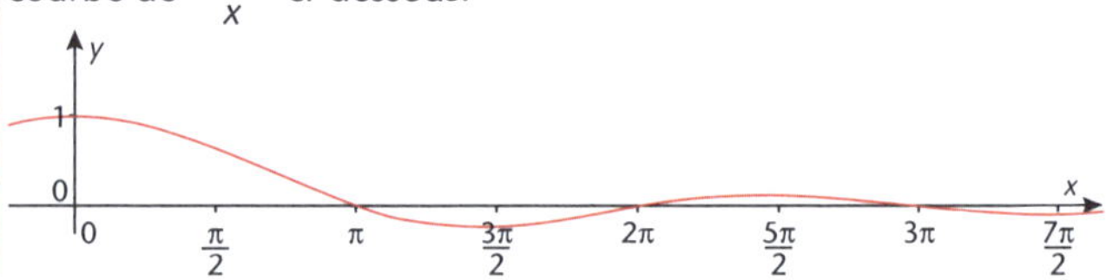

- Toute suite croissante **non majorée** tend vers $+\infty$ et toute suite décroissante **non minorée** tend vers $-\infty$.

2. Théorème des gendarmes

- **Théorème :** soit (u_n), (v_n) et (w_n), trois suites telles que, à partir d'un certain rang, $u_n \leqslant v_n \leqslant w_n$ et ℓ un nombre réel. Si (u_n) et (w_n) convergent toutes les deux vers ℓ, alors (v_n) converge vers ℓ.

- On utilise souvent ce théorème dans le cas où on a $|u_n - \ell| \leqslant v_n$ et $\lim\limits_{n \to +\infty} v_n = 0$. En effet, on dispose alors de l'encadrement $0 \leqslant |u_n - \ell| \leqslant v_n$ et on utilise le théorème précédent :

$$\lim_{n \to +\infty} |u_n - \ell| = 0 \Rightarrow \lim_{n \to +\infty} u_n = \ell.$$

Il en résulte que la suite (u_n) converge vers ℓ.

- De plus, l'encadrement ci-dessus permet d'avoir une approximation de la limite ℓ.

Exercice commenté pas à pas

Tout sur les suites (Sujet La Réunion, juin 2019)

Soit a un nombre réel appartenant à l'intervalle [0 ; 1].
On considère la suite (a_n) définie par $a_1 = a$ et, pour tout entier naturel, $n \geqslant 1$, $a_{n+1} = 0{,}5a_n + 0{,}3$.

1. Dans cette question, on suppose que $a = 0{,}5$.

a. Montrer que, pour tout entier $n \geqslant 1$, on a : $0 \leqslant a_n \leqslant 0{,}6$.

b. Montrer que la suite (a_n) est croissante.

c. Montrer que la suite (a_n) est convergente et préciser sa limite.

2. Dans cette question, le réel a appartient à l'intervalle [0 ; 1].
On considère la suite (u_n) définie pour tout entier naturel $n \geqslant 1$ par $u_n = a_n - 0{,}6$.

a. Montrer que la suite (u_n) est une suite géométrique.

b. En déduire que, pour tout entier naturel $n > 1$, on a :
$a_n = (a - 0{,}6) \times 0{,}5^{n-1} + 0{,}6$.

c. Déterminer la limite de la suite (a_n).

3. a. Quelle est la mission du programme Python suivant ?

```
a,n = 0.2,0
while abs(a – 0.6) > 10** – 12:
        a = 0.5*a + 0.3
        n = n + 1
print(n)
```

b. Après exécution il renvoie « 39 ». Interpréter ce résultat.

Effectuer un raisonnement par récurrence

1. a. Notons P_n la double inégalité « $0 \leqslant a_n \leqslant 0{,}6$ ».
Initialisation : comme $a_1 = a = 0{,}5$, on a bien $0 \leqslant a_1 \leqslant 0{,}6$, ce qui prouve que P_1 est vraie.
Hérédité : supposons que P_n soit vraie pour un certain entier naturel $n \geqslant 1$ et démontrons alors que P_{n+1} est vraie.
$0 \leqslant a_n \leqslant 0{,}6 \Rightarrow 0{,}5 \times 0 + 0{,}3 \leqslant 0{,}5a_n + 0{,}3 \leqslant 0{,}5 \times 0{,}6 + 0{,}3$ car la fonction $f : x \mapsto 0{,}5x + 0{,}3$ est croissante et donc $f(0) \leqslant f(a_n) \leqslant f(0{,}6)$.
D'où $0{,}3 \leqslant a_{n+1} \leqslant 0{,}3 + 0{,}3 \Rightarrow 0 \leqslant a_{n+1} \leqslant 0{,}6$, ce qu'il fallait démontrer.
Bilan : P_n est vraie pour tout entier naturel $n \geqslant 1$.

Étudier le signe $a_{n+1} - a_n$ pour tout $n \geqslant 1$.

1. b. $\forall\, n \geqslant 1 : a_{n+1} - a_n = 0{,}5a_n + 0{,}3 - a_n = -0{,}5a_n + 0{,}3$. Or $a_n \leqslant 0{,}6$ $\Rightarrow -0{,}5 \times 0{,}6 + 0{,}3 \leqslant -0{,}5a_n + 0{,}3$
car la fonction $g : x \mapsto -0{,}5x + 0{,}3$ est décroissante et donc $g(0{,}6) \leqslant g(a_n)$. On en déduit $-0{,}3 + 0{,}3 \leqslant -0{,}5a_n + 0{,}3$
$\Leftrightarrow 0 \leqslant a_{n+1} - a_n$. Il en résulte que la suite (a_n) est croissante.

Utiliser un théorème de convergence puis utiliser $\lim\limits_{n \to +\infty} a_{n+1} = \lim\limits_{n \to +\infty} a_n$.

1. c. La suite (a_n) est croissante et majorée par 0,6. Elle est donc convergente. Si ℓ est sa limite, alors $\lim\limits_{n \to +\infty} \underbrace{(0{,}5a_n + 0{,}3)}_{a_{n+1}} = \lim\limits_{n \to +\infty} a_n$

donc $0{,}5\ell + 0{,}3 = \ell \Rightarrow \ell = \dfrac{0{,}3}{0{,}5} = 0{,}6$.

Exprimer u_{n+1} en fonction de u_n pour tout entier $n \geqslant 1$.

2. a. Pour tout entier $n \geqslant 1$:

$$u_{n+1} = a_{n+1} - 0{,}6 = \underbrace{0{,}5a_n + 0{,}3}_{a_{n+1}} - 0{,}6 = 0{,}5\, a_n - 0{,}3$$

$$= 0{,}5\left(a_n - \frac{0{,}3}{0{,}5}\right) = 0{,}5(a_n - 0{,}6) = 0{,}5u_n$$

La suite (u_n)est donc une suite géométrique de raison 0,5 et de premier terme $u_1 = a_1 - 0{,}6 = a - 0{,}6$.

Exprimer d'abord u_n en fonction de n.

2. b. Pour tout entier naturel $n \geqslant 1 : u_n = u_1 \times 0{,}5^{n-1} \Rightarrow a_n - 0{,}6 = (a - 0{,}6)0{,}5^{n-1} \Rightarrow a_n = (a - 0{,}6)0{,}5^{n-1} + 0{,}6$.

Utiliser les résultats de $\lim\limits_{n \to +\infty} q^n$.

2. c. Comme $-1 < 0{,}5 < 1$, $\lim\limits_{n \to +\infty} 0{,}5^{n-1} = 0$ donc $\lim\limits_{n \to +\infty} a_n = 0 + 0{,}6 = 0{,}6$.

abs est la fonction valeur absolue et 10–12 signifie 10^{-12}.**

3. a. L'initialisation consiste à placer la valeur 0.2 dans la variable a et 1 dans la variable n. Le programme calcule alors la valeur de a_n (contenue dans la variable a) à l'aide de sa valeur précédente (donc a_{n-1}) tant que $|a_n - 0{,}6|$ est supérieure à 10^{-12}. En même temps, il ajoute 1 au contenu de la variable n. Dès que $|a_n - 0{,}6| \leqslant 10^{-12}$, le programme s'arrête et fournit la plus petite valeur de n pour laquelle $|a_n - 0{,}6| \leqslant 10^{-12}$.
b. Cette valeur est 40 (car (a_n) débute par a_1). Comme la suite (a_n) est croissante, $n \geqslant 40 \Rightarrow |a_n - 0{,}6| \leqslant 10^{-12}$.

Suites

FICHE 15

QUIZ-Mémorisation active

1 Raisonnement par récurrence

Questions	Réponses
Dans un raisonnement par récurrence, la phase d'initialisation est-elle facultative ?	Non, il y a des propositions dépendant d'un entier naturel n qui sont héréditaires mais qui ne sont vraies pour aucun entier naturel n.
Que signifie qu'une proposition dépendant d'un entier naturel n est héréditaire ?	Dire qu'une proposition P_n est héréditaire signifie que si elle est vraie à un certain rang n alors elle reste vraie au rang $n+1$. Autrement dit, P_n vraie $\Rightarrow P_{n+1}$ vraie.

2 Limites de suites

Questions	Réponses
La limite d'une suite convergente et positive est-elle elle-même positive ? Généraliser.	Oui. De même, la limite d'une suite convergente négative est elle-même négative. Plus généralement, si, pour tout n $u_n \leqslant v_n$, alors, en cas de convergence, $\lim\limits_{n\to+\infty} u_n \leqslant \lim\limits_{n\to+\infty} v_n$.
$\forall n \geqslant 1,\ u_n \leqslant \frac{1}{n} \Rightarrow \lim\limits_{n\to+\infty} u_n = 0$?	Non. Il faudrait en plus que l'on ait par exemple $u_n \geqslant 0$. Ainsi : $-n \leqslant \frac{1}{n}$ et pourtant $\lim\limits_{n\to+\infty}(-n) = -\infty$

3 Convergence et divergence de suites

Questions	Réponses
La limite d'une suite divergente est-elle nécessairement infinie ?	Non. Une suite divergente est une suite qui n'est pas convergente. Cela signifie qu'elle peut ne pas avoir de limite ou qu'elle a une limite qui n'est pas un nombre, c'est-à-dire que cette limite existe et qu'elle est infinie ($+\infty$ ou $-\infty$).
Une suite croissante tend-elle nécessairement vers $+\infty$?	Non. Une suite croissante et bornée converge. Par exemple, $u_n = 1 - \frac{1}{n}$.

SCHÉMAS-BILANS

Récurrence

Démontrer qu'une proposition P_n est vraie pour tout entier naturel n

↓

Initialisation : montrer que P_0 est vraie.

↓

Hérédité : montrer que, si P_n est vraie pour un entier naturel n **donné**, alors P_{n+1} est vraie.

↓

Remarque : l'initialisation peut concerner P_1, P_2,… tout dépend de l'énoncé.

Calculer la limite d'une suite u_n ($n \to +\infty$)

$u_n = f(n)$ → Appliquer les théorèmes sur les limites de fonctions

$u_{n+1} = f(u_n)$ → La limite existe-t-elle ? Utiliser les théorèmes des gendarmes et de convergence monotone → Si la suite converge vers ℓ, alors $f(\ell) = \ell$

$u_n = q^n$ ($q \neq 1$)

- $|q| < 1$ → (u_n) converge vers 0
- $|q| \geqslant 1$ → (u_n) diverge
  - Si $q > 1$, $\lim\limits_{n \to +\infty} u_n = +\infty$
  - Si $q \leqslant -1$, (u_n) n'a pas de limite

Limites et asymptotes

I Limite d'une fonction à l'infini

Dans toute la suite, on considère un nombre réel ℓ et des fonctions f, g, etc., définies sur des intervalles de la forme $]a\,;+\infty[$ ou $]-\infty\,;a[$.

1. La limite est finie

Pour aller plus loin : rechercher des infos relatives à l'école indienne de Kerala sur les questions de convergence.

• **Définition 1 :** dire que la limite de $f(x)$, quand x tend vers $+\infty$, est égale à ℓ signifie que tout intervalle ouvert contenant ℓ contient tous les nombres $f(x)$ pourvu que x soit suffisamment grand. On écrit alors $\lim\limits_{x\to+\infty} f(x)=\ell$.

• **Définition 2 :** dire que la limite de $f(x)$, quand x tend vers $-\infty$, est égale à ℓ signifie que tout intervalle ouvert contenant ℓ contient tous les nombres $f(x)$ pourvu que x soit suffisamment grand en valeur absolue. On écrit alors : $\lim\limits_{x\to-\infty} f(x)=\ell$. Dans les deux cas, on dit que la droite d'équation $y=\ell$ est asymptote à la courbe de f.

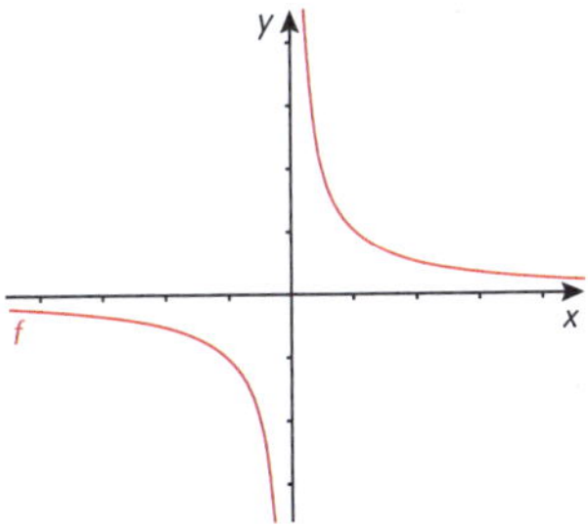

Exemple : $\lim\limits_{x\to+\infty}\dfrac{1}{x}=\lim\limits_{x\to-\infty}\dfrac{1}{x}=0$.

Sur la figure, on constate que la courbe se rapproche de l'axe des abscisses quand x tend vers $-\infty$ et $+\infty$.

2. La limite est infinie

• **Définition 1 :** dire que la limite de $f(x)$ quand x tend vers $+\infty$ est égale à $+\infty$ signifie que quel que soit le nombre A, on a $f(x) > A$ pourvu que x soit suffisamment grand. On écrit alors $\lim\limits_{x\to+\infty} f(x)=+\infty$.

• **Définition 2 :** dire que la limite de $f(x)$ quand x tend vers $-\infty$ est égale à $+\infty$ signifie que, quel que soit le nombre A, on a $f(x) > A$ pourvu que x soit suffisamment grand en valeur absolue. On écrit alors $\lim\limits_{x\to-\infty} f(x)=+\infty$.

Exemples : $\lim_{x\to+\infty} x^2 = +\infty$ et $\lim_{x\to-\infty} x^2 = +\infty$.

Sur la figure ci-contre, on constate que $x \leqslant B_1 \Rightarrow f(x) > A$ et $x \geqslant B_2 \Rightarrow f(x) > A$.

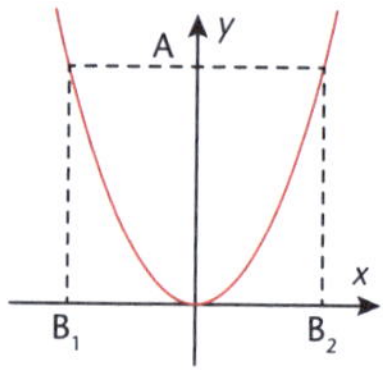

II Limite d'une fonction quand x tend vers x_0

- Si f est définie et continue en x_0, alors $\lim_{x\to x_0} f(x) = f(x_0)$.

Exemple : $\lim_{x\to 2} x^3 - 1 = 2^3 - 1 = 7$.

- Dans la suite, on suppose que x_0 est une **borne** de l'ensemble de définition et que $x_0 \notin D_f$.

1. Cas général

- **Définition 1 :** dire que la limite de $f(x)$ quand x tend vers x_0 est égale à $+\infty$ signifie que, un nombre A étant donné, $f(x)$ dépasse A pourvu que x soit suffisamment proche de x_0.

On écrit $\lim_{x\to x_0} f(x) = +\infty$.

Exemple : $\lim_{x\to 0} \frac{1}{x^2} = +\infty$.

Sur la figure, on voit que si on choisit x dans l'intervalle bleu, $\frac{1}{x^2}$ dépasse A.

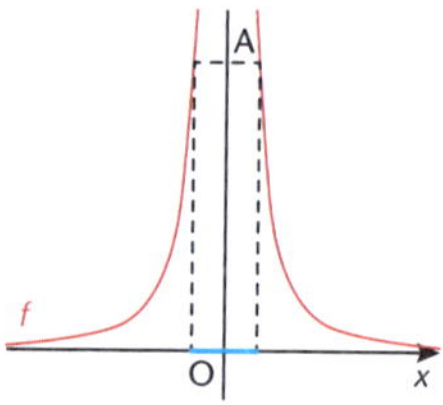

- **Définition 2 :** dire que la limite de $f(x)$, quand x tend vers x_0, est égale à $-\infty$ signifie que, un nombre A étant donné, $f(x)$ est inférieur à A pourvu que x soit suffisamment proche de x_0. On écrit $\lim_{x\to x_0} f(x) = -\infty$. Dans les deux cas, on dit que la droite d'équation $x = x_0$ est asymptote à la courbe de f.

Exemple : $\lim_{x\to 0} -\frac{1}{x^2} = -\infty$.

2. Limite à droite, limite à gauche

Définition : dire que la limite de $f(x)$ quand x tend vers x_0 à droite (respectivement à gauche) est égale à $+\infty$ signifie que, un nombre A étant donné, $f(x)$ dépasse A pourvu que x soit suffisamment proche de x_0 **et** que $x > x_0$ (respectivement $x < x_0$). On écrit $\lim_{x\to x_0^+} f(x) = +\infty$ (respectivement $\lim_{x\to x_0^-} f(x) = +\infty$). On définirait de même $\lim_{x\to x_0^-} f(x) = -\infty$ et $\lim_{x\to x_0^+} f(x) = -\infty$.

Détermination des limites

I Opérations

On étudie ici les limites éventuelles des fonctions en x_0, celui-ci pouvant être un réel ou $-\infty$ ou $+\infty$. ℓ est un nombre réel.

1. Somme

Valeur de la limite de f	Valeur de la limite de g	Limite éventuelle de $f+g$
ℓ	ℓ'	$\ell+\ell'$
ℓ ou $+\infty$	$+\infty$	$+\infty$
ℓ ou $-\infty$	$-\infty$	$-\infty$
$+\infty$	$-\infty$	Forme indéterminée

Exemple : $\lim\limits_{x\to+\infty} x^2=+\infty$ et $\lim\limits_{x\to+\infty} x=+\infty$ donc $\lim\limits_{x\to+\infty} (x^2+x)=+\infty$.

2. Produit

Valeur de la limite de f	Valeur de la limite de g	Limite éventuelle de $f\times g$
ℓ	ℓ'	$\ell\times\ell'$
$\ell\neq 0$	$+\infty$ ou $-\infty$	∞ avec la règle des signes*
0	$+\infty$ ou $-\infty$	Forme indéterminée
$+\infty$ ou $-\infty$	$+\infty$ ou $-\infty$	∞ avec la règle des signes*

* $(-5)\times(+\infty)=-\infty$; $(+\infty)\times(-\infty)=-\infty$; etc.

3. Quotient

Valeur de la limite de f	Valeur de la limite de g	Limite éventuelle de $\dfrac{f}{g}$
ℓ	$\ell'\neq 0$	$\dfrac{\ell}{\ell'}$
ℓ	∞	0
0	0	Forme indéterminée
∞	∞	Forme indéterminée
∞ ou $\ell\neq 0$	0	∞ avec la règle des signes*

* $\dfrac{+\infty}{0^+}=+\infty$; $\dfrac{-\infty}{0^+}=-\infty$; etc.

4. Limite et ordre

Soit f et g deux fonctions définies sur le même intervalle I telles que pour tout $x \in I$: $f(x) \leqslant g(x)$. Alors, en cas d'existence des limites :

- $\lim\limits_{x \to x_0} f(x) \leqslant \lim\limits_{x \to x_0} g(x)$
- $\lim\limits_{x \to x_0} f(x) = +\infty \Rightarrow \lim\limits_{x \to x_0} g(x) = +\infty$
- $\lim\limits_{x \to x_0} g(x) = -\infty \Rightarrow \lim\limits_{x \to x_0} f(x) = -\infty$

II Formes indéterminées

Lorsque les règles du paragraphe précédent ne fournissent pas de renseignement sur le calcul de la limite d'une somme, d'un produit ou d'un quotient, on dit que ce calcul conduit à une forme indéterminée. Cela ne signifie pas que la fonction étudiée n'a pas de limite.

1. Cas des polynômes

- **La limite d'un polynôme quand x tend vers l'infini** (et uniquement dans ce cas) est égale à la limite de son terme de plus haut degré.

Exemple : $\lim\limits_{x \to +\infty} 5x^2 - x + 10 = \lim\limits_{x \to +\infty} 5x^2 = +\infty$.

- **La limite du quotient de deux polynômes quand x tend vers l'infini** (et uniquement dans ce cas) est égale à la limite du quotient de ses termes de plus haut degré.

Exemple : $\lim\limits_{x \to -\infty} \dfrac{x-5}{2x^2 - x + 1} = \lim\limits_{x \to -\infty} \dfrac{x}{2x^2} = \lim\limits_{x \to -\infty} \dfrac{1}{2x} = 0$.

- **Dans le cas des quotients, quand x tend vers une valeur interdite x_0**, il faut souvent étudier les limites quand x tend vers x_0^- et quand x tend vers x_0^+ du numérateur et du dénominateur.

Exemple : posons $f(x) = \dfrac{x^2}{5 - x}$.

Quand $x \to 5^-$ $\left.\begin{array}{l} x^2 \to 25 \\ 5 - x \to 0^+ \end{array}\right\} \Rightarrow f(x) \to +\infty$.

De même, $\lim\limits_{x \to 5^+} f(x) = -\infty$.

2. Cas des fonctions logarithmes

→ *Voir fiche 26.*

Exercices commentés pas à pas

Limites d'une fraction rationnelle

Sujet : déterminer les limites du quotient de deux polynômes

Pour tout $x \notin \{-1, 2\}$, on pose $f(x) = \dfrac{3x^2 - 5x + 1}{-x^2 + x + 2}$.

1. Déterminer les limites de $f(x)$ quand x tend vers $\pm\infty$.

2. Dresser le tableau de signes de $-x^2 + x + 2$.

3. En déduire $\lim\limits_{x \to (-1)^-} f(x)$, $\lim\limits_{x \to (-1)^+} f(x)$, $\lim\limits_{x \to 2^-} f(x)$ $\lim\limits_{x \to 2^+} f(x)$.

→ Utiliser la règle des coefficients de plus haut degré car on calcule la limite de la fonction en $+\infty$ et $-\infty$.

1. $\lim\limits_{x \to -\infty} f(x) = \lim\limits_{x \to -\infty} \dfrac{3x^2}{-x^2} = (-3) \Rightarrow \lim\limits_{x \to -\infty} f(x) = -3$

De façon analogue :
$\lim\limits_{x \to +\infty} f(x) = \lim\limits_{x \to +\infty} (-3) \Rightarrow \lim\limits_{x \to +\infty} f(x) = -3$

→ Calculer les racines du polynôme

2. Les racines de $-x^2 + x + 2$ sont -1 et 2.
Tableau de signes de $-x^2 + x + 2$:

x	$-\infty$		-1		2		$+\infty$
$-x^2 + x + 2$		$-$	0	$+$	0	$-$	

→ $x \to x_0^-$ signifie $x \to x_0$ et $x < x_0$. $x \to x_0^+$ signifie $x \to x_0$ et $x > x_0$

3. • Quand $x \to (-1)^-$:

$$\left.\begin{array}{l} 3x^2 - 5x + 1 \to 9 \\ -x^2 + x + 2 \to 0^- \end{array}\right\} \Rightarrow \lim_{x \to (-1)^-} f(x) = -\infty \text{ par quotient.}$$

En effet, x étant proche de -1 et inférieur à -1, $-x^2 + x + 2 < 0$

• Quand $x \to (-1)^+$:

$$\left.\begin{array}{l} 3x^2 - 5x + 1 \to 9 \\ -x^2 + x + 2 \to 0^+ \end{array}\right\} \Rightarrow \lim_{x \to (-1)^+} f(x) = +\infty \text{ par quotient.}$$

En effet, x étant proche de -1 et supérieur à -1, $-x^2 + x + 2 > 0$

• Quand $x \to 2^-$:

$$\left.\begin{array}{l} 3x^2 - 5x + 1 \to 3 \\ -x^2 + x + 2 \to 0^+ \end{array}\right\} \Rightarrow \lim_{x \to 2^-} f(x) = +\infty \text{ par quotient.}$$

En effet, x étant proche de 2 et inférieur à 2, $-x^2 + x + 2 > 0$.

• Quand $x \to 2^+$:

$$\left.\begin{array}{l} 3x^2 - 5x + 1 \to 3 \\ -x^2 + x + 2 \to 0^- \end{array}\right\} \Rightarrow \lim_{x \to 2^+} f(x) = -\infty \text{ par quotient.}$$

En effet, x étant proche de 2 et supérieur à 2, $-x^2 + x + 2 < 0$.

Sujet : utiliser un encadrement pour calculer des limites

L'exercice montre un calcul de limite d'une somme dans le cas où l'une des fonctions n'a pas de limite.

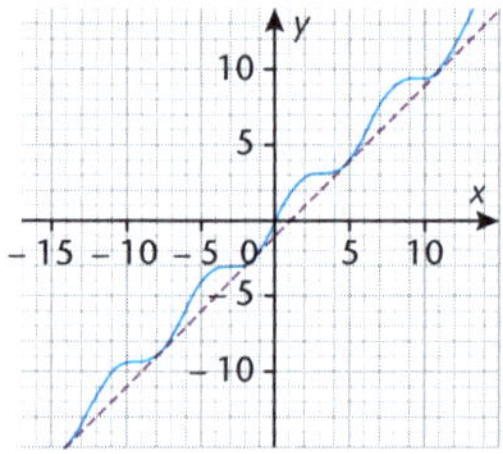

On a tracé en bleu la courbe de la fonction f définie par $f(x) = x + \sin(x)$.

1. Pourquoi la fonction sinus n'a-t-elle pas de limite quand x tend vers $+\infty$?

2. a. Montrer que pour tout $x \in \mathbb{R} : x - 1 \leqslant f(x)$.

b. Identifier la fonction affine représentée en pointillés sur la figure.

3. En déduire les limites de $f(x)$ quand x tend vers $+\infty$ et $-\infty$.

➔ Considérer les nombres $a_n = \frac{\pi}{2} + 2n\pi$ et $b_n = \frac{3\pi}{2} + 2n\pi$.

1. $\sin(a_n) = \sin\left(\frac{\pi}{2}\right) = 1$ et $\sin(b_n) = \sin\left(\frac{3\pi}{2}\right) = -1$. Donc :

$\lim\limits_{n \to +\infty} \sin(a_n) = 1$ et $\lim\limits_{n \to +\infty} \sin(b_n) = -1$. Les deux suites (a_n) et (b_n) tendent vers $+\infty$ et cependant leurs sinus tendent l'un vers 1 et l'autre vers -1. Donc la fonction sinus ne peut se rapprocher d'un nombre quand $x \to +\infty$. C'est pourquoi elle n'a pas de limite en $+\infty$.

➔ Encadrer $\sin(x)$.

2. a. $\forall x \in \mathbb{R} : -1 \leqslant \sin(x) \leqslant 1 \Rightarrow x - 1 \leqslant x + \sin(x) \leqslant x + 1$.

2. b. La fonction est $x \mapsto x - 1$.

➔ Penser au théorème d'encadrement.

3. $\lim\limits_{x \to +\infty} (x - 1) = +\infty \Rightarrow \lim\limits_{x \to +\infty} f(x) = +\infty$.

Limites de fonctions

QUIZ-Mémorisation active

1 Limites et asymptotes

Questions	Réponses
Une fonction peut-elle avoir deux limites lorsque x tend vers x_0 ? quand x tend vers $+\infty$ ou $-\infty$?	Non. Si la limite d'une fonction existe, elle est unique.
Dans quels cas est-il possible que la limite d'une fonction f soit infinie ($+\infty$ ou $-\infty$) ?	Il est possible que la limite de f soit infinie lorsque x tend lui-même vers l'infini. C'est également possible lorsque x tend vers une valeur interdite.
Comment peut-on savoir si la courbe $\mathscr{C}_f$ d'une fonction f admet une asymptote parallèle aux axes de coordonnées ?	Si $\lim\limits_{x \to x_0} f(x) = +\infty$ ou $-\infty$ alors la droite d'équation $x = x_0$ est une asymptote à $\mathscr{C}_f$ parallèle à l'axe des ordonnées. Si $\lim\limits_{x \to +\infty} f(x) = \ell$, alors la droite d'équation $y = \ell$ est asymptote à $\mathscr{C}_f$ en $+\infty$. Idem en $-\infty$.

2 Détermination de limites

Questions	Réponses
Quelles sont les formes indéterminées liées aux opérations (addition, multiplication, division) sur les limites ?	Il y a quatre formes indéterminées. $+\infty + (-\infty)$ et formes apparentées : $+\infty - (+\infty)$ etc. $0 \times \infty$ $\frac{0}{0}$ et $\frac{\infty}{\infty}$ Une est liée à la somme de limites, une autre au produit de limites et deux au quotient de limites.
Si, pour tout x de $\mathscr{D}_f$, $f(x)$ est positive est-il possible que sa limite en x_0 soit égale à -1 ?	Non. En effet, la limite d'une fonction positive est positive, que x tende vers un nombre ou l'infini.
Comment calcule-t-on les limites de polynômes ? Distinguer deux cas.	$P(x)$ est un polynôme. Si x_0 est un nombre, alors $\lim\limits_{x \to x_0} P(x) = P(x_0)$. De plus, $\lim\limits_{x \to +\infty} P(x) = \lim\limits_{x \to +\infty} ax^n$ où ax^n est le coefficient de plus haut degré de $P(x)$. Idem en $-\infty$.
Si ni f ni g n'a de limite quand $x \to +\infty$, est-il possible que $f + g$ en ait une ?	Oui. Par exemple, si $f(x) = \sin(x)$ et $g(x) = -\sin(x)$ alors aucune des deux n'a de limite en $+\infty$ et, cependant, $f(x) + g(x) = 0$ donc $f + g$ a pour limite 0 en $+\infty$.

SCHÉMA-BILAN

Recherche de $\lim_{x \to x_0} f(x)$ et d'asymptotes

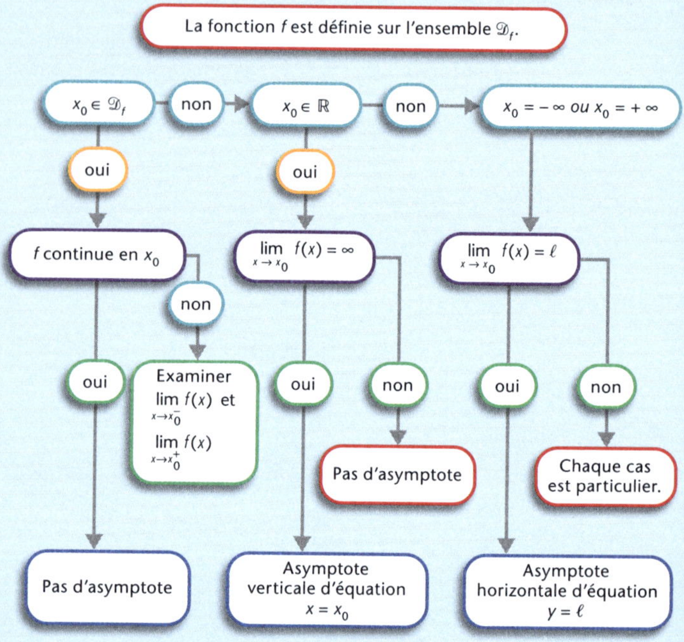

Dérivées de fonctions composées

FICHE 20

I Théorie

1. Cas général

- Dans le cas où les fonctions h et u sont deux fonctions dérivables, le tableau ci-dessous montre les dérivées de fonctions f construites à partir de u ou de h.
- Le nombre n est un rationnel, c'est-à-dire le quotient de deux entiers (appelé aussi fraction).

	$f(x)$	$f'(x)$	Remarques
1	$\sqrt{u(x)}$	$\frac{u\ (x)}{2\sqrt{u(x)}}$	On doit avoir $u(x) > 0$.
2	$(u(x))^n$	$nu'(x)\ (u(x))^{n-1}$	Dans le cas où $n < 0$, il faut que $u(x) \neq 0$.
3	$h(u(x))$	$u'(x)h'(u(x))$	
4	$h(ax+b)$	$ah'(ax+b)$	a et b sont deux réels.

- **Remarques :**

1. $\sqrt{u(x)}$ peut s'écrire $[u(x)]^{\frac{1}{2}}$. On peut donc utiliser la formule n° 2 avec $n = \frac{1}{2}$. Il en est de même avec des exposants négatifs. Par exemple, si $n = -1$, on trouve $f(x) = \frac{1}{u(x)}$ qui conduit à $f'(x) = (-1)\ u'(x)\ (u(x))^{-2}$, c'est-à-dire à $f\ (x) = -\frac{u\ (x)}{u(x)^2}$.

> En résumé, la dérivée de $\frac{1}{u}$ est $-\frac{u}{u^2}$.

2. On peut retenir les formules n° 1 et 2 ainsi : la dérivée de $\sqrt{u}$ est $\frac{u}{2\sqrt{u}}$ et la dérivée de u^n est $nu'u^{n-1}$. Elles sont analogues à celles de $\sqrt{x}$ et x^n. Il suffit d'ajouter la multiplication par u'.

2. Cas particulier des fonctions transcendantes

	$f(x)$	$f'(x)$	*Exemples et remarques*
1	$\sin(u(x))$	$u'(x)\cos(u(x))$	$\sin(x^2) \to 2x\cos(x^2)$
2	$\sin(ax+b)$	$a\cos(ax+b)$	$\sin(2x) \to 2\cos(2x)$
3	$\cos(u(x))$	$-u'(x)\sin(u(x))$	$\cos\left(\frac{1}{x}\right) \to \frac{1}{x^2}\sin\left(\frac{1}{x}\right) (x \neq 0)$
4	$\cos(ax+b)$	$-a\sin(ax+b)$	$\cos(-x+2) \to \sin(-x+2)$
5	$e^{u(x)}$	$u'(x)\,e^{u(x)}$	$e^{x^2+1} \to 2x\,e^{x^2+1}$
6	e^{ax+b}	ae^{ax+b}	$e^{-x} \to -e^{-x}$
7	$\ln(u(x))$	$\frac{u (x)}{u(x)}$	$u(x) > 0$
8	$\ln(ax+b)$	$\frac{a}{ax+b}$	$ax+b > 0$

II Pratique

- **Énoncé :** soit f la fonction définie sur $]-1\,;\,1[$ par $f(x) = \sqrt{\frac{1-x}{1+x}}$.

Montrer que pour tout $x \in]-1\,,\,1[$ $f (x) = -\frac{1}{(1+x)\sqrt{1-x^2}}$.

- **Réponse :** posons $u(x) = \frac{1-x}{1+x}$. En dérivant un quotient, on trouve, pour tout $x \in]-1\,,\,1[$:

$$u (x) = \frac{-1(1+x)-(1-x)1}{(1+x)^2} = \frac{-1-x-1+x}{(1+x)^2} = -\frac{2}{(1+x)^2}.$$

On a donc $f (x) = \dfrac{-\frac{2}{(1+x)^2}}{2\sqrt{\frac{1-x}{1+x}}} = -\frac{1}{(1+x)^2} \times \sqrt{\frac{1+x}{1-x}}$.

En remarquant que $\sqrt{\frac{1+x}{1-x}} = \frac{(1+x)^{\frac{1}{2}}}{(1-x)^{\frac{1}{2}}}$,

on trouve

$$f'(x) = -\frac{(1+x)^{\frac{1}{2}}}{(1+x)^2(1-x)^{\frac{1}{2}}} = -\frac{1}{(1+x)^{\frac{3}{2}}(1-x)^{\frac{1}{2}}} = -\frac{1}{(1+x)(1+x)^{\frac{1}{2}}(1-x)^{\frac{1}{2}}}$$

$$= -\frac{1}{(1+x)((1+x)(1-x))^{\frac{1}{2}}} = -\frac{1}{(1+x)(1-x^2)^{\frac{1}{2}}} = -\frac{1}{(1+x)\sqrt{1-x^2}}$$

ce qu'il fallait démontrer.

Convexité, concavité et inflexion

FICHE 21

I Convexité et concavité

1. Graphiquement

• Une courbe **concave** est une courbe qui rappelle la forme de la voûte d'une cave. Une fonction **convexe** a la forme d'un vase.

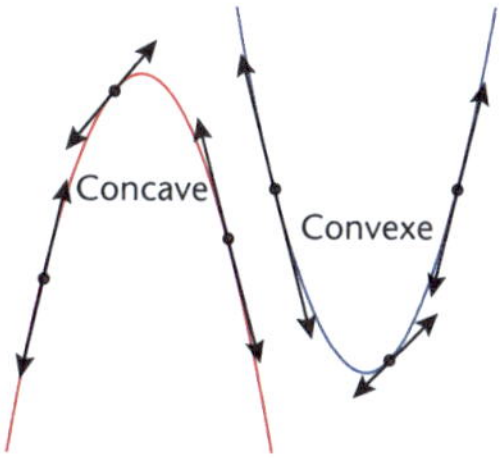

• Les deux figures sont représentées dans un système d'axes orthogonaux usuels.

• On admet qu'une courbe concave est en dessous de ses tangentes et qu'une courbe convexe est au-dessus de ses tangentes.

• On parle aussi de fonctions concaves et de fonctions convexes.

2. Algébriquement

Théorème : une fonction est convexe sur un intervalle I si, et seulement si, $f''(x)$ est positive sur I.

Une fonction est concave sur un intervalle I si, et seulement si, $f''(x)$ est négative sur I.

Cela implique que si f est convexe (resp. concave) sur I, alors sa **dérivée** est croissante (resp. décroissante) sur I.

x	a	c	b
$f''(x)$	+	0	–
$f'(x)$	↗		↘
f est ...	convexe sur $[a ; c]$		concave sur $[c ; b]$

II Inflexion

1. Graphiquement

• Certaines courbes sont convexes sur un intervalle et concaves sur un autre. C'est le cas de la courbe ci-contre qui est concave sur l'intervalle $]-\infty ; a]$ et convexe sur l'intervalle $[a ; +\infty[$.

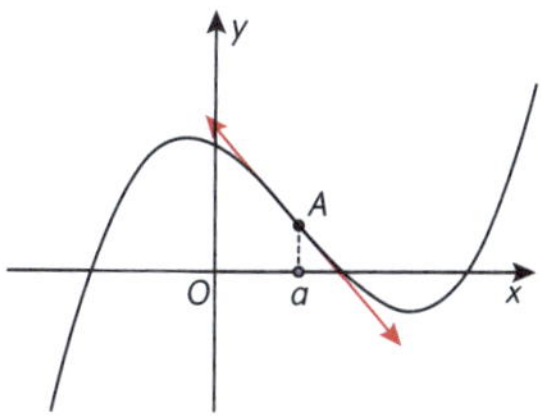

On nomme point d'inflexion le point où la courbe concave devient convexe. Il est noté A sur la figure.

- En ce point, la courbe est en-dessous de sa tangente à gauche de A et au-dessus à droite de A. On dit qu'elle traverse sa tangente, qui s'appelle la tangente d'inflexion de la courbe.

2. Algébriquement

- On détermine l'abscisse (notée a sur la figure) du point d'inflexion en calculant la dérivée seconde de f.
- Théorème : l'abscisse du point d'inflexion d'une courbe est un nombre a où la dérivée seconde s'annule en changeant de signe.
- Le tableau ci-contre montre que la courbe est concave sur $[-3\,;a]$ et convexe sur $[a\,;5]$.

x	-3		a		5
$f''(x)$		$-$	0	$+$	

- Remarque : le changement de signe de $f''(x)$ est obligatoire. Ainsi, si $f(x) = x^4$, $f'(x) = 4x^3$ et $f''(x) = 12x^2$. On voit donc que $f''(x)$ s'annule et reste positive. La courbe représentant x^4 reste convexe sur $\mathbb{R}$.

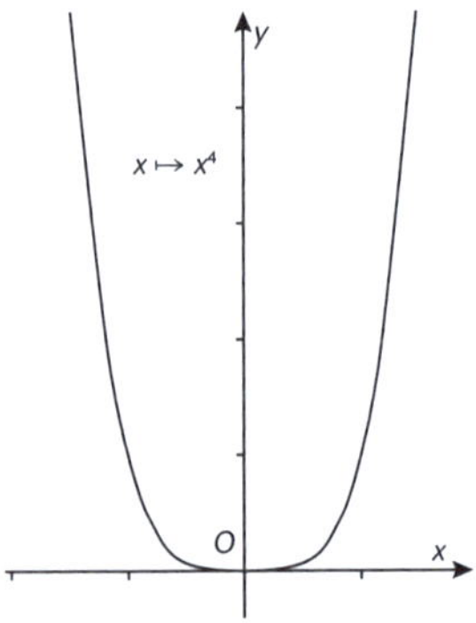

Pour aller plus loin : rechercher des informations relatives aux mathématiciens Euler, D'Alembert et Lagrange.

Continuité et (in)équations

FICHE 22

I Continuité

- Intuitivement, une fonction continue sur un intervalle est une fonction dont on peut tracer la courbe sans lever le crayon.
- À l'inverse une fonction discontinue sur un intervalle est une fonction dont la courbe présente des cassures.
- Toutes les fonctions polynômes et rationnelles (quotients de polynômes), ainsi que les fonctions logarithme, exponentielle et trigonométriques et leurs composées sont continues sur les intervalles de leurs ensembles de définition.

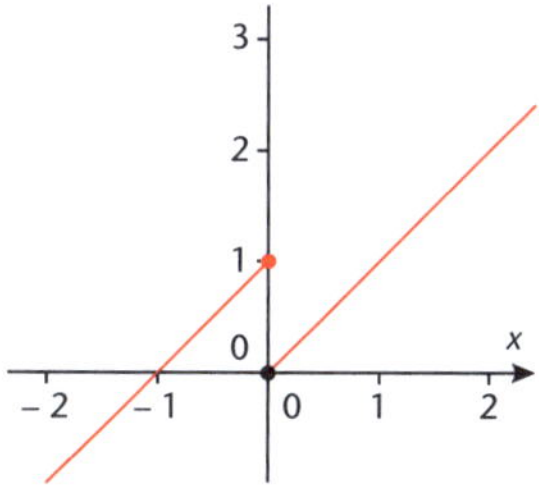

Exemple : posons $f(x) = \begin{cases} x+1 \text{ si } x \leqslant 0 \\ x \text{ si } x > 0 \end{cases}$.

La fonction f est discontinue sur $\mathbb{R}$ et 0 est son point de discontinuité. Sa courbe est dessinée ci-dessus.

Elle est continue sur tout intervalle ne contenant pas 0.

II Résolution d'équations et d'inéquations

1. De quoi s'agit-il ?

- On sait résoudre des équations et des inéquations mettant en jeu des polynômes de degré inférieur ou égal à 2. Pour les degrés supérieurs, c'est plus compliqué et pour les (in)équations mettant en jeu des fonctions transcendantes (logarithme, exponentielle, trigonométriques) la résolution exacte est impossible en général.

Pour aller plus loin : rechercher des informations sur les méthodes de Newton et de Héron d'Alexandrie.

- Il faut trouver une méthode qui permette :

– d'affirmer que telle (in)équation a des solutions ou non ;

– de trouver une approximation de ces solutions.

2. Le théorème des valeurs intermédiaires (tvi)

- Le tvi répond au premier point.

- **Théorème :** soit f une fonction continue sur un intervalle I, a et b deux points de I.

Alors, pour tout nombre k compris entre $f(a)$ et $f(b)$, il existe au moins un nombre c tel que $f(c) = k$.

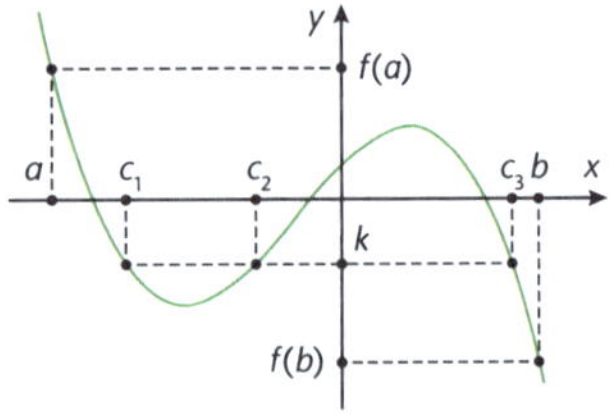

Figure 1

- **Remarques :**

1. Sur la figure 1, on voit que l'équation $f(x) = k$ a trois solutions : c_1, c_2, c_3.

2. L'hypothèse de continuité est capitale : sur la figure 2, k est compris entre $f(a)$ et $f(b)$; cependant l'équation $f(x) = k$ n'a pas de solution car f est discontinue sur l'intervalle $[a ; b]$.

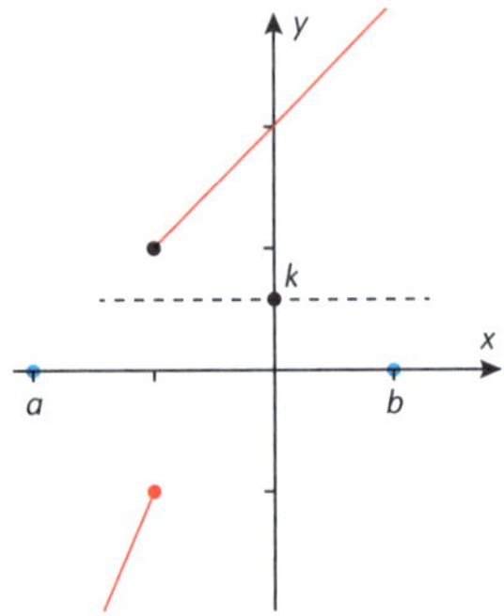

Figure 2

- **Corollaire 1 :** dans les conditions du tvi, et si, **de plus**, f est **strictement monotone**, alors l'équation $f(x) = k$ a une solution unique dans $[a ; b]$

- **Corollaire 2 :** dans les conditions du tvi, et si, **de plus**, $f(a)$ et $f(b)$ sont de signes contraires alors l'équation $f(x) = 0$ a au moins une solution dans $[a ; b]$ et cette solution est unique si f est **strictement** monotone.

> En posant $g(x) = f(x) - k$, on peut toujours ramener la résolution de $f(x) = k$ à celle de $g(x) = 0$.

- Le tvi et ses corollaires montre l'existence (ou non) de solutions à des équations. En cas d'existence, les exercices proposent des méthodes d'approximation des solutions, fondées sur l'étude de suites ou d'algorithmes. La calculatrice (menu SOLVE) est aussi très utile ici.

- Une fois prouvée l'existence de solutions à l'équation $f(x) = k$, on peut résoudre graphiquement l'inéquation $f(x) < k$ par exemple. Dans le cas de la figure 1, les solutions sont les nombres de l'ensemble $]c_1 ; c_2[\cup]c_3 ; b[$. En effet, sur ces intervalles, C_f est en dessous de l'horizontale $y = k$.

Déterminer la solution de $f(x) = x$

On considère l'équation $\cos(x) = x$ sur $\left[0\,,\,\frac{\pi}{2}\right]$.

1. Approche graphique : interpréter le graphique ci-contre pour justifier l'existence d'une solution unique à l'équation.

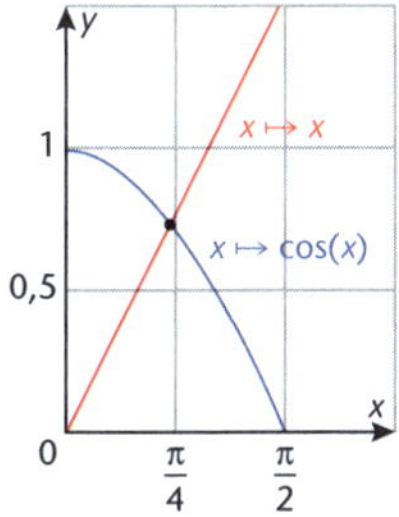

2. Approche analytique.

a. Posons $g(x) = \cos(x) - x$ pour tout $x \in \left[0\,,\,\frac{\pi}{2}\right]$. Écrire une équation faisant intervenir $g(x)$ équivalente à $\cos(x) = x$.

b. Déterminer les variations de g.

c. En déduire l'existence et l'unicité d'une solution α à l'équation $g(x) = 0$ sur $\left[0\,,\,\frac{\pi}{2}\right]$, elle-même solution de l'équation $\cos(x) = x$.

3. Le programme Python suivant décrit la méthode d'approximation de la solution de l'équation précédente par dichotomie.

```
1   from math import *#importation des fonctions
    mathématiques
2   def g(x):
3           return(cos(x)−x)
4   a,b =0,1
5   while abs(a−b)>10**−14:
6           milieu=(a+b)/2
7           if g(milieu)>0:
8                   a=milieu
9           else:
10                  b=milieu
11   print(milieu)
```

a. Quelle est la fonction définie aux lignes 2 et 3 ?

b. À quelle condition le programme sort-il de la boucle while (lignes 5 à 10) ?

c. Comment les contenus des variables a et b sont-ils caractérisés?

4. L'exécution renvoie 0.7390851332151627. Interpréter.

➜ L'équation traduit l'intersection de deux courbes.

1. Les courbes des fonctions $x \mapsto \cos(x)$ et $x \mapsto x$ ont un unique point d'intersection dans l'intervalle $\left[0, \dfrac{\pi}{2}\right]$. L'abscisse de ce point unique est l'unique solution de l'équation $\cos(x) = x$.

2. a. $\cos(x) = x \Leftrightarrow \cos(x) - x = 0 \Leftrightarrow g(x) = 0$.

➜ Pour obtenir les variations de *g*, il suffit de calculer sa dérivée.

2. b. Pour tout $x \in \left[0\,, \dfrac{\pi}{2}\right]$, $g'(x) = -\sin(x) - 1$. Or $\sin(x) \geqslant 0$ si $x \in \left[0, \dfrac{\pi}{2}\right]$ donc $g'(x) \leqslant 0$ sur $\left[0, \dfrac{\pi}{2}\right]$. Donc g est décroissante.

➜ Utiliser un des corollaires du tvi.

2. c. La fonction g est continue car elle est la différence de deux fonctions continues. Elle est strictement décroissante sur $\left[0\,, \dfrac{\pi}{2}\right]$. De plus, $f(0)$ et $f\left(\dfrac{\pi}{2}\right)$ sont de signes contraires. Donc l'équation $g(x) = 0$ a une unique solution sur l'intervalle $\left[0\,, \dfrac{\pi}{2}\right]$.

L'équation $\cos(x) = x$ est équivalente à $g(x) = 0$; elles ont donc la même solution sur $\left[0\,, \dfrac{\pi}{2}\right]$.

➜ L'instruction return donne la valeur de *g*(*x*).

3. a. La fonction g est celle de la question 2.

➜ La fonction abs est la fonction valeur absolue.

3. b. Le programme sort de la boucle while lorsque $|b - a| \leqslant 10^{-14}$, c'est-à-dire quand l'écart entre a et b, qui diminue lors de l'exécution, est suffisamment petit pour avoir une approximation de la solution α qui est comprise entre a et b.

➜ Interpréter les lignes 7 à 10.

3. c. Au début, a contient 0, l'extrémité gauche de l'intervalle d'étude de g et b contient $\dfrac{\pi}{2}$, l'extrémité droite. On a donc $g(a) > 0$ et $g(b) < 0$. Au cours de l'exécution, les variables a et b contiennent des valeurs qui font que $g(a) > 0$ et $g(b) < 0$. L'une des deux contient le milieu du segment $[a\,, b]$ de l'étape précédente. C'est pourquoi sa longueur diminue de moitié à chaque étape et enferme de manière de plus en plus précise α.

4. On a $\alpha \approx 0.7390851332151627$ à 10^{-14} près.

Continuité et dérivation

QUIZ-Mémorisation active

1 Dérivées de fonctions composées

Questions	Réponses
Lorsque le calcul de la dérivée est possible, quelle est la dérivée de la fonction h définie par $h(x) = f(u(x))$?	On trouve $h'(x) = u'(x)f'(u(x))$. Ne pas oublier la multiplication par $u'(x)$.
Quelles sont les dérivées des fonctions suivantes ? • $x \overset{f}{\mapsto} \sqrt{x^2+5}$ • $x \overset{g}{\mapsto} \sin\left(\frac{1}{x}\right)$ • $x \overset{h}{\mapsto} \cos(3x-1)$ • $x \overset{k}{\mapsto} \mathrm{e}^{-2x}$	$f'(x) = \frac{2x}{2\sqrt{x^2+5}} = \frac{x}{\sqrt{x^2+5}}$ $g'(x) = -\frac{1}{x^2}\cos\left(\frac{1}{x}\right)$ $h'(x) = -3\sin(3x-1)$ $k'(x) = -2\mathrm{e}^{-2x}$

2 Convexité, concavité et inflexion

Questions	Réponses
Parmi les fonctions suivantes, quelles sont celles qui sont convexes, concaves ou ni l'une ni l'autre ? Bien prendre en compte leurs intervalles de définition. **a.** $x \overset{s}{\mapsto} \sin(x)$ sur $[0,\pi]$ **b.** $x \overset{c}{\mapsto} \cos(x)$ sur $[0,\pi]$ **c.** $x \overset{e}{\mapsto} \mathrm{e}^x$ sur $\mathbb{R}$	**a.** s est concave. **b.** c : ni convexe ni concave. **c.** e est convexe. Pour répondre aux questions, calculer les dérivées secondes et déterminer leur signe sur les intervalles donnés.
Parmi les affirmations suivantes, lesquelles sont vraies ? **a.** La dérivée d'une fonction concave est négative. **b.** Une courbe convexe est localement au-dessus de ses tangentes. **c.** La dérivée seconde d'une fonction convexe est croissante.	Seule **b.** est vraie. **a.** La dérivée d'une fonction concave est décroissante. C'est la dérivée seconde d'une fonction concave qui est négative. **c.** La dérivée seconde d'une fonction convexe est positive, donc c'est sa fonction dérivée qui est croissante.

3 Théorème des valeurs intermédiaires (tvi)

Questions	Réponses
Le tvi assure-t-il l'existence et l'unicité d'une solution à l'équation $f(x) = k$ dans un intervalle ?	Non. Il assure l'existence d'au moins un antécédent à tout nombre compris entre $f(a)$ et $f(b)$ pourvu que la fonction f soit continue sur $[a, b]$.

SCHÉMAS-BILANS

Algorithme de dichotomie pour trouver une valeur approchée à 10^{-12} près de la solution α de l'équation $f(x) = 0$

Principe : enfermer α dans un intervalle $[a, b]$ de plus en plus étroit.
On suppose ici que $f(a) < 0$ et $f(b) > 0$ et qu'on a défini f, a et b au préalable.

Algorithme	Langage Python

Initialisation : définir f, a, b
Tant que $\|b - a\| > 10^{-12}$
    milieu $\leftarrow \dfrac{a+b}{2}$
    Si f(*milieu*) ≤ 0
        $a \leftarrow$ *milieu*
    Sinon
        $b \leftarrow$ *milieu*
    Fin Si
Fin Tant que
Afficher *milieu*.
	#Initialisation
	while abs(a–b)>10**–12:#tant que la distance de a à b est supérieure à 10^{-12}
	    milieu=(a+b)/2
	    if f(milieu)<=0:
	        a=milieu
	    else:
	        b=milieu
	print(milieu)

Illustration

Au prochain passage dans la boucle "while", *b* prendra la valeur *milieu* car $f(b)$ doit rester positif et *a* conservera sa valeur car $f(a)$ doit rester négatif.

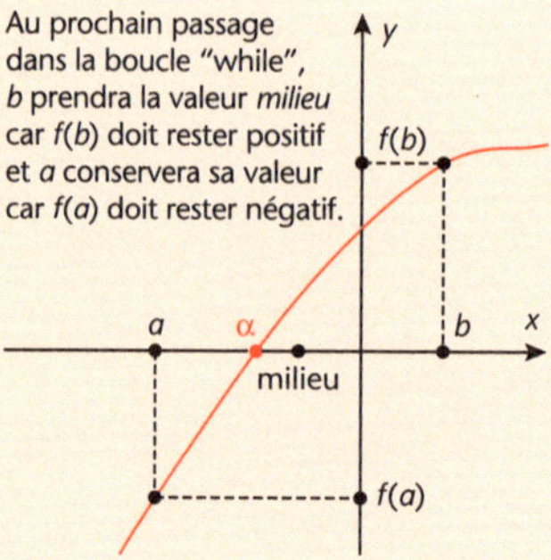

Au prochain passage dans la boucle "while", *a* prendra la valeur *milieu* car $f(a)$ doit rester négatif et *b* conservera sa valeur car $f(b)$ doit rester positif.

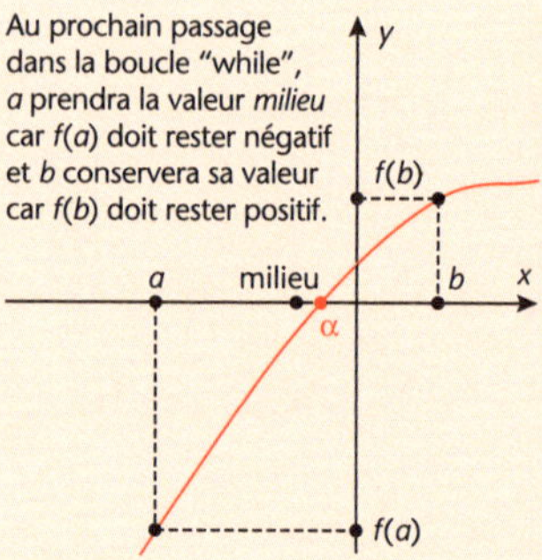

Définition et propriétés du logarithme népérien

FICHE 25

I Étude de la fonction logarithme népérien

1. Définition

- La fonction logarithme népérien, notée ln, est l'unique fonction définie sur $]0\,;+\infty[$ qui s'annule en 1 et qui a pour dérivée la fonction inverse $x \mapsto \dfrac{1}{x}$.

- Il est équivalent de dire que la fonction logarithme népérien est l'unique primitive de la fonction inverse sur $]0\,;+\infty[$ qui s'annule en 1.

- **Conséquences immédiates :** l'ensemble de définition de ln est $]0\,;\ +\infty[$; $\ln'(x)=\dfrac{1}{x}$; $\ln(1)=0$.

2. Variations

- Sa dérivée étant positive, la fonction ln est strictement croissante sur $]0\,;+\infty[$; d'où le tableau de variations ci-contre.

x	0	1	$+\infty$
$\ln(x)$	‖ $-\infty$	↗ 0	↗ $+\infty$

- On démontre que $\lim\limits_{x\to 0^+}\ln(x)=-\infty$ et $\lim\limits_{x\to+\infty}\ln(x)=+\infty$.

- On constate que $\ln(x)\geqslant 0 \Leftrightarrow x\geqslant 1$ et $\ln(x)\leqslant 0 \Leftrightarrow 0<x\leqslant 1$. Donc $\ln(x)$ n'est pas toujours positif.

- Pour tout $x>0$ et tout $y>0$: $\ln(x)=\ln(y) \Leftrightarrow x=y$ et $\ln(x)\geqslant\ln(y) \Leftrightarrow x\geqslant y$.

3. Courbe

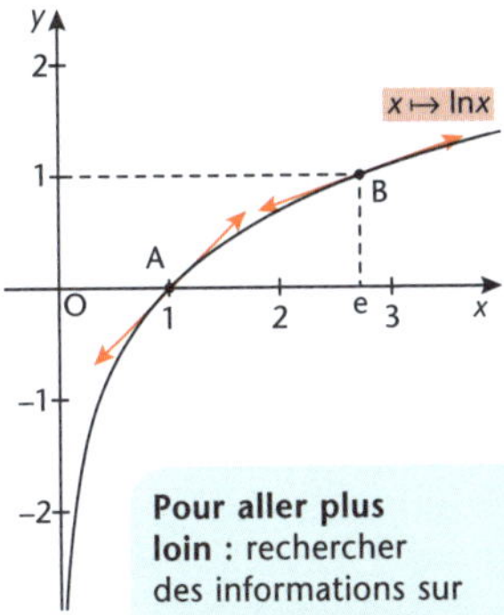

- La courbe de la fonction logarithme népérien est concave et est symétrique à celle de l'exponentielle par rapport à la première bissectrice (d'équation $y=x$) dans un repère orthonormé.

- **Équations de tangentes :**
  - au point d'abscisse 1, $y=x-1$;
  - au point d'abscisse e : $y=\dfrac{1}{\mathrm{e}}x$ (elle passe par l'origine).

- L'axe des ordonnées est asymptote à la courbe.

Pour aller plus loin : rechercher des informations sur John Napier, ou Neper, père du logarithme.

II Propriétés algébriques

- Soit a et b deux nombres réels strictement positifs, n une fraction.

1	**Logarithme d'un produit**	$\ln(ab) = \ln(a) + \ln(b)$
2	**Logarithme de l'inverse**	$\ln\left(\frac{1}{b}\right) = -\ln(b)$
3	**Logarithme d'un quotient**	$\ln\left(\frac{a}{b}\right) = \ln(a) - \ln(b)$
4	**Logarithme d'une puissance**	$\ln(a^n) = n\ln(a)$

- Les propriétés 2, 3 et 4 se déduisent toutes de la propriété 1, appelée propriété fondamentale de la fonction logarithme népérien.
- Ainsi, $\ln\left(\frac{1}{b} \times b\right) = \ln(1) = 0$. D'autre part, $\ln\left(\frac{1}{b} \times b\right) = \ln\left(\frac{1}{b}\right) + \ln(b)$ d'après 1. Donc $\ln\left(\frac{1}{b}\right) + \ln(b) = 0$, ce qui implique que $\ln\left(\frac{1}{b}\right) = -\ln(b)$, ce qui démontre la propriété 2.
- D'autre part, $\ln\left(\frac{a}{b}\right) = \ln\left(a \times \frac{1}{b}\right) = \ln(a) + \ln\left(\frac{1}{b}\right) = \ln(a) - \ln(b)$, ce qui démontre la propriété 3.
- La propriété 4 se démontre par récurrence dans le cas où n est un entier naturel.
- Dans le cas où $n = \frac{1}{2}$, la propriété 4 s'applique encore et $\ln\left(a^{\frac{1}{2}}\right) = \frac{1}{2}\ln(a) \Rightarrow \ln(\sqrt{a}) = \frac{1}{2}\ln(a)$.
- Dans le cas où $n = -\frac{1}{2}$, la propriété 4 s'applique encore et : $\ln\left(a^{-\frac{1}{2}}\right) = -\frac{1}{2}\ln(a) \Rightarrow \ln\left(\frac{1}{\sqrt{a}}\right) = -\frac{1}{2}\ln(a)$.

Ne pas confondre les expressions **$\ln(x^2)$** et **$(\ln(x))^2$**.

III Liens entre les fonctions exponentielles et logarithmes

La symétrie des deux courbes par rapport à la première bissectrice résulte de ce que les deux fonctions sont réciproques. Cela signifie que $\forall\, x > 0$, $\forall\, y \in \mathbb{R}$, $y = \ln(x) \Leftrightarrow e^y = x$. En particulier, pour tout $x > 0$ et tout $y \in \mathbb{R}$, $e^{\ln(x)} = x$ et $\ln(e^y) = y$.

ogarithme, (in)équations t limites

FICHE 26

I Équations et inéquations

1. Résolutions élémentaires

Théorème : soit a un nombre réel.

- L'équation d'inconnue x $\ln x = a$ admet une solution unique qui est e^a. Donc $\ln x = a \Leftrightarrow x = e^a$.
- L'inéquation d'inconnue x $\ln x \leqslant a$ a pour solutions les nombres de l'intervalle $]0\,;e^a]$. Donc $\ln x \leqslant a \Leftrightarrow 0 < x \leqslant e^a$.
- L'inéquation d'inconnue x $\ln x \geqslant a$ a pour solutions les nombres de l'intervalle $[e^a\,;+\infty[$. Donc $\ln x \geqslant a \Leftrightarrow x \geqslant e^a$.

2. Résolutions utilisant les propriétés du logarithme

Exemples :

1. Résoudre l'équation $\ln(x-2) = 2\ln 8 - \ln(x-32)$.
L'idée est de se ramener à une équation du type $\ln(a) = \ln(b)$.
Sous réserve d'existence, l'équation équivaut successivement à :

$$\ln(x-2) + \ln(x-32) = \ln(8^2)$$
$$\ln((x-2)(x-32)) = \ln(64)$$
$$(x-2)(x-32) = 64$$
$$x^2 - 34x + 64 = 64$$
$$x(x-34) = 0$$

On trouve donc les **solutions possibles** 0 et 34. On vérifie que **seule la solution 34 convient** en remplaçant x successivement par 0 et par 34 dans l'égalité initiale.
Finalement, l'équation proposée admet une solution unique qui est 34.

2. Résoudre l'inéquation $\dfrac{(x-e)(2-\ln x)}{x-3} \geqslant 0$.
On dresse un tableau de signes. Il faut se rappeler que $e < 3$ car $e < 2{,}72$.

De plus, $2 - \ln x = 0 \Leftrightarrow \ln x = 2 \Leftrightarrow x = e^2$. On en déduit la ligne de $2 - \ln x$.
En conclusion, les solutions de l'inéquation sont les nombres de l'ensemble $]0\,;e] \cup]3\,;e^2]$.

x	0		e		3		e^2		$+\infty$
$x-e$		−	0	+		+		+	
$2-\ln(x)$	‖	+		+		+	0	−	
$x-3$		−		−	0	+		+	
$Q(x)$	‖	+	0	−	‖	+	0	−	

II Limites

1. Croissances comparées

- **Intuitivement :** lorsque l'on est en présence d'une forme indéterminée mettant en jeu un logarithme et des puissances de x, on considère le logarithme comme une constante car il est négligeable devant n'importe quelle puissance strictement positive de x qui croît beaucoup plus vite que lui.
- **Formellement :** $\forall n \in \mathbb{N}^*, \lim\limits_{x \to +\infty} \dfrac{\ln x}{x^n} = 0$ et $\lim\limits_{x \to 0^+} x^n \ln x = 0$.
- On reconnaît des formes indéterminées : $\dfrac{+\infty}{+\infty}$ pour la première et $0 \times (-\infty)$ pour la seconde. Si $n < 0$, on utilise les théorèmes sur les limites.
- On voit donc que $\lim\limits_{x \to +\infty} \dfrac{\ln x}{x^n} = \lim\limits_{x \to +\infty} \dfrac{1}{x^n} = 0$ et $\lim\limits_{x \to 0^+} x^n \ln x = \lim\limits_{x \to 0^+} x^n = 0$.
- On démontre aussi que $\lim\limits_{x \to +\infty} \dfrac{\ln(x)}{\sqrt{x}} = 0$ et $\lim\limits_{x \to 0^+} \sqrt{x} \ln x = 0$.

2. Autres formes indéterminées

Calculer $\lim\limits_{x \to \frac{1}{2}} \dfrac{\ln(2x)}{2x-1}$. On reconnaît la forme indéterminée $\dfrac{0}{0}$.

- On utilise le nombre dérivé de la fonction $x \mapsto \ln(2x)$.

Pour tout $x > 0$ et $x \neq \dfrac{1}{2}$, $\dfrac{\ln(2x)}{2x-1} = \dfrac{1}{2} \dfrac{\ln(2x)}{x - \frac{1}{2}}$. Or, si on pose $f(x) = \ln(2x)$, $\dfrac{\ln(2x)}{x - \frac{1}{2}} = \dfrac{f(x) - f\left(\frac{1}{2}\right)}{x - \frac{1}{2}}$. La limite de ce rapport quand x tend vers $\dfrac{1}{2}$ est $f'\left(\dfrac{1}{2}\right)$, c'est-à-dire 2.

Pour aller plus loin : effectuer des recherches sur la façon dont étaient construites les anciennes tables de logarithmes décimaux.

- Par conséquent :

$$\lim_{x \to \frac{1}{2}} \frac{\ln(2x)}{2x-1} = \frac{1}{2} \times 2 = 1.$$

- **Remarque :**

$f(x) = \ln 2 + \ln x \Rightarrow f'(x) = \dfrac{1}{x}$.

Étude d'une fonction avec un logarithme

On considère la fonction f définie sur $]0\ ;+\infty[$ par

$f(x) = \dfrac{x^2 - 2x - 2 - 3\ln(x)}{x}$ dont la représentation graphique est donnée ci-contre.

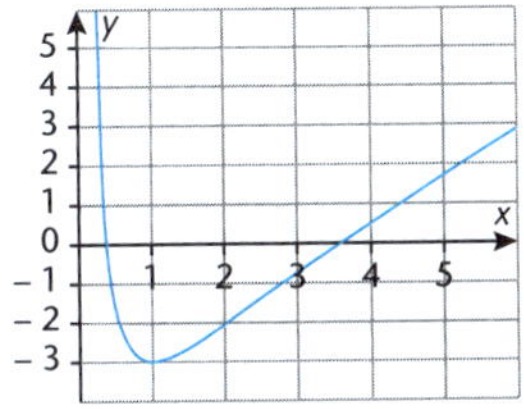

1. Soit φ la fonction définie sur $]0\ ;+\infty[$ par :
$\varphi(x) = x^2 - 1 + 3\ln(x)$

a. Calculer $\varphi(1)$ et la limite de φ en 0.

b. Étudier les variations de φ sur $]0\ ;+\infty[$.

c. En déduire le signe de $\varphi(x)$ selon les valeurs de x.

2. a. Calculer les limites de f en 0 et $+\infty$.

b. On admet que sur $]0\ ;+\infty[$: $f'(x) = \dfrac{\varphi(x)}{x^2}$ En déduire le tableau de variations de f.

c. Prouver que l'équation $f(x) = 0$ admet une unique solution α sur $]0\ ;1]$.

3. Écrire un programme en Python affichant une valeur de α à 10^{-14} par la méthode de dichotomie.

➜ Se rappeler de la limite de ln(x) en 0 et $\ln'(x) = \dfrac{1}{x}$.

1. a. $\varphi(1) = 0$ car $\ln(1) = 0$ et $\lim\limits_{x\to 0} \varphi(x) = -\infty$ car $\lim\limits_{x\to 0} \ln(x) = -\infty$.

1. b. $\forall\, x \in\ ]0\ ,+\infty[\ : \varphi'(x) = 2x + \dfrac{3}{x} \Rightarrow \varphi'(x) > 0$. Donc φ est strictement croissante sur $]0\ ,+\infty[$.

➜ Dresser le tableau de variations de φ.

1. c. On a donc le tableau de variations suivant, sachant que $\lim\limits_{x\to+\infty} \ln(x) = +\infty$.

x	0		1		$+\infty$
$\varphi'(x)$	‖	+		+	
$\varphi(x)$	‖ $-\infty$	↗	0	↗	$+\infty$

Il en résulte que
$x \in\ ]0\ ,1] \Rightarrow \varphi(x) \leqslant 0$
$x \in\ ]1\ ,+\infty[\ \Rightarrow \varphi(x) > 0$.

Pour la limite en $+\infty$, décomposer la fonction en deux parties, puis utiliser les croissances comparées.

2. a. $\forall\ x \in]0\,,+\infty[\ :\ f(x) = \dfrac{x^2-2x-2}{x} - \dfrac{3\ln(x)}{x}$.

Or, $\lim\limits_{x\to+\infty} \dfrac{x^2-2x-2}{x} = \lim\limits_{x\to+\infty} \dfrac{x^2}{x} = \lim\limits_{x\to+\infty} x = +\infty$ et $\lim\limits_{x\to+\infty} \dfrac{\ln(x)}{x} = 0$.

Donc, par somme, $\lim\limits_{x\to+\infty} f(x) = +\infty$.

De plus, $\lim\limits_{x\to0} x^2 - 2x - 2 - \ln(x) = +\infty$ et $\lim\limits_{x\to0} x = 0$. Par quotient (et puisque $x > 0$), on trouve : $\lim\limits_{x\to0} f(x) = +\infty$

2. b. En utilisant les résultats de la question n° 1, on trouve le tableau de variations suivant.

x	0		1		$+\infty$
$f'(x)$		$-$	0	$+$	
$f(x)$	$+\infty$	↘	$f(1)$	↗	$+\infty$

Utiliser le tvi et ses corollaires.

2. c. On sait que f est continue sur $]0\,,+\infty[$ car toutes les fonctions qui la composent le sont. Comme $f(1) = -3$, f prend des valeurs positives puis négatives sur $]0\,,1]$. Comme, de plus, elle est strictement décroissante sur cet intervalle, un corollaire du tvi assure l'existence et l'unicité d'une solution à l'équation $f(x) = 0$ sur $]0\,,1]$.

Utiliser la méthode de la fiche 23 sans oublier que ln n'est pas définie en 0.

3.

```
from math import *
def f(x):
        return((x**2-2*x-2-3*log(x))/x)
a,b=0.000001,1 #on ne peut pas choisir a = 0
while abs(a-b)>10**-14:
        milieu=(a+b)/2
        if f(milieu)>0:
                a=milieu
        else:
                b=milieu
print(milieu)
```

On trouve 0.4127028798342086.

FICHE 28

Logarithme népérien

QUIZ-Mémorisation active

1 Définition et propriétés algébriques

Questions	Réponses
Parmi les affirmations suivantes, lesquelles sont vraies ? **a.** Un logarithme est toujours positif. **b.** $\ln(0) = 1$ **c.** $\ln(e) = 1$	**a.** Fausse : $0 < x < 1 \Rightarrow \ln(x) < 0$ et $x > 1 \Rightarrow \ln(x) > 0$. **b.** Fausse : $\ln(1) = 0$. **c.** Vraie.
Parmi les affirmations suivantes, lesquelles sont vraies ($a > 0$ et $b > 0$) ? **a.** $\ln a + \ln b = \ln(ab)$ **b.** $\ln(a-b) = \dfrac{\ln a}{\ln b}$ **c.** $\dfrac{1}{\ln b} = -\ln b$	**a.** Vraie : c'est la propriété fondamentale. **b.** Fausse : $\ln\left(\dfrac{a}{b}\right) = \ln a - \ln b$. **c.** Fausse : $\ln\left(\dfrac{1}{b}\right) = -\ln b$.
Quels liens y a-t-il entre la fonction logarithme népérien et la fonction exponentielle ?	Les fonctions logarithme népérien et exponentielle sont réciproques, c'est-à-dire : pour tout $x > 0$: $e^{\ln x} = x$ et pour tout $y \in \mathbb{R}$: $\ln(e^y) = y$.

2 (In)équations

Questions	Réponses
Parmi les affirmations suivantes, lesquelles sont vraies ? **a.** $\ln x = -1 \Leftrightarrow x = \dfrac{1}{e}$ **b.** $\dfrac{1}{\ln x} = 1 \Leftrightarrow x = e$ **c.** $\ln x = \dfrac{1}{2}\ln x \Leftrightarrow x = \sqrt{e}$ **d.** L'équation $\ln x = -10$ n'a pas de solution.	**a.** Vraie : $e^{-1} = \dfrac{1}{e}$ **b.** Vraie : $\dfrac{1}{\ln x} = 1 \Leftrightarrow \ln x = 1 \Leftrightarrow x = e$ **c.** Fausse : $\dfrac{1}{2}\ln(x) = \ln(\sqrt{x})$ et $x = \sqrt{x} \Leftrightarrow x = 0$ (à exclure) ou $x = 1$. **d.** Fausse : $x = e^{-10}$
Quelles sont les inéquations qui n'ont pas de solutions ? **a.** $\ln(x) < 0$ **b.** $\ln(-x^2+1) \geqslant 0$	Les deux inéquations ont des solutions. **a.** $]0\,,1[$ **b.** Seul le nombre 0 est solution car $\ln(-x^2+1) \leqslant 0$ puisque $-x^2+1 \leqslant 1$.

SCHÉMAS-BILANS

Dans la suite, on suppose que l'on a $a > 0$, $b > 0$ et $u(x) > 0$.

Pour résoudre des (in)équations avec logarithmes

Retenir

- $\ln(ab) = \ln(a) + \ln(b)$
- $\ln\left(\frac{a}{b}\right) = \ln(a) - \ln(b)$
- $\ln\left(\frac{1}{b}\right) = -\ln(b)$
- $\ln(a^2) = 2\ln(a)$
- $\ln(1) = 0$

Attention

- $\ln(a+b) \neq \ln a + \ln b$
- $\frac{\ln a}{\ln b} \neq \ln(a) - \ln(b)$
- $\frac{1}{\ln(b)} \neq -\ln(b)$
- $(\ln(a))^2 \neq 2\ln(a)$
- $\ln(0)$ n'existe pas.

Pour étudier des fonctions avec logarithmes

Retenir

- $\ln(x)$ peut être négatif si $x \in]0 ; 1]$.
- La dérivée de $\ln x$ est $\frac{1}{x}$.
- Une primitive de $\frac{1}{x}$ sur $]0 ; +\infty]$ est $\ln x$.
- $\lim\limits_{x \to 0^+} \ln x = -\infty$.

Attention

- Il est faux de dire que $\ln x$ est toujours positif.
- La dérivée de $\ln(u)$ n'est pas $\frac{1}{u}$ mais $\frac{u'}{u}$.
- Une primitive de $\frac{1}{u}$ n'est pas $\ln(u)$; une primitive de $\frac{u'}{u}$ est $\ln(u)$.
- $\lim\limits_{x \to -\infty} \ln x$ n'existe pas.

Équations différentielles

1 Résolution de $y' = ay + b$ $a \in \mathbb{R}^*$ et $b \in \mathbb{R}$

• Résolution dans le cas particulier $b = 0$: il s'agit de trouver toutes les fonctions f définies et dérivables sur $\mathbb{R}$ telles que $\forall x \in \mathbb{R} : f'(x) = af(x)$. On sait que ces fonctions sont de la forme $x \mapsto ke^{ax}$ où k est une constante réelle arbitraire.

Pour aller plus loin : les équations de Clairault et Riccati doivent leurs noms aux mathématiciens qui les ont étudiées.

• Résolution du cas général

Théorème : l'équation différentielle $y' = ay + b$ admet une infinité de solutions.

Elles sont de la forme $x \mapsto ke^{ax} - \dfrac{b}{a}$ où k est une constante réelle arbitraire.

Preuve : soit f une solution de l'équation différentielle (E) : $y' = ay$. Posons $g(x) = e^{-ax}f(x)$. Alors $g'(x) = e^{-ax}f'(x) - ae^{-ax}f(x) = e^{-ax}(f'(x) - af(x)) = 0$ car f est une solution de (E).

Comme $g'(x) = 0$, g est constante. Il existe donc $k \in \mathbb{R}$ tel que pour tout x de $\mathbb{R}$ $e^{-ax}f(x) = k$, ce qui implique $f(x) = ke^{ax}$. Toute solution de (E) est donc de la forme $x \mapsto ke^{ax}$.

Soit φ la fonction constante, $x \mapsto -\dfrac{b}{a}$ et h une solution de l'équation $y' = ay + b$.

Alors $h - \varphi$ est solution de l'équation (E) car $(h - \varphi)'(x) = h'(x) - \varphi'(x)$

$$= \underbrace{ah(x) + b}_{h'(x)} - \underbrace{0}_{\varphi'(x)} = a\left(h(x) + \frac{b}{a}\right) \Leftrightarrow (h - \varphi)'(x) = a(h(x) - \varphi(x)).$$

Il existe donc une constante $k \in \mathbb{R}$ telle que $h(x) + \dfrac{b}{a} = k\,e^{ax} \Leftrightarrow h(x) = k\,e^{ax} - \dfrac{b}{a}$.

Réciproquement, toute fonction de la forme $x \mapsto k\,e^{ax} - \dfrac{b}{a}$ est solution de l'équation différentielle $y' = ay + b$. Ce qu'il fallait démontrer.

II Autres équations différentielles

1. Équations $y' = ay + g$ où g est une fonction simple

• Méthode

1. Soit f la forme de la solution générale. On cherche une solution particulière, notée f_0.

2. On a alors $\begin{cases} f'(x) = af(x) + g(x) \\ f_0'(x) = af_0(x) + g(x) \end{cases}$ et par soustraction

$(f - f_0)'(x) = a(f(x) - f_0(x))$. Donc $f - f_0$ est solution de l'équation $y' = ay$.

3. Comme on a $f(x) - f_0(x) = ke^{ax}$, on trouve $f(x) = f_0(x) + ke^{ax}$.

Exemple : résoudre l'équation différentielle $y' = 2y + x^2 - 2x + 5$ sachant qu'une solution particulière est un polynôme de degré 2.

1. Une solution particulière f_0 est de la forme $ax^2 + bx + c$, donc $f_0'(x) = 2ax + b$. Pour tout $x \in \mathbb{R}$, on a donc :

$$\underbrace{2ax + b}_{f_0'(x)} - 2\underbrace{(ax^2 + bx + c)}_{f_0(x)} = x^2 - 2x + 5$$

$$\Leftrightarrow -2ax^2 + (2a - 2b)x + b - 2c = \underbrace{1}_{-2a}x^2 + \underbrace{(-2)}_{2a-2b}x + \underbrace{(5)}_{b-2c}$$

Par identification, $\begin{cases} -2a = 1 \\ 2a - 2b = -2 \\ b - 2c = 5 \end{cases} \Leftrightarrow \begin{cases} a = -\dfrac{1}{2} \\ b = \dfrac{1}{2} \\ c = -\dfrac{9}{4} \end{cases}$.

Donc $f_0(x) = -\dfrac{1}{2}x^2 + \dfrac{1}{2}x - \dfrac{9}{4}$.

2. Soit f la forme de la solution générale. Alors $f - f_0$ est solution de l'équation $y' = 2y$ donc il existe une constante k telle que pour tout $\in \mathbb{R}$ $f(x) - f_0(x) = ke^{2x}$.

3. Les solutions de l'équation différentielle sont donc de la forme $x \mapsto f_0(x) + ke^{2x}$ c'est-à-dire $x \mapsto -\dfrac{1}{2}x^2 + \dfrac{1}{2}x - \dfrac{9}{4} + ke^{2x}$.

2. Équations différentielles $y'' = -\omega^2 y$

On rencontre ces équations différentielles en physique. Ses solutions sont de la forme $x \mapsto k\cos(\omega x) + h\sin(\omega x)$ où k et h sont deux constantes arbitraires.

On peut aussi écrire ces solutions sous la forme $x \mapsto A\cos(\omega x + \varphi)$ où A et φ sont des constantes arbitraires.

Primitives usuelles

I Théorie

1. Lien entre primitives et dérivée

Soit f une fonction continue sur un intervalle I.

- **Définition :** dire que F est une **primitive** de f sur I signifie que F est dérivable sur I et que, pour tout $x \in I$, $F'(x) = f(x)$.

> **Exemple :** $\frac{1}{2}e^{2x} - 10$ est une primitive de e^{2x} sur $\mathbb{R}$ car la dérivée de $\frac{1}{2}e^{2x} - 10$ est égale à e^{2x}.

- Si F est une primitive de f, alors toute fonction de la forme $x \mapsto F(x) + k$, où k est une constante, est aussi une primitive de f.

- On parle d'**une** primitive de f alors qu'on parle de **la** dérivée de f parce que toute fonction continue sur I admet une infinité de primitives (et une seule dérivée, quand celle-ci existe).

Théorème : soit f une fonction continue sur un intervalle I, x_0 un nombre de I et λ une constante. Il existe une et une seule primitive F de f sur I prenant la valeur λ en x_0. Autrement dit, il existe une et une seule primitive de f sur I telle que $F(x_0)=\lambda$.

On écrit alors $F(x) = \int_{x_0}^{x} f(t)\mathrm{d}t + \lambda$. (→ *voir fiche 32*)

> **Exemple :** pour tout $x \in]0 ; +\infty[$, $\ln(x) = \int_{1}^{x} \frac{1}{t}\mathrm{d}t$ (→ *voir fiche 25*)
>
> Car la fonction ln est l'unique fonction définie sur $]0 , +\infty[$, s'annulant en 1 et dont la dérivée est $t \mapsto \frac{1}{t}$.

- Soit f et g deux fonctions définies sur le même intervalle I, α et β deux nombres ; une primitive de $\alpha f + \beta g$ est $\alpha F + \beta G$.

Une primitive de fg n'est pas FG.

II Tableau des primitives usuelles

- u est une fonction dérivable, a, b des constantes, n un nombre rationnel.

$f(x)$	$F(x)$	Remarques
x^n	$\frac{x^{n+1}}{n+1}$	$n \neq -1$ *et* $x \neq 0$ éventuellement
$\frac{1}{x}$	$\ln(x)$	$x > 0$
$(ax+b)^n$	$\frac{1}{a}\frac{(ax+b)^{n+1}}{n+1}$	$a \neq 0$, $n \neq -1$ et $ax + b \neq 0$
$\frac{1}{ax+b}$	$\frac{1}{a}\ln(ax+b)$	$a \neq 0$ et $ax + b > 0$
$u'(x)u(x)^n$	$\frac{u(x)^{n+1}}{n+1}$	$n \neq -1$ et $u(x) \neq 0$ ou $u(x) > 0$
$\frac{u'(x)}{\sqrt{u(x)}}$	$2\sqrt{u(x)}$	Cas particulier de $u'u^n$ avec $n = \frac{1}{2}$; $u(x) > 0$
$\frac{u'(x)}{u(x)}$	$\ln(u(x))$	$u(x) > 0$
e^{ax+b}	$\frac{1}{a}e^{ax+b}$	$a \neq 0$
$u'(x)e^{u(x)}$	$e^{u(x)}$	
$\sin(ax+b)$	$-\frac{1}{a}\cos(ax+b)$	$a \neq 0$
$\cos(ax+b)$	$\frac{1}{a}\sin(ax+b)$	$a \neq 0$

III Application

- **Énoncé**

Sachant que la fonction $x \overset{F}{\mapsto} (x^2 - 2x + 2)e^x - 5e^{-1}$ est l'unique primitive de $x \overset{f}{\mapsto} x^2e^x$ qui prend la valeur 0 en –1, écrire une équation de la tangente à la courbe représentant F au point d'abscisse –1.

- **Solution**

L'équation cherchée est $y = F'(-1)(x+1) + F(-1)$

$\Leftrightarrow y = f(-1)(x+1) + 0 \Leftrightarrow y = e^{-1}(x+1) \Leftrightarrow e^{-1}x + \frac{1}{e}$.

FICHE 31

Primitives et équations différentielles

QUIZ-Mémorisation active

1 Équations différentielles

Questions	Réponses
Quelle est la forme des solutions de l'équation différentielle $y' = ay$ où $a \neq 0$?	La forme générale des solutions de l'équation différentielle est $x \mapsto ke^{ax}$ où k est une constante.
Quelle est la forme générale des solutions de l'équation différentielle $y' = ay + b$ où $a \neq 0$?	La forme générale des solutions de l'équation différentielle est $x \mapsto ke^{ax} - \frac{b}{a}$ où k est une constante.

2 Primitives

Questions	Réponses
Toute fonction f continue sur un intervalle I admet-elle une infinité de primitives sur I ?	Oui. Si F est l'une d'elles, alors toute autre s'écrit sous la forme $x \mapsto F(x) + k$ où k est une constante.
Comment peut-on définir la fonction logarithme népérien à l'aide de la notion de primitive ?	La fonction logarithme népérien est l'unique primitive de $x \mapsto \frac{1}{x}$ sur $]0\ ,+\infty[$ qui s'annule en 1.
Pourquoi une primitive de fg n'est-elle pas FG bien qu'une primitive de $f + g$ soit $F + G$?	Comme $(F + G)' = F' + G' = f + g$, $F + G$ est une primitive de $f + g$. Cependant $(FG)' = F'G + FG' = fG + Fg$. En général, ce résultat est différent de fg.
Comment savoir si $x \overset{F}{\mapsto} (-x^2 - 2x - 2)e^{-x}$ est une primitive de $x \overset{f}{\mapsto} x^2e^{-x}$?	Il suffit de calculer $F'(x) = (-2x - 2)e^{-x} + (-x^2 - 2x - 2)(-1)e^{-x} = x^2e^{-x}$. Donc F est une primitive de f.

SCHÉMAS-BILANS

Résoudre une équation différentielle $y' = ay + g$ où a est une constante non nulle et g une fonction simple

Chercher une solution particulière (méthode donnée dans l'énoncé) notée f_0.

↓

Suivre la méthode indiquée par l'énoncé.

↓

Les solutions sont de la forme $x \mapsto ke^{ax} + f_0(x)$ où k est une constante.

Trouver les primitives d'une fonction

Utiliser le tableau de la fiche 30

↓

Lire de droite à gauche le tableau des dérivées de la fiche 20.

↓

L'énoncé demande de prouver que F est une primitive de f : prouver que l'on a $F' = f$.

I Cas d'une fonction continue positive

• **Définition :** soit f une continue et **positive** sur un intervalle I et a et b ($a \leqslant b$) deux points de I. On appelle intégrale de f sur I et on note $\int_a^b f(x)dx$, $\int_a^b f(t)dt$, etc. ou simplement $\int_a^b f$ l'aire du domaine compris entre la courbe $\mathcal{C}_f$, l'axe des abscisses et les verticales $x = a$ et $x = b$.

• Sur la figure, l'intégrale est l'aire du domaine rose.

Pour aller plus loin : Archimède étudia la quadrature de la parabole, c'est-à-dire le calcul de l'aire comprise entre une parabole et un segment.

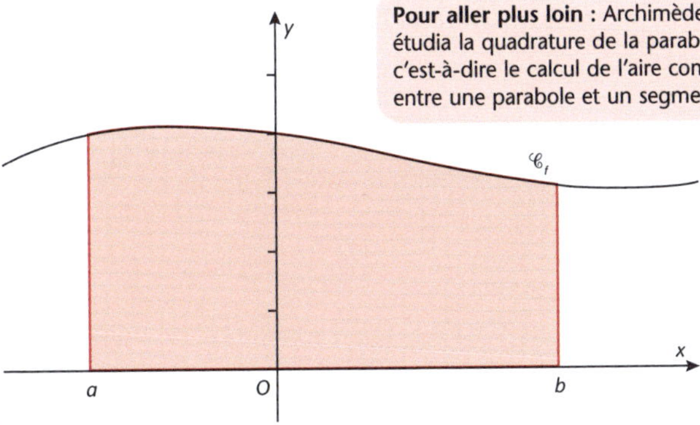

• **Remarques : 1.** Dans les cas où f est une fonction affine (donc éventuellement constante), le calcul de son intégrale est simple puisque le domaine considéré est un polygone (triangle ou quadrilatère).

Sur la figure 1, $\int_{-3}^{1} f = 4 \times 2 = 8$ car l'aire d'un rectangle est égale au produit de sa longueur par sa largeur.

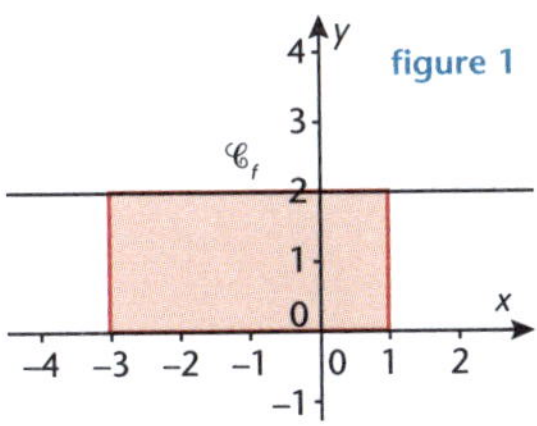

Sur la figure 2, $\int_{-2}^{1} f = \dfrac{3 \times 3}{2} = 4{,}5$ car l'aire du triangle rectangle est égale à la moitié de l'aire du carré de côté 3.

En général, l'aire d'un triangle est égale à $\dfrac{\textit{base} \times \textit{hauteur}}{2}$.

Sur la figure 3, $\int_{-2}^{1} f = \dfrac{(4+1)\times 3}{2} = 7,5$ car

l'aire du trapèze est égale à $\dfrac{\textit{(petite base + grande base)} \times \textit{hauteur}}{2}$.

Les deux bases du trapèze sont ici verticales.

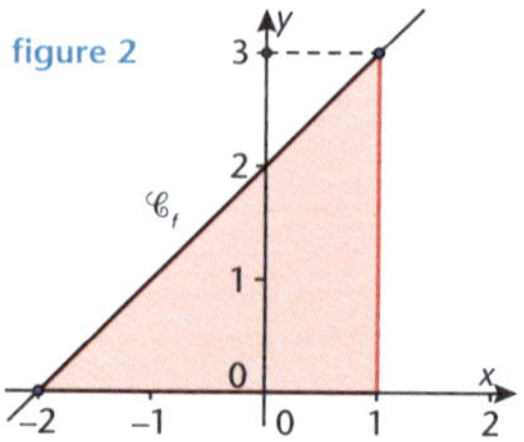

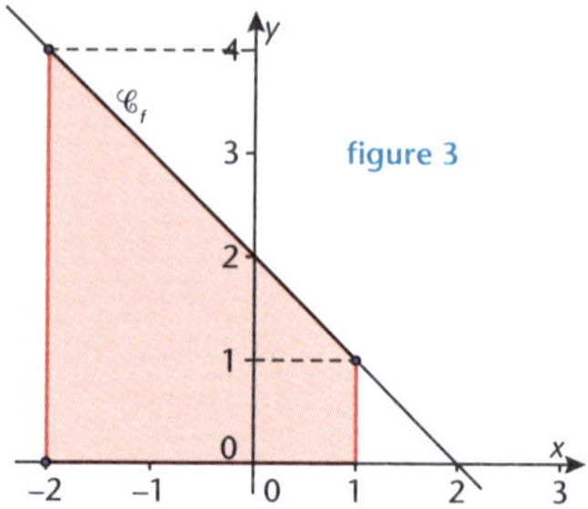

2. On constate que, dans les cas simples précédents, il n'est pas indispensable de connaître l'expression de *f* pour calculer une intégrale.

II Cas général

• **Définition :** soit *f* une fonction continue sur un intervalle *I*, *a* et *b* deux points de *I*. L'intégrale de *f* entre *a* et *b* se note $\int_a^b f(x)\mathrm{d}x$ ou $\int_a^b f(t)\mathrm{d}t$, etc. ou simplement $\int_a^b f$.

Quelle que soit la primitive *F* choisie on a :

$$\int_a^b f = F(b) - F(a) = [F]_a^b.$$

• **Remarque :** dans la définition générale de l'intégrale, on voit que :
– la fonction *f* n'est pas nécessairement positive ;
– on peut très bien avoir $a > b$;
– l'intégrale d'une fonction de signe quelconque ne représente pas nécessairement une aire.

Le nombre $\int_a^b f$ mesure une aire dans le seul cas où *f* est positive et $a \leqslant b$.

Propriétés de l'intégrale et intégration par parties

FICHE 33

I Propriétés de l'intégrale

Soit f, g, … des fonctions continues sur un intervalle I, a, b … des points de I. α, β, m, M, … sont des nombres.

- **Linéarité de l'intégrale**

$$\int_a^b (f(t) + g(t))\mathrm{d}t = \int_a^b f(t)\mathrm{d}t + \int_a^b g(t)\mathrm{d}t = [F(t)]_a^b - [G(t)]_a^b$$

$$\int_a^b \alpha f(t)\mathrm{d}t = \alpha\int_a^b f(t)\mathrm{d}t = \alpha[F(t)]_a^b$$

Exemple : $\int_0^1 (2\mathrm{e}^x + 3x)\mathrm{d}x = 2\int_0^1 \mathrm{e}^x\mathrm{d}x + 3\int_0^1 x\mathrm{d}x = 2[\mathrm{e}^x]_0^1 + 3\left[\frac{x^2}{2}\right]_0^1$

$= 2(\mathrm{e}^1 - \mathrm{e}^0) + 3\left(\frac{1}{2} - 0\right) = 2(\mathrm{e} - 1) + \frac{3}{2} = 2\mathrm{e} - 2 + \frac{3}{2} = 2\mathrm{e} - \frac{1}{2}$

- **Intégrale et ordre**

On suppose $a \leqslant b$.

- **Positivité de l'intégrale** d'une fonction positive : pour tout $x \in I$,

$f(x) \geqslant 0 \Rightarrow \int_a^b f(x)\mathrm{d}x \geqslant 0.$

- **Conservation de l'ordre :** pour tout $x \in I$, $f(x) \geqslant g(x) \Rightarrow \int_a^b f(x)\mathrm{d}x \geqslant \int_a^b g(x)\mathrm{d}x$

On démontre la deuxième inégalité à partie de la première, en posant $h(x) = f(x) - g(x)$ qui est positive. Donc

$\int_a^b h(x)\mathrm{d}x \geqslant 0 \Rightarrow \int_a^b f(x)\mathrm{d}x - \int_a^b g(x)\mathrm{d}x \geqslant 0$

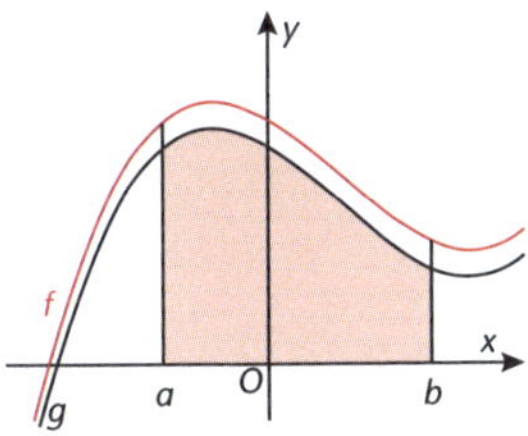

Géométriquement, dans le cas où les deux fonctions sont positives, l'inégalité va de soi car l'aire sous la courbe de f (non colorée) est supérieure à l'aire sous la courbe de g (colorée en rose).

En particulier, si pour tout $x \in [a\ ;\ b]$, $m \leqslant f(x) \leqslant M$, alors $m(b - a) \leqslant \int_a^b f(x)\mathrm{d}x \leqslant M(b - a)$.

Géométriquement, on interprète cette double inégalité ainsi : dans le cas d'une fonction positive, l'aire du domaine coloré est supérieure à l'aire du rectangle *BEFC*, qui est de largeur *m* et de longueur $b - a$, et inférieure à l'aire du rectangle *AEFD*, qui est de largeur *M* et de longueur $b - a$.

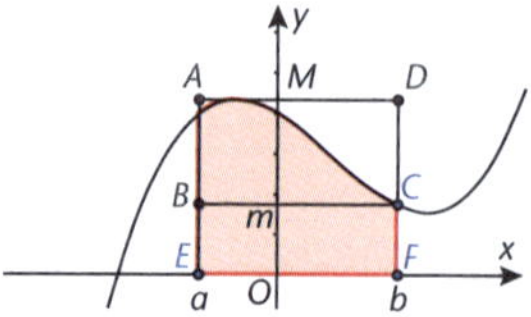

- **Échange des bornes :** $\int_a^b f(x)\mathrm{d}x = -\int_b^a f(x)\mathrm{d}x$.
- **Relation de Chasles :** $\int_a^b f(x)\mathrm{d}x + \int_b^c f(x)\mathrm{d}x = \int_a^c f(x)\mathrm{d}x$.

En particulier, $\int_a^a f(x)\mathrm{d}x = 0$.

II Intégration par parties

Étant donné des fonctions *u* et *v* usuelles, *a* et *b* deux nombres :

$$\int_a^b u'(x)v(x)\,dx = [u(x)v(x)]_a^b - \int_a^b u(x)v'(x)\,dx$$

- Cette formule est utile lorsque l'on doit calculer l'intégrale d'une fonction qui est écrite sous forme d'un produit.
- Au départ, l'un des facteurs du produit est une fonction que **l'on a déjà dérivée** (u') et dont on doit trouver une primitive (u) et l'autre facteur (v) est une fonction qui **doit être dérivée**.

Exemple : calculer $I = \int_0^1 x\mathrm{e}^{2x}\,dx$.

Posons : $\begin{cases} u'(x) = \mathrm{e}^{2x} \\ v(x) = x \end{cases}$. Alors $\begin{cases} u(x) = \frac{1}{2}\mathrm{e}^{2x} \\ v'(x) = 1 \end{cases}$. Donc :

$$I = \left[\frac{1}{2}x\mathrm{e}^{2x}\right]_0^1 - \frac{1}{2}\int_0^1 \mathrm{e}^{2x}\,dx = \frac{1}{2}\mathrm{e}^2 - 0 - \frac{1}{2}\left[\frac{1}{2}\mathrm{e}^{2x}\right]_0^1 = \frac{1}{4}\mathrm{e}^2 + \frac{1}{4}.$$

- L'étape $\begin{cases} u'(x) = \dots \\ v(x) = \dots \end{cases}$ doit obligatoirement comporter deux facteurs dont le produit est égal à la fonction que l'on doit intégrer.

Calculs d'aires et valeur moyenne

FICHE 34

I Théorie

On considère un intervalle I et deux réels a et b tels que $a \leqslant b$ ainsi qu'une fonction f continue sur I.

1. Calcul d'aires

• **Théorème :** l'aire du domaine compris entre la courbe, l'axe des abscisses et les droites d'équations $x = a$ et $x = b$ est égale à :

1. $\int_a^b f$ si f est positive (figure 1)

2. $-\int_a^b f = \int_b^a f$ si f est négative (figure 2)

3. $\int_a^c f - \int_c^b f$ en général (figure 3)

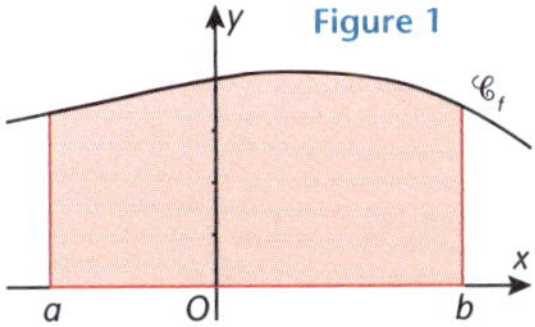

Figure 1

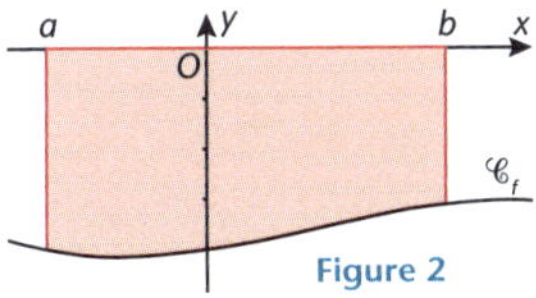

Figure 2

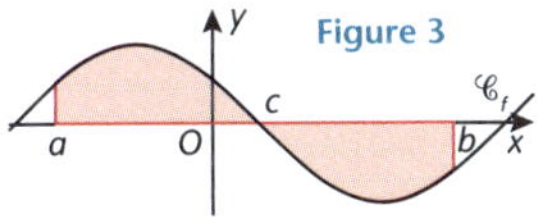

Figure 3

• **Remarque :** on note aussi $\int_a^b f(x)\mathrm{d}x$ ou $\int_a^b f(t)\mathrm{d}t$, etc.

2. Unité d'aire

• **Question :** quand on calcule une aire, dans quelle unité est-elle mesurée ?

• **Réponse :** l'aire s'exprime en unités d'aire (u.a.). Une unité d'aire est l'aire d'un rectangle dont les côtés sont les longueurs de $\vec{i}$ et de $\vec{j}$ dans un repère $(O ; \vec{i}, \vec{j})$.

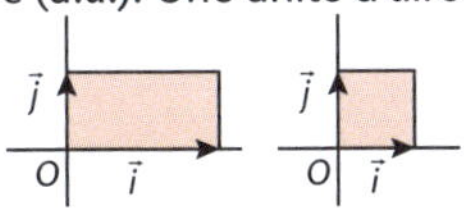

Le rectangle est un carré lorsque le repère est orthonormé.

3. Valeur moyenne d'une fonction

C'est le nombre $\dfrac{1}{b-a}\displaystyle\int_b^a f(x)dx$.

4. Aire sandwich

L'aire du domaine compris entre C_f, C_g et les droites d'équations $x = a$ et $x = b$ est égale à $\int_a^b (f - g)$ dans le cas où $f(x) \geqslant g(x)$.

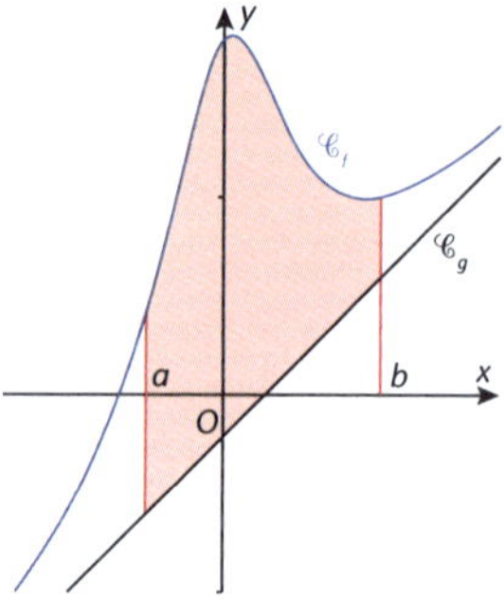

• **Remarque :** le calcul de cette aire est indépendant du signe de chacune des fonctions en jeu. Il dépend de la position relative de chaque fonction.

II Pratique

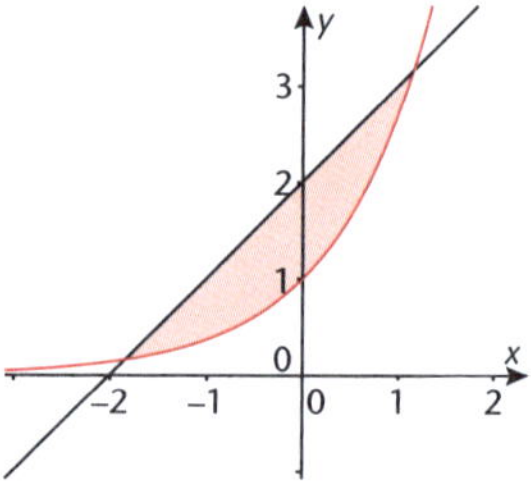

• **Énoncé :** on pose $f(x) = e^x$ et $g(x) = x + 2$. On se propose de calculer l'aire, en cm², du domaine coloré. Les courbes sont tracées dans un repère orthogonal d'unités 1 cm sur l'axe des abscisses et 2 cm sur l'axe des ordonnées (ce n'est pas le cas sur la figure).

1. On pose $h(x) = f(x) - g(x)$. Montrer que l'équation $h(x) = 0$ admet deux solutions, notées α et β, sur l'intervalle $[-3 ; 2]$ et en déduire le signe de $h(x)$ sur $[-3 ; 2]$.

2. À l'aide d'une calculatrice, calculer l'aire demandée.

• **Solution : 1.** $h(x) = e^x - x - 2 \Rightarrow h'(x) = e^x - 1$. Comme $e^x = 1 \Leftrightarrow x = 0$ on en déduit le tableau de variations.

$m = e^{-3} + 1 \Rightarrow m > 0$ et $M = e^2 - 4 \Rightarrow M > 0$. Le théorème des valeurs intermédiaires montre l'existence de α et β.

x	-3	α	0	β	2
$h'(x)$		$-$	0	$+$	
$h(x)$	m ↘	0	↘ ↗	0	↗ M

2. En u.a., l'aire demandée est égale à $\int_\alpha^\beta h$. Pour trouver son expression en cm², on le multiplie par 1 cm × 2 cm c'est-à-dire 2 cm². On trouve, à l'aide d'une calculatrice, 1,949 u.a. ou 3,898 cm².

Pour aller plus loin :
Galilée et Cavalieri ébauchent la théorie des aires avec la méthode des indivisibles.

La méthode de Monte-Carlo pour calculer une intégrale

La méthode de Monte-Carlo utilise le hasard pour obtenir une approximation de nombres calculés à partir d'une formule. On se propose ici de calculer $\int_a^b \ln(x)\,dx$, où $0 < a < b$.

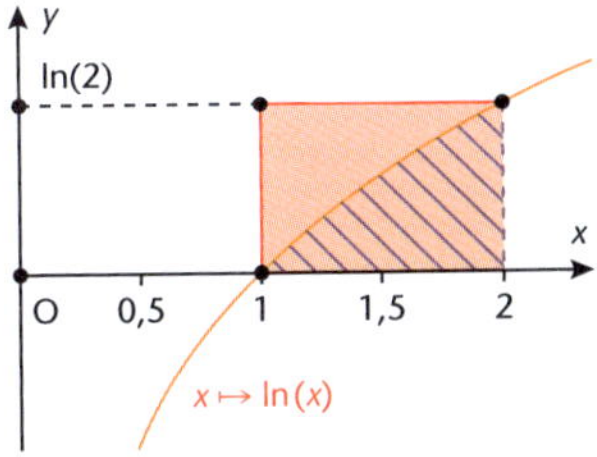

On choisit $a = 1$ et $b = 2$. (On généralise sans peine.)
On « bombarde » alors le rectangle construit ci-dessus de points dont les coordonnées (x, y) sont aléatoires : $1 \leqslant x \leqslant 2$ et $0 \leqslant y \leqslant \ln(2)$.
Certains sont sous la courbe : on les compte et ils serviront au calcul de l'aire. Les autres ne participent pas au calcul.
Le programme Python tient compte de ces données.

```
1  from math import *
2  from random import *
3  a,b,aire,n=1,2,0,10000
4  for i in range (n):
5          x=a+random()
6          y=log(b)*random()
7          if y<=log(x):
8          aire=aire+1
9  print(aire*log(b)/n)
```

1. De combien de points « bombarde-t-on » le rectangle ?

2. Quelle est le rôle de la variable *aire* ?

3. Quel est le nombre retourné par l'instruction de la ligne n° 9 ?

4. L'exécution du programme fournit 0.3889248830121853. Évaluer la précision de l'approximation sachant qu'une primitive de $\ln(x)$ est $x \overset{F}{\mapsto} x\ln(x) - x$.

→ Interpréter la boucle débutant à la ligne n° 4.

1. La boucle *for* qui commence à la ligne n° 4 ordonne d'exécuter 10 000 fois les instructions des lignes n° 5 à 8.
Le rectangle rouge sera donc criblé de 10 000 points (certains seulement seront retenus).

→ Examiner l'initialisation de la variable *aire* ainsi que la façon dont son contenu change.

2. Au départ, la variable *aire* contient 0 (ligne n° 3). Son contenu augmente de 1 à chaque fois que le point de coordonnées $(x\,,\,y)$ réalise la condition $y \leq \ln(x)$ (ligne n° 7). À la fin du « bombardement », *aire* contient tous les points qui font partie du domaine hachuré.

→ Les 10 000 points obtenus au hasard sont censés représenter l'aire du rectangle rouge.

3. Ici, une unité d'aire (u.a.) est un point de cordonnées $(x\,,\,y)$. Donc $10\,000 u.a. = \ln(2) \Rightarrow 1\ u.a. = \dfrac{\ln(2)}{10\,000}$. Donc aire $\times\ \dfrac{\ln(2)}{10\,000}$ donne une approximation de l'aire du domaine hachuré.

→ Calculer F(2) – F(1).

4. On sait que $\displaystyle\int_1^2 \ln(x)\,dx = F(2) - F(1) = 2\ln(2) - 2 - (1\ln(1) - 1)$

$$\Rightarrow \int_1^2 \ln(x)\,dx = 2\ln(2) - 1 \Rightarrow \int_1^2 \ln(x)\,dx \approx 0.3862943611199$$

(à la calculatrice). La méthode semble donc fournir une approximation au centième.

La figure ci-contre montre le résultat de 10 000 bombardements. La forme obtenue est une approximation du domaine dont on calcule l'aire.

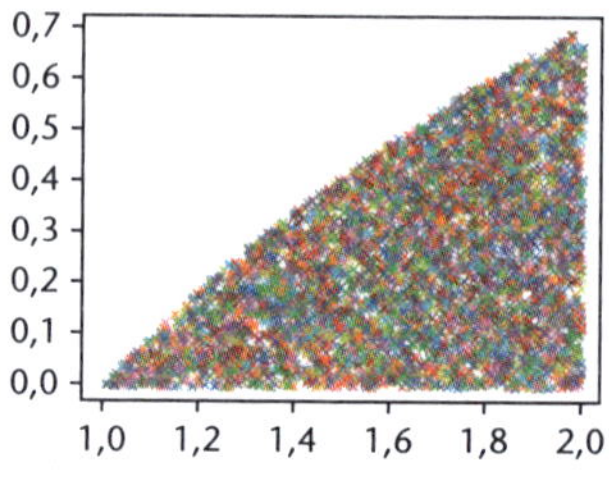

Calcul intégral

QUIZ-Mémorisation active

1 Introduction de l'intégrale

Questions	Réponses
Dans quels cas simples n'est-il pas nécessaire de connaître une primitive F de f pour calculer $\int_a^b f$?	Lorsque la représentation graphique de f sur $[a, b]$ est un polygone et lorsque f a un signe constant sur cet intervalle, $\int_a^b f$ est l'aire d'un trapèze ou d'un triangle dont on peut calculer la valeur par des formules usuelles sans connaître F.

2 Propriétés de l'intégrale

Questions	Réponses
f et g sont deux fonctions continues sur un intervalle I, a et b deux points de I. Quelles sont les affirmations vraies ? a. $\int_a^b 2f = 2\int_a^b f$ b. $\int_a^b fg = \int_a^b f \int_a^b g$ c. $\int_a^b (f+g) = \int_a^b f + \int_a^b g$	Les affirmations **a.** et **c.** sont vraies. L'affirmation **b.** est fausse car l'intégrale d'un produit n'est pas égale au produit des intégrales.
Pour calculer $\int_a^b f$, est-il obligatoire que l'on ait $a \leq b$?	Non. On a toujours $\int_a^b f = F(b) - F(a)$ quelles que soient les valeurs de a et b.
La formule d'intégration par parties peut-elle s'écrire $\int_a^b v'u = \left[uv\right]_a^b - \int_a^b vu'$?	Oui. L'important est de déclarer que l'intégrale que l'on cherche à évaluer est constituée d'un produit d'un facteur qui est déjà dérivé (ici v') et d'un facteur que l'on va dériver (ici u).

3 Calculs d'aires et valeur moyenne

Questions	Réponses
Quelles sont les conditions pour que $\int_a^b f(x)\mathrm{d}x$ mesure une aire ?	Il faut à la fois que $a \leq b$ et que $f(x)$ soit positive sur $[a , b]$.
Lorsque l'on calcule l'aire sandwich comprise entre deux courbes C_f et C_g, le signe des fonctions f et g est-il important ?	Non. L'important est la position de C_f et C_g, c'est-à-dire le signe de $f - g$. Si $f - g \geq 0$, alors l'aire sandwich est l'intégrale de $f - g$ et sinon c'est l'intégrale de $g - f$.
Qu'est-ce que la valeur moyenne d'une fonction f sur $[a , b]$?	La valeur moyenne de f sur $[a , b]$ est le nombre $\frac{1}{b-a}\int_a^b f$. Lorsque f est positive et $a < b$, c'est la hauteur d'un rectangle de côté $[a , b]$ qui a pour aire $\int_a^b f$.

SCHÉMA-BILAN

Calculer une aire en cm²

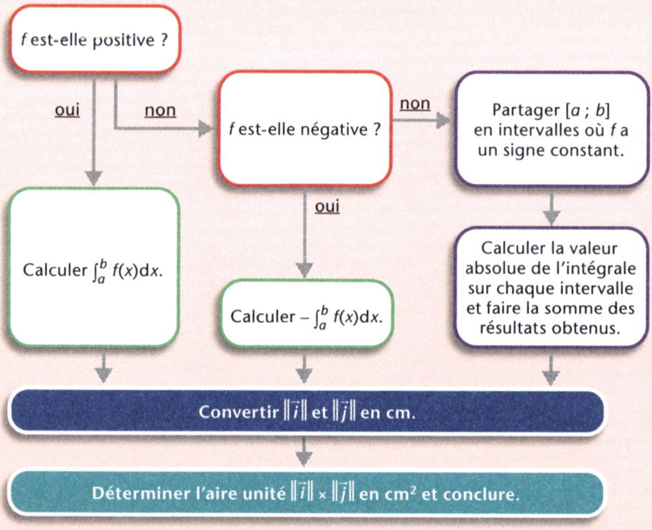

Dénombrement

FICHE 37

Rappel. Soit X un ensemble, $card(X)$ est le nombre d'éléments de X.

I Produits cartésiens

• **Définition :** le produit cartésien de k ensembles $A_1,\dots,A_k$ se note $A_1 \times \dots \times A_k$ et est l'ensemble de tous les k – *uplets* $(a_1, \dots, a_k)$ où $a_1 \in A_1, \dots a_k \in A_k$.

• **Théorème :** le nombre de k – *uplets* de $A_1 \times \dots \times A_k$ est $\text{card}(A_1) \times \dots \times \text{card}(A_k)$.

- Un 2-uplet est un couple, un 3-uplet un triplet, etc.
- Lorsque tous les ensembles sont égaux, on note $E^k = E \times \dots\dots E$.

• **Énoncé :** on jette trois dés cubiques, combien de résultats peut-on envisager ?

• **Réponse :** un jet peut se symboliser par un triplet de l'ensemble $\{1, 2, \dots, 6\}^3$. On peut donc envisager 6^3 résultats, c'est-à-dire 216.

II Factorielles et arrangements

On dispose d'un ensemble E à n éléments ($n \geqslant 1$)

1. Factorielles

• **Définition :** la factorielle d'un entier naturel non nul n se note $n!$ et est le produit des entiers naturels non nuls inférieurs ou égaux à n : $n! = n(n-1) \times \dots \times 1$.

- $1! = 1$, $2! = 2$, $3! = 6$… et par convention : $0! = 1$.
- $n! = (n-1)! \times n$

• **Énoncé :**

Quelle est la mission du programme Python suivant ?

```
def fac(n):
        if n==1:
                return(1)
        return(fac(n - 1)*n)
```

• **Réponse :**

Ce programme définit une fonction qui renvoie $n!$. En effet, la fonction s'appelle elle-même (ligne n° 4) (on dit qu'elle est récursive) et revient donc à la ligne n° 1 en demandant le calcul de $(n-1)! \times n$ pour les valeurs successives décroissantes de n jusqu'à ce que $n = 1$ auquel cas fac(n) renvoie 1 et arrête le calcul.

Le programme utilise $n! = (n-1)! \times n$.

2. Arrangements

• **Définition :** soit $k \in \mathbb{N}^*$. On appelle k-arrangement de E tout k-uplet d'éléments deux à deux distincts de E. Un n-arrangement de E est une permutation de E.

• **Théorème :** le nombre de k-arrangements de E se note A_n^k et est égal à $\underbrace{n(n-1)\dots(n-k+1)}_{\text{produit de } k \text{ facteurs consécutifs}}$.

• $A_n^k = \dfrac{n!}{(n-k)!}$, $A_n^n = A_n^{n-1} = n!$ $A_n^0 = 1$ et $A_n^1 = n$.

III Combinaisons

• **Définition :** soit $k \in \mathbb{N}^*$. On appelle k-combinaison de E toute partie de E contenant k éléments.

• **Théorème :** pour tout $n \in \mathbb{N}$ et tout entier $k \in [0, n]$, le nombre de k-combinaisons de E se note $\dbinom{n}{k}$ (lire : k parmi n) et est égal à :

$$\frac{n(n-1)(n-2)\dots(n-k+1)}{k!} = \frac{A_n^k}{k!} = \frac{n!}{k!(n-k)!}$$

$$\binom{n}{0} = \binom{n}{n} = 1,\ \binom{n}{1} = \binom{n}{n-1} = n,\ \binom{n}{2} = \frac{n(n-1)}{2}$$

• Formule de Pascal : $\dbinom{n+1}{k+1} = \dbinom{n}{k+1} + \dbinom{n}{k}$

Cette formule permet de construire le **triangle de Pascal** (ici, $n = 3$ et $k = 1$)

$$\binom{4}{2} = \binom{3}{2} + \binom{3}{1}$$

$k\rightarrow$ / $n\downarrow$	0	1	2	3	4
0	1				
1	1	1			
2	1	2	1		
3	1	3	3	1	
4	1	4	6	4	1

Schéma de Bernoulli et loi binomiale

FICHE 38

I Bernoulli

1. Épreuve de Bernoulli

- **Définition :**
  - Une épreuve de Bernoulli est une **épreuve à deux issues** : vrai/faux, pile/face, blanc/noir, etc.
  - On convient d'appeler « **succès** » et « **échec** » les deux résultats possibles de cette épreuve.
  - La probabilité d'un succès est généralement notée p ($p \in [0\ ,\ 1]$) et la probabilité d'un échec est notée $q = 1 - p$.

Pour aller plus loin :
Ars Conjectandi de Jacques Bernoulli est un ouvrage fondateur du calcul des probabilités.

Exemples :

1. On prélève une boule au hasard dans une urne contenant des boules blanches (en proportion p) et des boules noires (en proportion $q = 1 - p$).

2. On jette un dé cubique ordinaire et on appelle « succès » l'événement « le dé a amené un 4 » Alors $p = \frac{1}{6}$ et $q = \frac{5}{6}$.

2. Variable de Bernoulli

- **Définition :** une **variable aléatoire de Bernoulli** est une variable aléatoire caractérisée ainsi :
  - $X(\Omega) = \{0\ ;\ 1\}$ (X ne prend que deux valeurs) ;
  - $P(X{=}1) = p$ et donc $P(X{=}0) = q$.

3. Schéma de Bernoulli

- **Définition :** un schéma de Bernoulli est la **répétition** de la même épreuve de Bernoulli un certain nombre de fois (noté n), chaque fois étant indépendante des autres.

On peut schématiser la succession d'épreuves comme ci-après, d'où le terme de « schéma ».

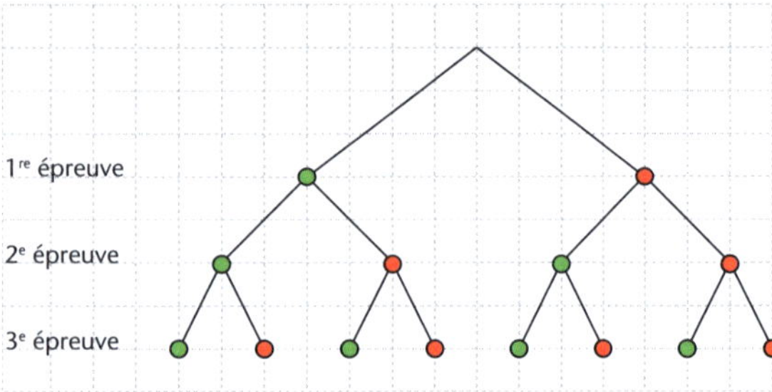

II Loi binomiale

- **Théorème 1 :** on considère un schéma de Bernoulli à n répétitions. Soit X la variable aléatoire comptant le nombre de succès obtenus. Alors :
  - $X(\Omega) = \{0, 1, \ldots, n\}$.
  - Pour tout $k \in X(\Omega)$: $P(x = k) = \binom{n}{k} p^k q^{n-k}$.
- On dit que X suit une loi binomiale dont les paramètres sont n et p et on écrit : $X \hookrightarrow B(n\ ,\ p)$
- **Théorème 2 :** si $X \hookrightarrow B(n\ ,\ p)$ alors $E(X) = np$ et $V(X) = npq$.
- **Remarques :**

1. La loi binomiale s'appelle aussi la loi du nombre de succès au cours d'une répétition de n épreuves identiques et indépendantes.

2. Si $n = 1$ la variable aléatoire s'appelle une variable aléatoire de Bernoulli. Dans ce cas $E(X) = p$ et $V(X) = pq$.

III Pratique

- **Énoncé :** on fait des paquets de 10 sucettes en prélevant dans une grande réserve des sucettes à l'orange (il y en a 60 %) et au citron (il y en a 40 %). En raison de la taille de la réserve, on peut assimiler le choix de chacune des 10 sucettes à un tirage aléatoire d'une sucette avec remise, indépendant des autres.
On prend un paquet au hasard. Soit X le nombre de sucettes à l'orange qu'il contient. Déterminer la loi de X.

- **Réponse :** selon l'énoncé, la loi de X est la loi binomiale de paramètres 10 et 0,6. Donc $X(\Omega) = \{0, 1, 2, \ldots, 10\}$ et, pour tout entier $k \in [0\ ;10]$, $P(X = k) = \binom{10}{k} 0{,}6^k\ 0{,}4^{10-k}$.

Somme de deux variables indépendantes

FICHE 39

I Théorie

1. Somme de variables aléatoires

• **Définition** : considérons deux variables aléatoires X et Y définies sur le même univers Ω. On définit naturellement la variable aléatoire $X + Y$ ainsi :
$\forall \omega \in \Omega : (X + Y)(\omega) = X(\omega) + Y(\omega)$.

Pour aller plus loin : rechercher la théorie des erreurs chez Laplace et Legendre.

Exemple : on lance simultanément un dé cubique et un dé tétraédrique (4 faces) et on note respectivement C et T les faces apparues. Soit S la somme obtenue. On a $S = C + T$ et $S(\Omega) = \{2, 3, 4, 5, 6, 7, 8, 9, 10\}$

• On généralise la définition à n variables aléatoires.

2. Espérance et variance

• **Théorème :** étant donné deux variables aléatoires X et Y définies sur le même univers Ω :

1. $E(X + Y) = E(X) + E(Y)$
   • On généralise à n variables aléatoires.
2. $\forall a \in \mathbb{R} : E(aX) = aE(X), V(aX) = a^2V(X)$
   • En particulier : $E(X - Y) = E(X) - E(Y)$

• **Théorème :** si, **de plus**, X et Y sont **indépendantes**, alors $V(X + Y) = V(X) + V(Y)$.
   • D'après le théorème précédent, on a aussi $V(X - Y) = V(X) + V(Y)$.
   • Dans le contexte d'une somme de variables aléatoires, leur indépendance repose sur le bon sens. Par exemple, les variables aléatoires C et T ci-dessus sont évidemment indépendantes.

II Applications

1. Loi binomiale

• Toute variable aléatoire X, suivant une loi binomiale $B(n\ ,\ p)$, est somme de n variables aléatoires X_1, …, X_n de Bernoulli indépendantes de paramètre p.

Ainsi, $E(X) = E(X_1) + \ldots + E(X_n) = np$ et $V(X) = V(X_1) + \ldots + V(X_n) = npq$.

• On constate que si deux variables aléatoires suivent respectivement des lois binomiales $B(n, p)$ et $B(n, q)$, elles ont la même variance. Leurs histogrammes ont donc la même structure et sont symétriques par rapport à la droite d'équation $x = \frac{n}{2}$.

C'est ce que suggère la figure ci-contre.

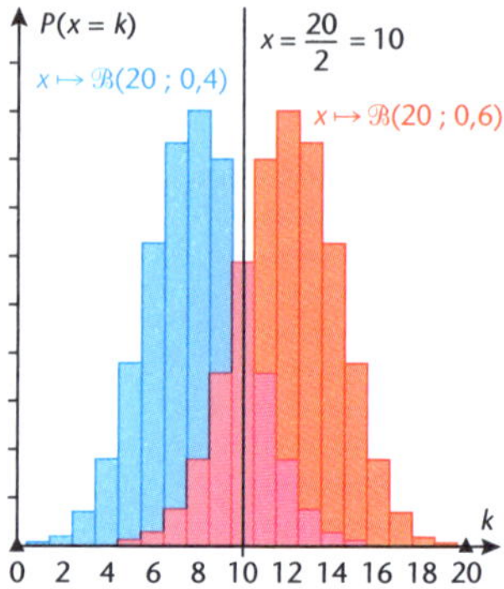

• **Théorème :** soit X et X' deux variables aléatoires suivant les lois binomiales $B(n,p)$ et $B(n', p)$. Alors $X + X'$ suit la loi binomiale $B(n + n', p)$.

• **Remarque :** si l'on suppose que l'on effectue d'abord n tirages avec remise d'une boule dans une urne U puis, par vice, qu'on en fasse de nouveau n' dans la même urne, tout se passe comme si on en avait prélevé $n + n'$ d'emblée !

2. Échantillon d'une loi de probabilité

• Un **échantillon** de taille n d'une loi de probabilité est une suite de n variables aléatoires indépendantes et de même loi.

• Soit $(X_1, \ldots, X_n)$ un échantillon de taille n d'une loi de probabilité d'espérance μ et de variance σ^2 (donc d'écart-type σ).

On pose $S_n = X_1 + \ldots + X_n$ et $M_n = \frac{1}{n}(X_1 + \ldots + X_n)$, appelé moyenne de l'échantillon. Alors :

$$E(S_n) = n\mu,\ V(S_n) = n^2\sigma^2 \Rightarrow \sigma(S_n) = n\sigma$$

$$E(M_n) = \mu,\ V(M_n) = \frac{1}{n}\sigma^2 \Rightarrow \sigma(M_n) = \frac{1}{\sqrt{n}}\sigma.$$

• **Énoncé :** déterminer l'espérance et la variance d'un échantillon de taille n d'une loi binomiale $B(n,p)$.

• **Réponse :** on cherche à calculer $E(M_n)$ et $V(M_n)$ sachant que $\mu = np$ (espérance d'une loi binomiale $B(n,p)$) et $\sigma^2 = npq$ (variance d'une loi binomiale $B(n,p)$). On a donc $E(M_n) = np$ et $V(M_n) = \frac{1}{n}npq = pq$.

négalité de Bienaymé-Tchebychev et loi des grands nombres

FICHE **40**

I Inégalité de Bienaymé-Tchebychev (BT)

- Soit X une variable aléatoire de moyenne μ et d'écart-type σ.
- Pour tout $\varepsilon > 0$, $P(|X - \mu| \geqslant \varepsilon) \leqslant \frac{\sigma^2}{\varepsilon^2}$.

Pour aller plus loin : effectuez des recherches sur Irénée-Jules Bienaymé et Paftouni Tchebychev.

- **Interprétation :** si $X \hookrightarrow B(10\,;0{,}5)$, alors $\mu = 10 \times 0{,}5 = 5$, $\sigma^2 = V(X) = 2{,}5$.

Donc, en posant $\varepsilon = 4$, $P(|X - 5| \geqslant 4) \leqslant \frac{2{,}5}{16} \Rightarrow P(|X - 5| \geqslant 4) \leqslant 0{,}16$. Or, $(|X - 5| \geqslant 4) = (X = 0) \cup (X = 1) \cup (X = 9) \cup (X = 10)$. Donc un calcul direct fournit $P(|X - 5| \geqslant 4) \approx 0{,}02$. On voit que l'inégalité de BT fournit une indication médiocre. Cependant, elle est utile pour prouver la loi des grands nombres.

II Loi des grands nombres

- **Théorème (loi faible des grands nombres) :** soit $(X_1, \ldots, X_n)$ un échantillon d'une loi de probabilité de moyenne μ et de variance σ^2 (donc d'écart-type σ). Soit M_n la moyenne de l'échantillon (→ *voir fiche 39*). Alors :

$$\forall \varepsilon > 0 \;: P(|M_n - \mu| \geqslant \varepsilon) \leqslant \frac{\sigma^2}{n\varepsilon^2}$$

- **Preuve :** on sait que $M_n = \frac{X_1 + ⊃ + X_n}{n}$ et $E(M_n) = \mu$ et $V(M_n) = \frac{\sigma^2}{n}$ (→ *voir fiche 39*) D'après l'inégalité de BT :

$$P(|M_n - \mu| \geqslant \varepsilon) \leqslant \frac{\frac{\sigma^2}{n}}{\varepsilon^2} = \frac{\sigma^2}{n\varepsilon^2},$$ ce qu'il fallait démontrer.

- **Théorème d'or de Bernoulli :** soit $(X_1, \ldots, X_n)$ un échantillon d'une loi de Bernoulli de paramètre p et M_n la moyenne de l'échantillon. Alors : $\forall \varepsilon > 0 : P(|M_n - p| \geqslant \varepsilon) \leqslant \frac{1}{4n\varepsilon^2}$.

- **Remarque :** en utilisant un événement contraire, on a aussi $P(|M_n - p| < \varepsilon) \geqslant 1 - \frac{1}{4n\varepsilon^2}$ car $P(|M_n - p| < \varepsilon) = 1 - P(|M_n - p| \geqslant \varepsilon)$.

• **Preuve :** on sait que la variance σ^2 d'une variable aléatoire de Bernoulli de paramètre p est égale à $pq = p(1-p)$. L'étude de la parabole $y = p(1-p)$ sur $[0\,,1]$ montre que $p(1-p) \leqslant \frac{1}{4}$, donc $\sigma^2 \leqslant \frac{1}{4}$

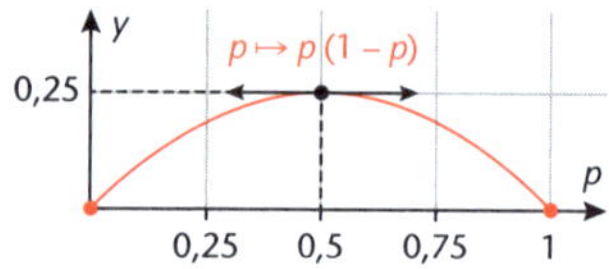

C'est pourquoi, d'après la loi faible des grands nombres

$$P\left(|M_n - p| \geqslant \varepsilon\right) \leqslant \frac{\sigma^2}{n\varepsilon^2} \Rightarrow P(|M_n - \mu| \geqslant \varepsilon) \leqslant \frac{1}{4n\varepsilon^2},$$

ce qu'il fallait démontrer.

• **Interprétation :** on dispose d'une pièce de monnaie. La probabilité d'obtenir PILE est p. Supposons qu'on la lance n fois ; soit X_k la variable aléatoire égale à 1 si PILE apparaît au lancer numéro k et à 0 sinon. Alors M_n est la fréquence d'apparition de PILE au cours des n lancers. Le théorème d'or dit que la probabilité pour que cette fréquence s'écarte de p de plus de ϵ tend vers 0 quand $n \to +\infty$.

Autrement dit, plus le nombre de lancers est grand et plus la fréquence observée de PILE se rapproche de sa valeur théorique.

• **Énoncé :** on a lancé 4 030 fois une pièce de monnaie et on a obtenu 2 051 fois PILE dont la probabilité p est inconnue. Trouver un intervalle tel que la probabilité pour que p s'y trouve soit au moins égale à 0,95.

• **Réponse :** ici $n = 4\,030$ et

$M_n = \frac{2\,051}{4\,030} \approx 0{,}509$. Cherchons un intervalle centré de la forme

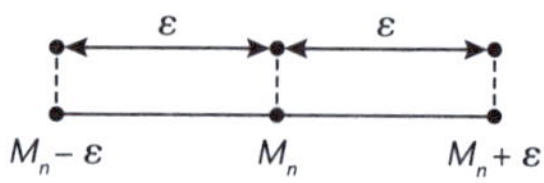

$\left[M_n - \varepsilon\,,\ M_n + \varepsilon\right]$ tel que $P(p \in]M_n - \varepsilon,\ M_n + \varepsilon[) \geqslant 0{,}95$ c'est-à-dire $P(|M_n - p| < \varepsilon) \geqslant 0{,}95$ car p appartient à l'intervalle indiqué si, et seulement si, sa distance à son centre, c'est-à-dire $|M_n - p|$ est inférieure à ε. Or, $P(|M_n - p| < \varepsilon) \geqslant 1 - \frac{1}{4n\varepsilon^2}$. Il suffit donc de choisir $1 - \frac{1}{4n\varepsilon^2} \geqslant 0{,}95 \Leftrightarrow 0{,}05 \geqslant \frac{1}{4 \times 4030\varepsilon^2} \Leftrightarrow \varepsilon^2 \geqslant \frac{1}{806}$.

Il suffit donc de choisir $\varepsilon \approx 0{,}0353$.

On peut choisir l'intervalle $]0{,}4737\ ;\ 0{,}5443[$.

Alors $p \in]0{,}4737\ ;\ 0{,}5443[$ avec une probabilité supérieure ou égale à 0,95.

Dénombrement et probabilités

FICHE 41

QUIZ-Mémorisation active

1 Dénombrement

Questions	Réponses
Combien y a-t-il de dominos dans un jeu ordinaire ?	Un domino qui n'est pas un double est une partie à deux éléments de l'ensemble $\{0,1,\dots,6\}$, qui en compte 7. Il y en a donc $\binom{7}{2} = 21$ dominos non doubles et 7 dominos doubles, donc 28 au total.
Comment peut-on simplifier $\frac{(n+1)!}{n+1}$, n étant un entier naturel ?	$(n+1)! = (n+1) \times n! \Rightarrow \frac{(n+1)!}{n+1} = n!$
De combien de façons peut-on colorier les cinq cercles du drapeau olympique (en utilisant seulement les couleurs olympiques) ?	Nommons *BJNVR* les anneaux du drapeau olympique (*Bleu*, *Jaune*, …). Ce drapeau est donc un 5-uplet d'éléments tous distincts. On peut en faire $A_5^5 = 5! = 120$.

2 Schéma de Bernoulli et loi binomiale

Questions	Réponses
Dans quel contexte utilise-t-on une loi binomiale ?	On utilise une loi binomiale lorsqu'on répète la même épreuve de Bernoulli un certain nombre de fois (n), les répétitions étant indépendantes.
Si une variable aléatoire suit une loi binomiale $B(n,p)$, qui sont n et p ?	n est le nombre de répétitions d'une épreuve de Bernoulli dont le paramètre est p, probabilité de succès au cours de l'épreuve.
Si $X \hookrightarrow B(n,p)$ et $E(X) = 30$, $V(X) = 21$, que valent n et p ?	$E(X) = np \Rightarrow np = 30$ $V(X) = npq \Rightarrow \underbrace{np}_{30}q = 21$ $\Rightarrow q = \frac{21}{30} = 0{,}7 \Rightarrow p = 0{,}3.$ $n\underbrace{p}_{0,3} = 30 \Rightarrow n = \frac{30}{0{,}3} = 100$

3 Somme de variables aléatoires et inégalité de Bienaymé-Tchebychev

Questions	Réponses
Si X et Y sont deux variables aléatoires, que peut-on dire de l'espérance et de la variance de $X + Y$?	On a $E(X + Y) = E(X) + E(Y)$ quelles que soient X et Y mais $V(X + Y) = V(X) + V(Y)$ ne vaut que si X et Y sont indépendantes.
Pourquoi l'inégalité de Bienaymé-Tchebychev n'est-elle pas intéressante pour de petites valeurs de ε ?	Si ε est petit (disons nettement inférieur à 1) alors ε^2 est encore plus petit et $\frac{1}{\varepsilon}$ très grand donc $\frac{\sigma^2}{\varepsilon^2}$ est en général très grand aussi. L'inégalité de BT affirme alors qu'une probabilité est inférieure à un nombre très grand, ce qui est évident car une probabilité est inférieure ou égale à 1.

SCHÉMA-BILAN

Utiliser la loi binomiale

Il est évident qu'il y a répétition à l'identique d'une même expérience

ou

L'énoncé dit qu'on peut assimiler la question à une répétition à l'identique d'une même expérience

↓

L'expérience a deux issues : S, $\overline{S}$

↓

Les répétitions sont indépendantes

↓

La probabilité de k succès est égale à $\binom{n}{k}p^k(1-p)^{n-k}$

↓

$E(X) = np$ et $V(X) = npq$ où $q = 1 - p$

Préparation au Grand Oral

FICHE 42

I L'épreuve

Durée : 20 minutes
Coefficient : 10

- Le but du Grand Oral est de développer vos compétences dans l'expression orale, notamment argumenter, convaincre, échanger et capter l'attention d'un groupe.
- Le Grand Oral (GO) se déroule au mois de juin face à un jury composé de deux professeurs.
- Dans un premier temps (5 minutes), vous serez interrogé sur une question portant sur l'un des enseignements de spécialité que vous aurez choisis. Viendra ensuite un temps d'échange avec le jury sur cette question (10 minutes) et sur votre projet d'orientation (5 minutes).

II Comment préparer le Grand Oral de mathématiques ?

- Le Grand Oral se prépare dès la classe de première avec l'aide de vos professeurs.
- Vous devrez y montrer ce que vous avez acquis et retenu pendant vos années de première et de terminale.

1. Quels thèmes choisir pour l'exposé ?

- Il faut que le thème des questions vous intéresse. Cela va de soi, mais si l'on vous a imposé un thème que vous ne vous êtes pas approprié, vous serez moins à l'aise pour présenter votre sujet et le jury le remarquera inévitablement dans l'échange qu'il aura avec vous.
- Pour vous aider dans la construction de votre projet, vous trouverez dans les encadrés de certaines fiches des pistes suggérant des thèmes qui vous permettront une mise en perspective des notions techniques qui y sont abordées. Il vous appartiendra de les explorer et de les développer.
- Les programmes de mathématiques, que vos examinateurs connaîtront, recommandent explicitement « d'éclairer le cours par des éléments de contextualisation d'ordre historique, épistémologique ou culturel ». C'est pourquoi nombre de pistes font référence à l'histoire des mathématiques. D'autres renvoient à des applications pratiques des

mathématiques, telle le chiffrement selon la méthode RSA, ou encore à des notions surprenantes, comme le modèle « proie-prédateur ».

2. Un exemple : Pascal et les probabilités

- Blaise Pascal (1623-1666) fonde avec Pierre de Fermat, avec qui il correspondait, la théorie des probabilités en résolvant de façon consistante le problème des partages (qu'on nommait à son époque « problèmes des partis », le terme « partis » signifiant ici « partages ») après des tentatives infructueuses des mathématiciens italiens Pacioli, Tartaglia et Cardan.
- On peut schématiser le problème ainsi : deux joueurs A et B misent chacun 32 € et jouent à pile ou face. Si pile apparaît, A marque un point. Sinon, B marque un point. Le joueur ayant totalisé 3 points le premier a gagné la totalité des 64 €.
- Il se trouve que la partie est interrompue lorsque le joueur A a 2 points et le joueur B a 1 point. Comment répartir équitablement leurs mises initiales ?
- Si la partie s'était poursuivie, il y aurait eu deux possibilités au coup suivant : PILE (alors A a 3 points et B a 1 point) ou FACE (alors A a 2 points et B a 2 points).
- Dans le premier cas, A aurait gagné les 64 €. Dans le second cas, il aurait eu une chance sur deux de gagner et le score aurait été de A = 2 et B = 2. Il aurait été alors équitable de donner à chacun sa mise initiale de 32 € car ils auraient eu chacun une chance sur deux de gagner. En cas d'interruption, il est donc juste de donner à A *au moins* 32 €. Il reste les 32 autres euros à répartir. Comme il y a une chance sur deux pour que PILE apparaisse au jet suivant, il faut les répartir équitablement. Ainsi A doit recevoir $32 + \frac{1}{2}32 = 48$ et B recevra alors le reste, c'est-à-dire 16 €.
- Pascal raisonne de manière analogue dans les autres cas, au moment de l'interruption. Par exemple, si A = 2 et B = 0, alors A reçoit 56 € : 48 € au minimum si au coup suivant on a A = 2 et B = 1 et la moitié du reste si on a A = 3 et B = 0 : $\left(48 + \frac{1}{2}(64 - 48)\right)$ et B 8 €.
- D'un simple jeu de hasard découle une théorie mathématique !
- En 1655, Pascal publie une étude détaillée du triangle qui porte son nom en Occident mais que les mathématiciens chinois Zhu Shi Jie et perse al-Kashi connaissaient déjà dès le XIVe siècle.
- Conseils : il est intéressant de comparer les solutions proposées par les mathématiciens italiens, et Fermat, avec celle de Pascal. Celui-ci ne considère que le nombre de jets qui manquent aux joueurs.

Édition : Marie Gendrier
Conception graphique : Muriel Ouziane
Mise en pages : Nord Compo

5, allée de la 2e DB - 75015 PARIS
www.magnard.fr
www.specialbac.magnard.fr

PEFC 10-31-1510 IMPRIM'VERT®

Achevé d'imprimer en novembre 2020 par Corlet en France
Dépôt légal : janvier 2021 ; N° éditeur : MAGSI20200585